BRASIL,
SOCIEDADE EM MOVIMENTO

BRASIL,
SOCIEDADE
EM MOVIMENTO

BRASIL, SOCIEDADE EM MOVIMENTO

Pedro de Souza (Organização)

1ª edição

São Paulo / Rio de Janeiro
2015

©Centro Internacional Celso Furtado, 2015

Patrocinadores:

Os textos de autores estrangeiros foram traduzidos por Pedro de Souza, com exceção do artigo de Stuart Holland, traduzido por Laura Mortara.

Todos os autores cuja qualificação em rodapé termina com o símbolo • são sócios do Centro Internacional Celso Furtado.

Direitos de edição da obra em língua portuguesa no Brasil adquiridos pela EDITORA PAZ E TERRA. Todos os direitos reservados. Nenhuma parte desta obra pode ser apropriada e estocada em sistema de bancos de dados ou processo similar, em qualquer forma ou meio, seja eletrônico, de fotocópia, gravação etc., sem a permissão do detentor do copyright.

Editora Paz e Terra Ltda.
Rua do Paraíso, 139, 10º andar, conjunto 101 – Paraíso
São Paulo, SP – 04103-000
http://www.record.com.br

Seja um leitor preferencial Record.
Cadastre-se e receba informações sobre nossos lançamentos e nossas promoções.
Atendimento e venda direta ao leitor:
mdireto@record.com.br ou (21)2585-2002

Texto revisado segundo o novo Acordo Ortográfico da Língua Portuguesa.

CIP-BRASIL. CATALOGAÇÃO NA FONTE
SINDICATO NACIONAL DOS EDITORES DE LIVROS, RJ

B83 Brasil, sociedade em movimento / organização Pedro de Souza. - 1. ed. -
     São Paulo: Paz e Terra, 2015.
     408 p. : il. ; 23 cm.

     ISBN 978-85-7753-334-3

     1. Brasil - Política e governo 2. Desenvolvimento econômico. I. Souza, Pedro de.

15-24293 CDD: 320.981
          CDU: 32(81)

Impresso no Brasil
2015

Sumário

Apresentação *Pedro de Souza*	11
Brasil: passado e futuro *João Antonio de Paula*	13

Desafios contemporâneos

Desenvolvimento como processo civilizador *Gabriel Cohn*	25
Revolução tecnológica, riscos existenciais e a questão do humano *Hermínio Martins*	31
Promover a felicidade no lugar da economia: a alternativa de desenvolvimento adotada no Reino do Butão *Clóvis Cavalcanti*	39

Direito à cidade, políticas públicas
e desenvolvimento

Impasse político brasileiro *Marcio Pochmann*	49
Déficit de representação ou falta de consensos mínimos: o que paralisa as políticas? *Marta Arretche*	57

As metrópoles brasileiras e a globalização neoliberal   65
Ermínia Maricato

O mito do desenvolvimento econômico na era Lula   71
Vladimir Safatle

A questão social, a Constituição de 1988
e os desafios do desenvolvimento   77
Gilberto Bercovici

Desigualdade

Podemos falar de menos desigualdade
de renda na América Latina nos anos 2000?   87
Pierre Salama

Brasil 2000: mais consumo, pouca redistribuição   93
Lena Lavinas

Política fiscal no primeiro governo Dilma Rousseff:
contribuição à desaceleração e à concentração de renda   103
Denise Lobato Gentil

O SUS de pé, mas combalido   119
Ligia Bahia

Educação e heroísmo   127
Celia Lessa Kerstenetzky

O passivo colonial   135
Luiz Felipe de Alencastro

Novas formas de viver

Programa Bolsa Família: oportunidade
e experiência da cidadania   145
Amélia Cohn

A Escola Tia Ciata: uma aventura pedagógica   153
Ligia Costa Leite

Indústrias criativas x economia criativa:
compreendendo a disputa entre modelos de
desenvolvimento com base em Celso Furtado   159
Cláudia Leitão

Ensino superior: as escolhas difíceis
para uma reforma progressista   167
Reginaldo C. Moraes

Conviver com a Terra

A nova trindade do século XXI   177
José Graziano da Silva

Conflitos no campo: mudanças e permanências   183
Leonilde Servolo de Medeiros

A sustentabilidade dos sistemas produtivos agropecuários   189
Ademar Ribeiro Romeiro, Junior Ruiz Garcia,
Lucília Maria Parron

A competição por alimentos, agroenergia e florestas no Brasil   197
Junior Ruiz Garcia, Ademar Ribeiro Romeiro,
Antônio Marcio Buainain

A emergência da abordagem de serviços ecossistêmicos
implicações teóricas e práticas para os economistas   205
Daniel Caixeta Andrade, Ademar Ribeiro Romeiro

Extrativismo: a pedra no caminho do desenvolvimento   213
Manuela L. Picq

Alianças e conflitos

A reemergência da China   223
Michael Dunford

Um dragão nos trópicos   247
Marcos Costa Lima

Brics: um novo fundo monetário e um novo
banco de desenvolvimento   263
Paulo Nogueira Batista Jr.

Fim de um ciclo no continente?   271
Gilberto Maringoni

Ayotzinapa: oligarquia, narcotráfico e o Estado mexicano   281
Arturo Guillén

Comunidades religiosas e crise de legitimidade
do Estado no mundo árabe   287
Georges Corm

De volta ao futuro? Retomada global e europeia   297
Stuart Holland

Desenvolvimento, trabalho e poder financeiro

Os desafios atuais do desenvolvimento latino-americano   311
José Antonio Ocampo

Desenvolvimento e inserção internacional   317
Fernando J. Cardim de Carvalho

Entre o Consenso de Washington e o
Consenso Asiático: o Brasil em um mundo em transição   325
Javier Vadell e Leonardo Ramos

Energia e desenvolvimento: a necessária transição
para um novo modelo de desenvolvimento 335
André Tosi Furtado

Trabalho e tecnologia na era do Google: ciência,
reposicionamento do trabalho e desafios para a periferia 349
Eduardo Motta e Albuquerque

Crise do sindicalismo? 357
Adalberto Cardoso

O Nordeste e a questão federativa 365
Jair do Amaral Filho

Poder financeiro e submissão política 373
Susan George

Um terceiro desenvolvimentismo na história? 381
Luiz Carlos Bresser-Pereira

Posfácio 399
Roberto Saturnino Braga

Apresentação

Interpelado pela crise que se abateu sobre o Brasil, o Centro Internacional Celso Furtado tomou a iniciativa de reunir nesta obra um conjunto de análises sobre a atual cesura no caminho do país rumo ao desenvolvimento. Para isso, apelou para seus sócios, que se reveem na abordagem de Celso Furtado, e para outros autores, também eminentes especialistas dos temas que lhes foram confiados. O panorama não é completo. Nem seria possível, de tal forma o que é vivido como um súbito impasse, depois de uma eleição muito disputada, suscita a perplexidade pelo caráter multiforme das reivindicações que levaram às ruas um amplo espetro da sociedade brasileira. Não é completo, nem é uniforme, porque se trata de uma obra composta, na urgência, por diferentes autores.

O Brasil se procura para lá das evidentes divergências de experiências entre os poucos ricos e os muitos pobres, ou entre os mais ricos e os menos pobres, mas, ainda, sociedade urbana por excelência, entre os que perdem horas nos engarrafamentos, em limusines ou em ônibus superlotados, e sofrem com a violência diária. Entre aqueles que partilham o modo de vida das minorias mais avançadas do nosso planeta e aqueles que são testemunhas vivas de outras civilizações, guardiões dos segredos da convivência com a natureza. Entre empresários que exploram propriedades de área equivalente à de muitos países e aqueles que, num pequeno lote, procuram subsistir no diálogo solitário com a terra. Entre aqueles que nos últimos anos conseguiram se subtrair da negra miséria que herdaram e aqueles que receiam solicitar os serviços públicos, que até hoje imaginavam serem reservados ao "outro". É dessa sociedade em movimento que falamos.

Como conciliar as expectativas da sociedade brasileira com um mundo que mudou? A reorientação da política econômica chinesa, um dos mais poderosos motores da economia mundial, traz consequências negativas para o modelo brasileiro das últimas décadas.

A economia global padece de uma financeirização que privilegia o lucro automatizado e não apresenta o vigor que poderia ajudar o Brasil a superar alguns dos seus impasses mais candentes.

Como conciliar a dependência econômica do Brasil com a revolução tecnológica que se expande por um mundo cada vez mais aberto e mais incerto? Como evitar os riscos da mudança climática anunciada, aproveitar a redistribuição das cartas geopolíticas, de que o Brasil detém uma das chaves, e satisfazer ainda a legítima aspiração ao consumo que caracteriza a nossa civilização?

As respostas para essas perguntas estão por encontrar, e é a esse esforço, que é também o do Centro Internacional Celso Furtado, que este livro responde, na certeza de que só haverá boas soluções se elas traduzirem o pensamento e as aspirações do maior número de brasileiros.

Pedro de Souza
Sócio e ex-superintendente executivo
do Centro Internacional Celso Furtado.

Brasil: passado e futuro

João Antonio de Paula *

No título deste texto a omissão da palavra "presente" é só aparente, pois é pelo enfrentamento das questões postas pelo presente que se mobiliza o futuro. Por outro lado, há razões para a reiterada preferência pelo futuro quando se quer falar do Brasil. É que o país, desde há muito, parece merecer um futuro mais auspicioso que a realidade que teima em prevalecer no presente. Não se veja nisso uma sorte qualquer de imobilismo, de inapetência, que o país tem experimentado, desde o século XIX, significativas manifestações de crescimento econômico, de modernização política e institucional, de industrialização, de urbanização, de renovação cultural.

Com efeito, o Brasil é um país que se apresenta hoje, em grande medida, moderno, industrializado e urbanizado. Em casos clássicos de desenvolvimento econômico, quando essas três condições foram atingidas, isto é, a modernização, a industrialização e a urbanização, também se havia alcançado a prosperidade material, o bem-estar social. Foi assim nas experiências de países que experimentaram revoluções democrático-burguesas, como Inglaterra, Estados Unidos e França; foi assim, também, nos casos do Japão e Alemanha, que se tornaram grandes potências capitalistas a partir da mobilização da força concentrada do Estado e de arranjos corporativos e financeiros inovadores.

É amplamente sabido que não há caminho único, receita infalível, que, mimetizada, possa conduzir um país ou região à prosperidade, ao desenvolvimento econômico, político, social, cultural, tecnológico. Cada país ou região desenvolve-se pela mobilização de suas peculiaridades inerentes, de sua cultura, de suas potencialidades e recursos.

---

* Professor do Centro de Desenvolvimento e Planejamento Regional da Faculdade de Ciências Econômicas da Universidade Federal de Minas Gerais (Cedeplar/Face/UFMG). •

Essa circunstância, as condições de possibilidade do desenvolvimento estão postas nos próprios desdobramentos semânticos da palavra desenvolvimento, que remetem, em português: à ideia de descobrir o que estava envolto; de crescimento de uma flor; de uma planta, de um feto; de plano; de sistema. Em espanhol, a palavra desenvolvimento remete à ação de retirar a rolha, de permitir que algo que está aprisionado venha à tona, seja libertado. Em francês, a palavra desenvolvimento é desenvelopar, retirar do envelope, revelar, descobrir, desocultar. Na expressiva linguagem filosófica de Hegel, desenvolvimento é a explicitação das potencialidades do ser, sua efetiva presentificação como ato pela extrinsecação do que desde sempre esteve presente nele, e que só se realiza plenamente quando são experimentadas todas as suas possibilidades, inclusive a sua radical negação.

Para o Brasil o caminho do desenvolvimento tem sido uma contínua e frustrante coleção de incompletudes, de potencialidades irrealizadas, de modernizações seletivas e assimétricas. Tomem-se três processos decisivos da constituição da Nação brasileira: a Independência, a Abolição e a República. No caso da Independência, é necessária uma primeira qualificação significativa. É que o 7 de setembro de 1822 não foi, de fato, o momento da ruptura com Portugal, que esse vai se dar com a Abdicação, em 7 de abril de 1831, quando, efetivamente, os interesses políticos e econômicos brasileiros tornar-se-ão hegemônicos no Brasil. De todo modo, há outra clivagem a ser considerada no processo da Independência. É que a Independência não foi um processo conduzido por um grupo homogêneo, havendo entre os que lutaram por ela tanto conservadores, quanto defensores de um projeto social mais avançado. É o que nos diz, em página reveladora, Euclides da Cunha:

> Foi a notável tarefa de José Bonifácio, cujo ministério salvou a revolução, com uma política terrível de Saturno: esmagando os revolucionários. Sombrearam-no, com efeito, à luz de um critério superficial, medidas odiosas: destruiu a liberdade de imprensa, suprimindo os próprios jornais que o aplaudiam na véspera; e, com rigor excessivo, arredou de cena ruidosa, em que eram protagonistas, Clemente Pereira, Gonçalves Ledo e Januário da Cunha Barbosa, desterrando-os

14 | BRASIL: PASSADO E FUTURO

para o Rio da Prata e para a França. Esta reação contra os três maiores agitadores da Independência é expressiva.[1]

A Abolição, procrastinada, adiada no Brasil no limite da insaciável cobiça bárbara, também ela sofreu ação diluidora. Tem razão Jacob Gorender quando diz ter sido ela, a Abolição, nossa única revolução social. De fato é assim, mas, também, ela não foi seguida de justa e inegociável reparação. Negada, inicialmente, prorrogada ainda por 33 anos, depois de encerrado o tráfico internacional de escravos, a Abolição deu-se, afinal, sem a cláusula de indenização, como queria o senhoriato conservador. Houve a Abolição sem indenização, que sendo efetiva revolução social teria, para se realizar plenamente, de ter um complemento necessário e decisivo, que foi interditado à época, e ainda hoje o é, que é a Reforma Agrária. A Abolição, sem uma Reforma Agrária efetiva, significou a confirmação de uma estrutura social baseada na concentração da renda, da riqueza, do poder e do conhecimento.

Finalmente, a República foi a consagração da continuidade da dominação do senhoriato brasileiro, que, modernizando-se, absorvendo as roupagens do liberalismo clássico, à moda norte-americana, reiterou as velhas estruturas da exclusão social, da dependência externa, do desenvolvimento capitalista dependente.

Há, nos processos decisivos da formação do Estado nacional brasileiro, muito do que Antonio Gramsci viu em processo italiano homólogo, isto é, uma *Revolução Passiva,* a reiteração de *Transformismos*: avanços revolucionários que impõem, também, aspectos de restauração; "restaurações progressivas", "revolução-restauração".

Se as análises de Gramsci são sugestivas e pertinentes para pensar o caso brasileiro, há uma tradição analítica brasileira, nascida no século XIX, que apreendeu e antecipou o essencial do esquema analítico de Gramsci. Trata-se do texto de Justiniano José da Rocha, "Ação; Reação; Transação", de 1856, em que o jornalista e político ligado ao Partido Conservador, analisando a vida política brasileira, de 1822 a 1856, identificou três fases, três momentos, que mais que qualificarem uma certa época da política brasileira, surpreendem elementos até hoje permanentes da estrutura básica das relações de poder no Brasil.[2]

BRASIL, SOCIEDADE EM MOVIMENTO | 15

No caso do texto de Justiniano José da Rocha, a *Ação* correspondeu ao período de 1822 a 1836, em que os esforços mobilizados no processo da Independência atingiram, com a Abdicação de D. Pedro I, em 1831, uma potência disruptiva, que se espalhou pelo país sob a forma das "revoltas provinciais", algumas restauradoras, outras com efetivo potencial revolucionário, como *A Cabanagem* no Pará, a *Balaiada* no Maranhão, a *Sabinada* na Bahia, além da grande revolta de escravos de Salvador, os Malês, em 1835.

Não é o caso de considerar esses movimentos projetos revolucionários consistentes, com programas e perspectivas políticas claras. Ambíguos e difusos que fossem os seus objetivos, eles foram uma manifestação de "subversivismo popular" efetivo, questionando, direta ou potencialmente, tanto a estrutura da propriedade da terra, quanto a escravidão e a estrutura de poder.

Não foi por outra razão que, contra esses movimentos, tenha se mobilizado a *Reação,* que marcou o período de 1836 a 1852. É emblemática desse processo a posição de Bernardo Pereira de Vasconcelos, talvez o mais característico representante do "Transformismo" brasileiro; disse ele:

Fui liberal; então a liberdade era nova no país, estava nas aspirações de todos, mas não nas leis, não nas ideias práticas; o poder era tudo; fui liberal. Hoje, porém, é diverso o aspecto da sociedade: os princípios democráticos tudo ganharam e muito comprometeram; a sociedade de então corria o risco pelo poder, corre agora o risco pela desorganização e pela anarquia. Como então quis, quero hoje servi-la, quero salvá-la, e, por isso, sou regressista. Não sou trânsfuga, não abandono a causa que defendi, no dia do seu perigo, de sua fraqueza e deixo-a no dia que tão seguro é o seu triunfo que até o sucesso a compromete.[3]

Consolidado o poder monárquico, derrotadas as forças revolucionárias, chegou o momento da *Transação,* da conciliação que, reunindo antigos adversários, significou a construção de uma prática de governo em que mesmo depois do gabinete de Conciliação, dirigido por Honório Hermeto Carneiro Leão, o Marquês do Paraná, de 1853 a 1856, a alternância no governo entre liberais e conservadores não significou a introdução de temas contrários aos interesses do senhoriato brasileiro.

Nesse sentido, a grande modificação substantiva que a sociedade brasileira experimentou no século XIX, a Abolição, foi o resultado de uma ampla intercorrência de variadas determinações, em que não foi pequeno o peso da luta abolicionista, que se intensificou na década de 1880.

A tríade do "transformismo" clássico brasileiro, ação-reação-transação, ocorreu em vários momentos da nossa história como, mais recentemente, no período que vai de 1955 até os dias de hoje. A primeira etapa da tríade é a "ação". Escolheu-se o ano de 1955 por ser o início da experiência das Ligas Camponesas, isto é, de um movimento autônomo e antilatifundiário de luta pela Reforma Agrária. De 1955 a 1964, com as hesitações e ambiguidades que são conhecidas, transitou-se de um quadro político ainda hegemonizado pelo "desenvolvimentismo associado ao capital estrangeiro" para, nos anos 1963–64, uma difusa mobilização pelas *Reformas de Base*: Reforma Agrária, Reforma Universitária, Reforma Bancária e Reforma Administrativa. Esse momento de Reformismo Social significou, na prática, buscar enfrentar em perspectiva distributivista os crônicos constrangimentos que têm pesado sobre a realidade socioeconômica brasileira, a saber: a concentração da renda e da riqueza, a estreiteza relativa de seu mercado interno, a precariedade de sua infraestrutura, a precariedade dos seus sistemas de educação e saúde.

Celso Furtado disse certa vez que essas *Reformas de Base* visavam construir as condições para

[...] modificar estruturas bloqueadoras da dinâmica socioeconômica, tais como o latifundismo, o corporativismo, a canalização inadequada da poupança, o desperdício desta nas formas abusivas de consumo e sua drenagem para o exterior. As modificações estruturais deveriam ser vistas como um processo liberador de energias criativas, e não como um trabalho de engenharia social, em que tudo está previamente estabelecido. Seu objetivo estratégico seria remover os entraves à ação criativa do homem, a qual, nas condições de subdesenvolvimento, está caracterizada por anacronismos institucionais e por amarras de dependência externa.[4]

A Ação — as lutas pelas Reformas Estruturais —, a efetiva busca da construção das condições para a superação do subdesenvolvimento, foi interrompida pelo golpe civil-militar de 1964. Foi o momento da Reação, longa reação, que se prolongou até 1985. Entre as muitas e marcantes diferenças entre o projeto das Reformas Estruturais e o projeto posto em marcha pela ditadura civil-militar brasileira, uma tem particular relevância para o que se quer discutir aqui. É que o projeto das Reformas Estruturais partia da decisiva constatação de que todas as experiências bem-sucedidas de sociedades materialmente prósperas e com adequados níveis de bem-estar social foram resultados de transformações socioeconômico-político-culturais baseadas em distribuição da renda e da riqueza, processos que, contemporaneamente, Celso Furtado, apropriando-se de conceito de Amartya Sen, chamou de "distribuição primária da renda", que envolve, além da distribuição da renda e da riqueza, a habilitação do conjunto da população para se apropriar das novas tecnologias, das novas linguagens, dos novos complexos simbólicos, dos novos modos de ser da sociabilidade contemporânea.

Para a ditadura civil-militar brasileira, a serviço da velha ordem social dominante no Brasil em seu vezo autoritário, excludente e dependente, o "desenvolvimento econômico" viria como resultado do simples crescimento econômico, bastando que fosse prolongado e robusto; viria da modernização, da industrialização, da urbanização. Tudo isso se deu, e não só o "desenvolvimento" não se fez, senão que ao final da ditadura, o país estava afundado em crise econômica e social de grande monta, e ainda subdesenvolvido, mesmo que significativamente industrializado, moderno e urbanizado.

Na verdade, desde pelo menos 1850, o Brasil tem experimentado não só significativos processos de modernização, como expressivas taxas de crescimento econômico e diversificação da estrutura produtiva pela sucessão de ciclos substitutivos de importações. Inicialmente funcionando em moldes tipicamente liberais, a economia brasileira, de 1930 em diante, tem sido marcada por variada sorte de intervencionismos governamentais, com diferenciados graus de franquias democráticas e igualmente díspares compromissos distributivos.

Com efeito, a economia brasileira cresceu significativamente, por muito tempo foi a economia capitalista que mais cresceu no mundo depois do Japão, entre 1900 e 1987, e no entanto isso não significou levar o país à condição de "desenvolvido". O crescimento da economia brasileira tem se dado de forma excludente, como parte de um sistema geral concentrador de renda e de riqueza, em que os frutos da modernização e do crescimento são assimetricamente apropriados, resultando daí desigualdades sociais iníquas e confirmadoras do subdesenvolvimento. Mesmo sem ignorar os ganhos de renda das famílias mais pobres decorrentes dos programas de transferência de renda, postos em marcha desde 2002, em 2012, 1% das famílias mais ricas do Brasil tinha uma renda mensal de cinquenta mil reais, enquanto 25% das famílias mais pobres do Brasil tinham uma renda mensal de seiscentos reais!

A derrota da ditadura civil-militar foi um processo que mobilizou diversas e heterogêneas forças sociais e políticas. Destaquem-se as lutas que eclodiram na segunda metade da década de 1970, sejam as mobilizações que impuseram as derrotas eleitorais ao partido da ditadura, seja a retomada das lutas dos estudantes, a reemergência das lutas operárias, a multiplicação dos movimentos sociais rurais e urbanos.

A luta contra a ditadura militar mobilizou diversas forças políticas, que expressavam diferentes projetos para o país. Se prevaleceu a perspectiva acomodatícia, se houve a atualização da velha *Transação*, sob a forma da *Nova República* que se implantou com a vitória no Colégio Eleitoral, existiram forças políticas e sociais que fizeram da luta contra a ditadura também a postulação de um projeto de transformações que atualizava as plataformas das Reformas Estruturais distributivas. A criação do Partido dos Trabalhadores (PT), da Central Única dos Trabalhadores (CUT), do Movimento dos Trabalhadores Rurais Sem Terra (MST), as amplas mobilizações políticas que se deram na campanha presidencial de 1998, no processo de impeachment do Collor, em 1992, são momentos de uma disputa pelos rumos da *Nova República* que, afinal, acabou por se confirmar como *Transação*, seja sob a forma do neoliberalismo tucano, seja sob a forma do social-liberalismo dos governos petistas, a partir de 2002.

A *Nova República* acabou, diz Vladimir Safatle:

Sim, nenhuma reflexão política sobre a situação brasileira atual pode dar conta da realidade se não partir de uma constatação clara a respeito do fim da Nova República. De fato, não é apenas o ciclo de desenvolvimento do lulismo que acabou. O modelo de governabilidade sintetizado no fim da ditadura militar, com sua dinâmica de conflitos, suas polaridades e projetos, não faz mais sentido algum. Nesse sentido, de nada adianta alimentar a ilusão de que o Brasil anda lentamente em direção ao "aperfeiçoamento democrático" e à "consolidação de suas instituições". Difícil falar em aperfeiçoamento quando se percebe a impossibilidade da estrutura institucional brasileira em aumentar a densidade da participação popular nos processos decisórios do Estado, a permeabilidade da partidocracia brasileira a interesses econômicos, sua corruptibilidade como condição geral de funcionamento e sua representação imune a qualquer crítica às distorções. [...] Sim, meus amigos, tudo isso apenas demonstra como a Nova República acabou. Sua governabilidade foi fundada em dois pilares: a cooptação constante de trânsfugas da ditadura (Sarney, Antonio Carlos Magalhães, Jorge Bornhausen etc.) e a gestão da massa fisiológica alimentada pelos cálculos oligárquicos locais. Essa era a forma de "evitar conflitos", criando uma aparência de estabilidade paga com inércia, violência policial e espasmos de crescimento com alta concentração. Dois atores apareceram como gestores desse modelo de governabilidade. Primeiro, o setor do PMDB com mais capacidade de formulação, a saber, aquele que resultou no PSDB. Segundo, a união entre sindicalistas, intelectuais e setores progressistas da Igreja Católica, que levou à fundação do PT. Os dois terminaram de forma muito parecida: reféns de políticas que prometeram combater, professando uma racionalidade econômica no limite do indistinguível, lutando para sobreviver ao final diante do profundo desencanto social expressado em depressão econômica, política, intelectual e cultural. Nos dois casos, a população brasileira viu o espetáculo deprimente de atores que paulatinamente foram mudando de rosto até chegarem ao irreconhecível. Isso ocorreu porque a essência da Nova República foi a reversão do potencial de transformação em conservação.[5]

À *Nova República*, é de justiça que se reconheça, devem ser creditadas três significativas contribuições para a vida brasileira contemporânea: a *democratização* e a universalização de certos direitos sociais básicos, como a saúde, e a afirmação de direitos difusos, como o direito ambiental, consagradas na Constituição de 1988; a *estabilização monetária*, resultante do Plano Real de 1994; a *desconcentração* relativamente modesta da renda, mediante a combinação de quatro mecanismos básicos: a) aumentos reais do salário mínimo; b) transferência da renda por meio do programa Bolsa Família; c) aumento do crédito; d) aumento da formalização do trabalho. Como disse César Benjamin,

> O distributivismo sem reformas atingiu seu limite. A recessão se encarregará de anular boa parte dos ganhos que o povo brasileiro obteve na última década, o que prenuncia uma crise social importante. As populações que aumentaram sua capacidade de consumo e viram nisso uma expressão acabada da ascensão terão muitos motivos para reagir às perdas que se avizinham. Não temos instituições que acolham e canalizem sua provável rebeldia, que ainda não se expressou (elas não estiveram significativamente presentes nas manifestações dos dias 13 e 15 de março).[6]

Um homem que usava bem as palavras dizia que o que havia de novo no Brasil era o velho povo brasileiro. O velho povo brasileiro, sofrido e esperançoso, que sabe, intimamente, como nos ensinou Murilo Mendes, que: "Ainda não estamos habituados com o mundo. Nascer é muito comprido." O velho povo brasileiro que não se confunde com as sôfregas manifestações de quem hoje teme perder privilégios, mas que também não se deixa levar pelo baixo pragmatismo, pela acomodação conservadora, que não abre mão de lutar pela universalização efetiva de direitos sociais, por transformações estruturais emancipatórias.

Haverá para o Brasil um futuro, entre os muitos possíveis, que é preciso apostar construível. É o que terá compromisso com as reivindicações da democracia, como liberdade, igualdade e diversidade, que valorizará e reconhecerá o outro, a radical alteridade, que fará da sustentabilidade ambiental objetivo inegociável, que fará da cultura não o território da venalidade e do espetáculo, mas o espaço, por excelência, da inovação, da imaginação, da experimentação. Há um futuro, na medida em que o espaço público prevaleça, em que a centralidade excludente e regressiva do capital e dos poderes a seu serviço seja contraposta pelas múltiplas centralidades nascidas do desejo, da beleza, da poesia, da solidariedade, da alegria. Haverá um futuro, no Brasil e em toda parte, quando, como disse Henri Lefebvre, formos capazes de instaurar a autogestão da produção, de empresas e de unidades territoriais, quando nos apropriarmos, livremente, todos e indistintamente, do espaço, do tempo e dos objetos.

Notas:

1. CUNHA, Euclides da. *À margem da história*. 4 ed. Porto; Livraria Chardron, de Lello & Irmão, 1926, p. 242-243.

2. ROCHA, Justiniano José da. Ação; Reação; Transação. In: MAGALHÃES JUNIOR, R. *Três panfletários do Segundo Reinado*. São Paulo: Companhia Editora Nacional, 1956.

3. SOUZA, Octavio Tarquínio de. *História dos Fundadores do Império do Brasil*. 2 ed. Rio de Janeiro: José Olympio , 1957. v. 5 (Bernardo Pereira de Vasconcelos). p. 202.

4. FURTADO, Celso. *Brasil*. A construção interrompida. Rio de Janeiro: Paz e Terra, 1992. p.75.

5. SAFATLE, Vladimir. "A Nova República acabou". *Carta Capital*, São Paulo. Disponível em: <http://www.cartacapital.com.br/revista/841/a-nova-republica-acabou-2242.html.>.

6. BENJAMIN, César. "É pau, é pedra, é o fim de um caminho" *Piauí*, São Paulo, n. 103, 2015.

Desafios contemporâneos

Desenvolvimento como processo civilizador

*Gabriel Cohn**

Há algo muito sério em jogo quando se fala em desenvolvimento. Ainda mais quando se fala em desenvolvimento hoje. É nesse contexto que revela todo o seu significado a observação feita por estudioso reconhecido, Wolfgang Sachs, em registro negativo: a de que o termo desenvolvimento não mais se refere a um conceito preciso, mas se diluiu num vago "modo de pensar". A persistir-se nessa linha de argumento, talvez coubesse mesmo falar de ideologia, no sentido mais primário do termo. Até porque, junto com a perda de precisão analítica do conceito original, embotou-se aquilo que ele trazia de mais fecundo, o aguilhão crítico.

Cabe, pois, recuperar essa grande ideia, ao dotá-la de conteúdo adequado às condições e desafios do tempo presente. Procurarei mostrar que esse conteúdo tem nome, que remete a outra grande ideia, que também reclama renovação. Seu nome é *civilização*. No novo mundo que se vai abrindo, desenvolvimento não pode ser referência restrita à dimensão econômica dos processos sociais. Deve ser pensado em toda a sua amplitude, como processo civilizador. Adiante-se, desde logo, que o termo civilização (que não por acaso é neste passo substituído por processo civilizador, expressão tosca, porém, mais precisa) não está sendo evocado no seu sentido mais usual, de configuração histórica específica, apta a comparações e periodizações, como "civilização moderna". Refere-se, mais propriamente, a um modo historicamente determinado de condução da vida social. Nesses termos, também vai muito além das boas maneiras e das formas da sua aquisição. Menos ainda concerne, no melhor estilo conservador, a meras destrezas e técnicas aprendidas,

---

* Professor titular aposentado da Universidade de São Paulo, professor-visitante da Universidade Federal de São Paulo.

em contraste com a cultura singular que lhes conferiria significado. Nem etapa histórica, nem mera suavização dos costumes, nem repertório instrumental. Estamos falando de vida civil, civilidade. É o cerne mesmo do esforço para tornar humana a vida social que está em pauta quando se fala em civilização, naquilo que diz respeito às condições e exigências do tempo presente e da construção do futuro.

A ideia de que condições e desempenhos de desenvolvimento serviriam como instrumento de comparação entre nações se instalou desde o ingresso do tema no debate econômico e político na entrada da segunda metade do século passado. A rigor, porém, não cabe falar de nações mais ou menos desenvolvidas, exceto com referência a índices muito pontuais, como o de "desenvolvimento humano", IDH. Um argumento central que aqui se pretende sustentar é precisamente este, de que algo como "subdesenvolvimento" não é referência comparativa entre sociedades. Só pode significar desenvolvimento abaixo do potencial efetivo no momento dado, com estrita referência a uma configuração social dada. É categoria contextual, portanto, não comparativa. E é exatamente nisso que reside seu componente crítico. A questão é: por que, na forma de organização social dada, não realiza o seu potencial?

O processo de desenvolvimento não pode ser visto como subproduto ou resultado linear do processo de crescimento. Na realidade, o que se sustenta aqui é uma inversão dessa ótica. Nesse sentido, o crescimento só faz sentido, na perspectiva do desenvolvimento, como processo social abrangente e não restrito à disponibilidade de produtos e serviços. Naquilo que mais nos importa neste passo do argumento, a distinção mais importante entre a dimensão do crescimento e a do desenvolvimento diz respeito à natureza das intervenções que uma e outra suscitam. No primeiro caso, prevalecem os princípios da eficiência e da rapidez de resposta; no segundo, em contraste decisivo, prevalecem a deliberação e a reflexibilidade. Um é da ordem da administração das coisas. O desenvolvimento outro concerne à política, às relações de poder e à sua legitimidade. E não a qualquer forma política: na concepção aqui adotada, desenvolvimento é incompatível com decisões autocráticas, só pode ter índole democrática. De outro

26 | DESAFIOS CONTEMPORÂNEOS

modo, repete-se, de algum modo, a tragédia da "acumulação primitiva dirigida", da qual serve de exemplo extremo o regime stalinista. Trata-se, pois, de concepção que não se limita a alguma modalidade técnica de planejamento e que leva a sério sua dimensão política no seu sentido mais clássico, o de arte da associação.

Posto isso, torna-se possível enunciar uma questão central no tratamento do tema que aqui se propõe. É que o principal obstáculo à plena efetivação do desenvolvimento consiste em tratá-lo em termos setoriais, com a atenção voltada para questões tópicas relativas a intervenções pontuais. Subjacente a esse tipo de abordagem, está o equívoco de que o desenvolvimento no sentido pleno possa ser alcançado mediante alguma modalidade de agregação de processos setoriais. Ocorre que o desenvolvimento é um processo não linear e, sobretudo, não aditivo com relação às suas dimensões componentes. Seu caráter complexo e multidimensional deve ser levado a sério; e ele se aplica a cada uma das "partes" ou setores em que venha a ser dividido, em termos analíticos ou programáticos. Isso significa, desde logo, que o desenvolvimento ocorre não apenas no conjunto mais abrangente (como uma sociedade ou um Estado nacional), mas incide sobre cada uma das suas partes ou dimensões envolvidas; e isso conforme padrões e temporalidades específicas, embora sujeitas todas ao processo maior. Há múltiplos processos de desenvolvimento em cada configuração histórica, e eles se enlaçam entre si em múltiplas formas.

É nesse ponto que reside a diferença, acentuada desde os debates entre os economistas *mainstream* e estruturalistas, entre desenvolvimento e crescimento. Enquanto crescimento (em qualquer nível) pode ser visto como trajetória incremental, como adição, aumento ou aceleração, a ideia de desenvolvimento faz alusão, no próprio termo, a algo diverso. Em vários idiomas (*development, entwicklung*), a ideia envolvida é a de *des-envolvimento*. Trata-se, nesses termos, da concepção de um processo de gradativo desenredar-se de algo, como um núcleo que se vai desdobrando até a plena emergência do conjunto de elos e relações que pode conter.

A distinção é muito precisa. Se no crescimento o que cresce é um *objeto* (um sistema produtivo, uma nação, uma sociedade), no desenvolvimento o que se *des-envolve* são múltiplas *relações* ou complexos de relações, internas e externas. Crescimento é questão de progressão, avanço ao longo de uma trajetória, enquanto desenvolvimento é da ordem dos ritmos, da pulsação, da emergência de formas no interior de um complexo organizado. Pertencem, em suma, a campos conceituais diferentes. Isso não significa que não haja entre essas duas ordens de fenômenos vínculos importantes, e sim que esses devem ser identificados e esclarecidos para que rendam o que podem render, nas análises e nas políticas, cada qual no seu campo. Desde logo se apresenta um corolário disso. É que sempre será em vão tentar obter desenvolvimento, no sentido pleno, da junção de intervenções e políticas dirigidas a aspectos particulares, ou do mero crescimento nessa ou naquela área ou mesmo no conjunto todo.

Esse ponto fundamental deriva da questão central do desenvolvimento, em qualquer campo, que é o da conexão e articulação entre as dimensões componentes de cada processo parcial envolvido. É a *natureza dos enlaces* que importa, tanto em termos analíticos quanto programáticos. Multiplicação de enlaces não é, por si mesma, sinal de desenvolvimento. Pode mesmo representar o oposto, no caso-limite o enredamento (em sentido estrito isso cabe às chamadas redes, que, não por acaso, primeiro se apresentaram como objeto de análise na gestão da comunicação e na administração de pessoas). Grupos mafiosos e regimes autoritários multiplicam, a seu modo, os laços entre seus integrantes; mas são laços coercitivos, exatamente o oposto daqueles gerados nas relações desenvolvidas. Laços em pequeno número, porém dotados da característica que mais importa no caso, que é a mobilidade advinda do seu caráter não coercitivo, sinalizam mais desenvolvimento do que densas redes nas quais os nós valem mais do que as relações motivadas pelos enlaces.

Podemos encontrar um importante passo no sentido da concepção que aqui se defende na ideia de Celso Furtado relativa ao papel da criatividade no processo de desenvolvimento, que ele expôs em várias oportunidades e em especial no seu livro *Criatividade e dependência na civilização industrial*.[1] Livro, aliás, que, longe de ocupar posição marginal na sua obra, pode ser visto como uma espécie

28 | DESAFIOS CONTEMPORÂNEOS

de súmula sua. "Se os grupamentos humanos se empenharam por todas as partes para ter acesso a novo excedente é porque a vida social gera uma energia potencial cuja liberação requer meios adicionais", escreve ele, para concluir que "na sua dupla dimensão de força geradora de novo excedente e impulso criador de novos valores culturais, esse processo liberador de energias humanas constitui a fonte última do que entendemos por desenvolvimento". Até porque "a civilização material engendrada pela industrialização não é outra coisa senão o conjunto das manifestações externas de um processo de criatividade cultural que abrange outras esferas da vida social". Para Furtado, a criatividade se identifica com a liberdade. Por essa via, ele obtém um elo que dá substância ao modo como concebe a sociedade civilizada como tarefa e não como coisa dada: "Em nossa época, a única forma autêntica de liberdade que existe é a política."

Isso remete diretamente à posição que se busca sustentar aqui. A saber, que a ideia de desenvolvimento não pode ser reduzida a conceito meramente descritivo de um estado de coisas, mas aponta para objetivo a ser perseguido. Tem caráter normativo para além de estritamente analítico. Isso significa que nela se encontra um *princípio de avaliação* de formas de organização e de políticas mais do que um esquema de exposição e análise de processos em curso.

Em consequência disso, a questão que se põe é a dos critérios aos quais se pode recorrer em seu nome para avaliar situações dadas. No caso do princípio democrático, a tarefa está bem-definida, pois existe valor fundante muito claro, a *igualdade.* No caso daquilo que, por analogia, caberia designar como princípio civilizador, a resposta é bem menos precisa, mas certamente envolve a referência ao empenho na universalização do *respeito mútuo* nas relações. Naquilo que concerne ao que caberia chamar de princípio do desenvolvimento, a resposta não pode ser unívoca. Deve-se isso ao caráter contextual dos processos em jogo, que requerem o confronto entre as potencialidades e capacidades presentes em cada caso e a sua efetiva realização. O termo que mais se aproxima de resposta a essa questão é *qualidade de vida,* admitindo-se, contudo, que essa referência não é universalizável sem mais, sendo ela própria de natureza contextual.

O essencial a reter, contudo, é que, se a civilização se refere à *qualificação* de laços sociais, o desenvolvimento concerne à *multiplicação* de relações. Há nisso, entretanto, uma dimensão seletiva. Não se trata de mera multiplicação. Mais propriamente, concerne à *intensidade*, vibrante em muitos registros, obtida mediante relações inspiradas por princípios outros que não a coerção e a posse. Essa vibração não é linear, nada tem de rígida: traz o timbre da *mobilidade*, sem a qual perde conteúdo a liberdade.

A sociedade democrática é mais igualitária; a sociedade civilizada é mais respeitosa; e a sociedade desenvolvida é mais intensa e mais diversificada na trama de relações que põem pessoas e grupos em contato. A referência ao pôr em contato não é de somenos nesse ponto. Pois esse é o modo de superar o império dessa categoria decisiva no mundo moderno que é o *interesse*; vale dizer, o inter-est que se interpõe, separa, gera dissídio enquanto oculta a raiz dos conflitos reais. É nessa primazia da ligação móvel sobre a interposição rígida que consiste a indispensável contribuição do desenvolvimento como princípio civilizador. É por essa via que se pode realizar aquilo que, na fase atual do capitalismo dominante, é o mais difícil: o libertar-se, em todos os ambientes sociais, da sombra que os oprime, a das múltiplas formas de posse, de permutabilidade, de *indiferença* enfim. Nisso reside o sentido profundo da ideia e da prática do desenvolvimento.

Notas:

1. Esta e todas as citações do parágrafo: FURTADO, Celso. *Criatividade e dependência na civilização industrial*. São Paulo: Companhia das Letras, 2008.

Revolução tecnológica, riscos existenciais e a questão do humano

*Hermínio Martins**

Depois dos anos 1960, com um grande salto nas décadas de 1980 até hoje, temos estado a atravessar o que se tem chamado a Terceira Grande Onda, a Terceira Revolução Industrial, a Quarta Revolução Tecnológica ou simplesmente a Segunda Idade da Máquina, em grande parte devido à Revolução Informacional/Computacional/Digital e à emergência do "capitalismo do conhecimento" que tornou possível. A aceleração dos avanços das tecnologias, e da informação e computação pode ser resumida na famosa Lei de Moore, o enunciado da duplicação da capacidade de processamento a cada 18 meses (os avanços na bioinformática são ainda mais rápidos), que propicia a grande explosão de algoritmos que hoje controlam as nossas máquinas, fábricas, dispositivos, armas e os *media* sociais. Qualquer objeto técnico é ou será um sistema ciber-físico, com os seus programas de *software* em controlo, e assim vulnerável a *hacking*. Nas bolsas de valores os programas de *software* de alta celeridade (*high-frequency traders*) já predominam sobre os especuladores humanos no volume de transações.

Celso Furtado demonstrou grande sensibilidade ecológica, com uma consciência aguda dos danos ambientais, por vezes irreversíveis, e que podem se manifestar só a longo prazo, até de décadas, ou que, por outro lado, nos podem constranger por décadas, centenas ou milhares de anos (como o plutônio, o isótopo PU-239, com a sua meia-vida de 24 mil anos, subproduto das centrais nucleares) devido a muitas tecnologias agroindustriais, energéticas ou químicas (ou informacionais, com a sua *e-waste*). Isto não quer dizer que consi-

---

* Emeritus Fellow, St Anthony's College, Universidade de Oxford. Investigador honorário do Instituto de Ciências Sociais da Universidade de Lisboa.

derasse a Natureza somente como um estoque de recursos a serem explorados, sem valores intrínsecos, ou pelo menos sem valores que lhe possamos reconhecer ou atribuir para além da instrumentalidade dos recursos, para assegurar limites à nossa exploração potencial maximalista. A nossa espécie interage com a Natureza pelo "tecno--metabolismo", pelo qual o consumo de energia numa escala fabulosa engendra subprodutos anômalos na história da Terra, com a consequente degradação entrópica, exemplificada pela acidificação dos oceanos.

Com os impactos ou constrangimentos físicos no espaço e no tempo (quanto ao espaço, a chuva ácida transfronteiras, afetando países distantes daqueles onde era gerada, foi uma boa lição), temos que ter em conta que todas as nossas atividades quotidianas, hoje altamente tecnificadas, afetam outros, distantes no espaço e no tempo, e colocam urgentemente a questão de como ter em conta as nossas obrigações em relação às gerações futuras, sobre as quais, dada a potência das nossas tecnologias sobre as suas condições de existência, exercemos, num mundo globalizado e unificado tecnicamente, uma espécie de despotismo sem precedentes.

Tem havido um fator antropogênico na mudança climática global, um dos maiores riscos existenciais globais de hoje, e isso acrescenta-se ao que já sabíamos sobre a severidade da nossa ação multímoda sobre o planeta, em que a Natureza se tornou uma espécie de "tecno-Natureza", circunscrevendo uma área cada vez mais reduzida de ecossistemas em todos os continentes que ainda não foram radicalmente afetados pelos humanos, sobre os modos em que estamos a ultrapassar as margens de segurança para a sustentabilidade da civilização e mesmo da espécie (o próprio espaço exterior tem sido afetado por nós, com a acumulação de lixo dos nossos satélites).

Como resultado da tecnificação do meio natural, se ocorrem desastres naturais independentemente de qualquer fator tecno-econômico de incidência pouco previsível, o seu impacto é quase sempre mediado por disposições tecnológicas ou tecnossociais, que podem fazer uma enorme diferença ao seu desfecho imediato ou em um maior prazo (Katrina, Fukushima). Ocorrem calamidades tecnológicas "puras", em que estiveram em jogo elementos que não se encontram na Natureza (Chernobyl), ou acidentes tecnológicos, cujos números de vítimas poderiam ter sido minimizados com outras disposições técnicas e humanas por uma empresa menos desumana (Bhopal). Muitos desastres da civilização urbano-industrial resultam de uma mistura de fatores biológicos e tecnológicos, com um papel notável da agroindústria (caso das vacas loucas e de outras epidemias e zoonoses), e provavelmente esse tipo de desastre será mais frequente ainda, e cada vez mais tecnogênico, como seria de esperar da condição cada vez mais tecnificada da Natureza.

A tecnologia já foi vista essencialmente como o instrumento supremo, aproximando-se da omnipotência, o instrumento neutral, não agonístico por excelência, para resolver, e resolver da melhor maneira, problemas económicos, e mesmo sociais e humanos — tal foi a ideia do célebre *technological fix*. Mas temo-nos dado conta que ao mesmo tempo, mesmo quando bem-sucedidas em primeira instância, as soluções tecnológicas geram outros problemas tecnocientíficos (p. ex., as disputas acesas dentro e fora da ciência sobre a mudança climática global e sobre as suas soluções), sociais, políticos, internacionais, sem falar dos problemas, dilemas e aporias éticas e legais que tantas tecnologias, biomédicas ou outras, geram, de grande acuidade e complexidade, sobre a imputação da responsabilidade legal, por exemplo, divergências e conflitos socioculturais com raízes em visões rivais do mundo, religiosas ou não religiosas (mesmo sobre a determinação médico-legal da morte). Em alguns casos, as propostas de solução dos problemas gerados pelo consumo de hidrocarbonos desde a Revolução Industrial, como muitos projetos de geoengenharia, exigiriam recursos fabulosos, intervenções na atmosfera completamente inéditas (com uma grande margem de risco e de incerteza), não respeitando fronteiras, com riscos sérios de guerras.

Quanto mais aprendemos com a ciência, as ciências ambientais em particular, ciências "quindínicas" (saturadas de incertezas de várias modalidades), mais nos confrontamos com o fato de nos termos tornado, sem nos dar conta do que estava se passando, cada vez mais míopes quanto aos horizontes temporais das consequências, diretas ou indiretas, cumulativas, de sinergias negativas, por vezes muito remotas, das nossas práticas tecnoeconômicas. Desconhecemos muitas latências causais, ou só as descobrimos muito tarde, por exemplo, o papel dos clorofluorcarbonos (CFCs) no buraco de ozono da atmosfera, descoberto três décadas depois da sua introdução maciça, ou o papel dos asbestos em doenças que se manifestam décadas depois da sua última exposição.

No entanto, temo-nos sentido ao corrente de tudo o que acontece, com comunicações à velocidade da luz através do planeta, com a sua métrica de nanossegundos, apoiadas por satélites espaciais, gozando da ubiquidade, simultaneidade e interconectividade da Internet e da www. Com a convergência dos *media* (cinema, rádio, televisão, fotografia, telefonia) através da digitalização (chamada curiosamente de "desmaterialização"), que os torna compatíveis e interconvertíveis, com a difusão dos celulares e a participação de muitas camadas da população nas redes sociais (uma proporção considerável dos internautas, especialmente em certas camadas etárias, viciadas nelas), as Tecnologias de Informação e Comunicação (TIC) propiciaram novos modos de experiência ou novas estruturas técnicas da percepção (com a Realidade Virtual ou a Realidade Aumentada), novas formas de socialização (*online dating,* por exemplo), novos modos de associação (mesmo na comunidade científica ou na "ciência de cidadãos" associada), novos modos de relacionamento do cidadão com o Estado, do consumidor com os mercados, dos alunos com as escolas etc.

O individualismo institucionalizado das economias de mercado suscita agora uma nova forma de individualismo, o "individualismo de redes", ou o aparecimento de um novo tipo humano, a que chamei o *homo connexus,* permanentemente conectado ou, pelo menos, permanentemente disposto a conectar-se. O "individualismo de redes" está acompanhado pelo "reísmo de redes", pois as coisas "inteligentes" comunicam-se entre si, independentemente de nós, na "Internet das Coisas" (o volume de mensagens de máquina a máquina já há muito excedeu o volume de mensagens entre humanos). Quando digo as coisas "inteligentes" (com microchips ou microprocessadores, sensores, transmissores), devo acrescentar que uma das grandes pulsões da civilização tecnológica hoje é de tornar o máximo de coisas, objetos físicos, edifícios, artefatos de todas as espécies, inteligentes, e mesmo cada vez mais inteligentes (e assim também cada vez mais interligadas, e portanto, *hackeable*).

As multidões da sociedade de massas agora podem ser induzidas pelas redes online, o *clicktivismo* substituir a ação cívica, e a formação da opinião pública sujeita a ondas ou epidemias de falsidades, de demonização e de teorias conspiratórias, que tornam problemática a constituição dos públicos de cultura cívica nas democracias mais consolidadas, sem falar da incivilidade crônica dos *trolls* na *twittersphere,* e não só, e do fato não antecipado de 35% das mensagens na internet serem pornográficas. A "democracia digital" continua como uma utopia, sempre a renascer, com a esperança de mecanismos corretivos para reduzir a irracionalidade das redes sociais, que, aliás, são utilizadas por megacorporações para a gestão da reputação dos utentes. Seja como for, as TIC codeterminaram uma revolução na vida quotidiana, na civilização de imagens digitais, produzidas e consumidas numa escala sem precedentes sobre tudo e por todos, com telas em toda a parte, dia e noite.

Se nos aproximamos da tecno-Natureza, também nos aproximamos de uma "condição tecno-humana". Nesse novo estado em processo, traços básicos da nossa existência como membros da espécie *homo sapiens* estão hoje sujeitos, pelo menos potencialmente, pelas novas tecnologias de reprodução, tecnologias genéticas, de engenharia biológica ou da engenharia sintética, tecnologias reprogenéticas, tecnologias psicofarmacológicas, e outras, a modificações consideráveis, que os poderão reduzir, eliminar, subordinar, substituir ou transcender. Entre esses traços que supúnhamos constitutivos, positivamente ou negativamente, da nossa condição humana, podíamos contar a reprodução pela união sexual, a reprodução biológica pelos ventres das mulheres, a nossa filiação biológica com dois pais, a sexualidade genital, a impossibilidade de predeterminar as qualidades dos nossos filhos (embora o infanticídio seletivo e o feticídio sejam práticas universais, editar o genoma humano já está no horizonte), a morte (ciberimortalidade, a criogenia à espera da ressurreição pela medicina regenerativa), a susceptibilidade à dor e ao sofrimento, a inteligência natural, vinculada ao cérebro, associada a um corpo, ao organismo, a corporeidade orgânica (a descorporização pelo *upload* em supercomputadores), a pessoalidade (pois teremos talvez de a conceder a robôs como Pessoas Artificiais no futuro, como aos primatas superiores, ou pelo menos conceder-lhes o direito de ter direitos), tudo o que é animalidade em nós (inclusive as nossas limitações físicas do nosso *sensorium* e do nosso *motorium*), o nosso isolamento como consciências (não gozamos, como seres humanos banais, de faculdades telepáticas, mas a telepatia eletrônica poderá remediar isso).

Todas estas possibilidades tecnológicas inéditas de transformar a nossa espécie com respeito a estes, e outros traços, colocam uma constelação de liminalidades radicais, representando no conjunto uma verdadeira Questão do Humano: o que poderá continuar a definir o humano, com tantas modificações genéticas, somáticas, neurológicas, farmacológicas? Sem esquecer que temos recursos suficientes para engendrar um Humano-1, quer dizer, sub-humanos, como já foi sugerido por alguns bioeticistas.[1] Ou uma Questão da Espécie: poderemos, deveremos, utilizar todos esses recursos tecnológicos para engendrar novas espécies ou variedades humanas (uma das quais seria a do *homo superior*), ou para escolher uma condição pós-biológica, em sílico, *software* em vez de *meatware*, um verdadeiro sistema ciber-físico, ou hibridizar-nos, com implantes cerebrais, com órgãos artificiais, com uma "pele inteligente", nanobôs,[2] de tal modo que se poderia justificar o título de espécie ciber-orgânica? De qualquer modo, vamos depender de números e variadíssimos robôs, inclusive robôs domésticos e *robopets*,[3] e conviver com eles, com alguns dos quais teremos relações afetivas e mesmo sexuais (o governo da Coreia do Sul comprometeu-se a disponibilizar um robô doméstico para cada família, muitos milhões, portanto).

O movimento trans-humanista já não pode ser considerado uma minoria insignificante de "loucos", pois algumas das suas propostas-chave, na propaganda do *enhancement*[4] dos seres humanos

36 | DESAFIOS CONTEMPORÂNEOS

(físico e cognitivo, acima de tudo), através da panóplia de tecnologias já referidas que têm estado a interagir entre si, a convergir, com a informatização/digitalização de todas as ciências e tecnologias, já foram formuladas com o apoio da National Academy of Sciences e do Departamento de Comércio dos EUA, e por outras instituições muito respeitáveis. No entanto, alguns dos proponentes mais célebres do trans-humanismo demonstraram grande preocupação com o que poderá advir com os progressos na Inteligência Artificial, a Inteligência Artificial Geral, que poderá equiparar os programas de *software* com o patamar da inteligência humana. Impossível, por definição, prever o comportamento das máquinas ultrainteligentes. Uma Segunda Espécie, destinada a ser a Primeira Espécie, em relação à nossa espécie que as criou, sem falar das criaturas do mundo animal, a respeito das quais não terá possivelmente o nosso sentido de biofilia? Entre os riscos existenciais globais de que temos consciência, este é talvez o maior, embora menos iminente que os outros.[5]

Notas:

1. Humano-1, em analogia com o Humano 2.0: o humano transformado pela cibernética. [N. E.]

2. Ou nanorrobôs. [N. E.]

3. Robopets: robôs simulando animais de estimação. [N. E.]

4. O conceito de *Human enhancement* exprime a intenção de ultrapassar as limitações atuais do corpo ou das faculdades cognitivas dos seres humanos, através de meios naturais ou artificiais. [N. E.].

5. Algumas referências bibliográficas: PASQUALE, F. *The Black Box Society*. Cambridge: Harvard University Press, 2015.

SIMS, W. *Nanoconvergence*: The Unity of Nanoscience, Biotechnology, Information Technology, and Cognitive Science. Nova Jersey: Prentice Hall, 2007.

BRADEN R., SAREWITZ, D. *The Techno-human Condition*. Cambridge: The MIT Press, 2011.

MARTINS, H. *Experimentum Humanum*: civilização tecnológica e condição humana. Belo Horizonte: Fino Traço, 2012.

Promover a felicidade no lugar da economia: a alternativa de desenvolvimento adotada no Reino do Butão

*Clóvis Cavalcanti**

À medida que fui me familiarizando com as ideias de desenvolvimento nacional que orientam o Reino do Butão, me dei conta de que elas constituem inusitada aplicação do que o campo da Economia Ecológica (EE), com o qual estou envolvido há mais de três décadas, concebe. Uma aplicação — ressalte-se — que não é cópia de ninguém e possui traços próprios de uma sociedade não ocidental, não ocidentalizada. Isso, por iniciativa de um rei esclarecido (o Quarto Rei ou IV Druk Gyalpo, que reinou entre 1972–2006). Na verdade, tentar promover a felicidade humana, respeitando limites naturais, é, em suma, o que a visão ecológica da economia (da EE) tem em mira.

Meu contato com o Butão, país de 800 mil habitantes, do tamanho da Suíça, começou em 1994, em San José da Costa Rica, na III Reunião da Sociedade Internacional de Economia Ecológica. Encontrei aí três participantes butaneses (usando trajes típicos), com quem conversei bastante. Eu já lera sobre a visão de mundo incomum que orienta esse reino do Himalaia, situado entre China e Índia. Buscar a felicidade, como propunha há algum tempo o paradigma butanês, parecia-me proposta extraordinária. Ao mesmo tempo, o assunto da felicidade sempre foi motivo de questionamento no meu trabalho como economista. Como paraninfo (substituto de Celso Furtado, que não podia vir ao Brasil) da turma de concluintes de economia de

---

* Economista ecológico, presidente de honra da Sociedade Brasileira de Economia Ecológica (EcoEco), professor aposentado da Universidade Federal de Pernambuco (UFPE) e pesquisador aposentado da Fundação Joaquim Nabuco, Recife, Brasil. (cloviscavalcanti.tao@gmail.com) •

1968 da Universidade Federal de Pernambuco, fiz discurso cujo título era "Economia e Felicidade Humana". Por outro lado, eu tinha tido várias oportunidades de assistir a Nicholas Georgescu-Roegen, ou G-R (1906–94), desde 1964, abordando questões relacionadas com a lei da entropia e o processo econômico.[1] Seu assunto nuclear era a visão termodinâmica do processo econômico, algo que os economistas convencionais não contemplam.

Minha percepção do enquadramento perfeito do paradigma de desenvolvimento do Butão no marco da EE foi inteiramente confirmada por discurso do primeiro-ministro do país, Jigmi Thinley, no Rio de Janeiro, em junho de 2012. Ela ficou ainda mais patente no documento do governo butanês, *Wellbeing and Happiness:* A New Development Paradigm, de agosto de 2012, estabelecendo um grupo de trabalho no qual tive a honra de ser incluído (o que me possibilitou em janeiro–fevereiro de 2013 passar dez dias extremamente proveitosos no Butão), cuja tarefa, a pedido da ONU, era detalhar o modelo butanês para que ele fosse apreciado pelos Estados que o compõem. E que modelo é esse? Como diz o documento: "Em contraste com o presente sistema, baseado no Produto Interno Bruto (PIB), o novo paradigma [visa elevar] a felicidade humana e o bem-estar de todas as formas de vida." Propõe isso "dentro dos limites planetários, sem degradação da natureza ou depleção dos preciosos recursos do mundo". Com cuidados, para que "os recursos sejam distribuídos de maneira justa e usados eficientemente".[2]

A premissa do modelo butanês é a de que os sistemas humanos não podem ser isolados do ecossistema envolvente que lhes provê suporte de vida e recursos de que a economia necessita para existir e funcionar, do mesmo modo que serviços para absorção de seu lixo. O modelo tem como fim promover o que denomina de Felicidade Nacional Bruta (FNB). Seguindo regras do budismo, religião oficial do Butão, visa-se ainda o bem-estar de todos os seres sencientes. E levam-se em conta, de forma explícita, nos moldes do *full-cost principle*, todos os benefícios e custos da atividade econômica.

Muito antes de a Economia Ecológica ter surgido formalmente (em 1987), o Quarto Rei do Butão proclamou (ao ascender ao tro-

40 | DESAFIOS CONTEMPORÂNEOS

no, muito jovem, aos 17 anos, em 1972!) que "a Felicidade Nacional Bruta é mais importante do que o Produto Nacional Bruto". Com tais palavras, de modo revolucionário, colocou seu país em um caminho de desenvolvimento singular e holístico, procurando integrar desenvolvimento socioeconômico sustentável e igualitário com conservação ambiental. Assim, toda política de peso, pouco a pouco, passou a ser levada adiante no Butão apenas se satisfizesse o teste do indicador de FNB. Tal foi o caso quando o Butão decidiu não entrar na Organização Mundial do Comércio (OMC). Constatou-se que a possibilidade da entrada não se ajustava às exigências do modelo. Foi o caso ainda, em 2010, da decisão de não se construir uma grande hidrelétrica, em condições das mais favoráveis, para exportação, na maior parte para a Índia, da energia por ela gerada.

O Novo Paradigma de Desenvolvimento (NPD) do Butão remete à compreensão das relações entre o sistema econômico e a natureza, visando alcançar a felicidade humana dentro dos limites de matéria e energia de que se dispõe — exatamente como explicado por Herman Daly, em 1973.[3] Os resultados disso são evidentes, depois de três décadas de adoção do paradigma. Oferecem-se saúde e educação de modo gratuito a toda a população butanesa, e 99% das crianças em idade escolar frequentam escolas. A esperança de vida butanesa duplicou em quarenta anos. No Butão não há *outdoors* que promovam consumo tolo; a propaganda de *junk food* e de bebidas alcoólicas é proibida, do mesmo modo que a venda de cigarros. O país tenta implantar contas nacionais segundo o princípio do *full-cost*. Isso leva à adoção de políticas públicas mais consistentes na medida em que as últimas têm base em informações mais completas e realistas, bem diferente de quando se depende apenas de grandezas sinalizadas pelo mercado, de poder orientador míope. O Butão visa também ter, em 2020, uma agricultura 100% orgânica. E sua Constituição, aprovada em 2008, estipula que 60% do território do país, no mínimo, seja coberto por florestas — uma área que hoje, na realidade, é de 72% (52% do território do país é de reservas naturais).

Que o Butão se vale da EE para estruturar sua compreensão do processo econômico e formular um paradigma de desenvolvimento totalmente novo e corajoso é evidente a partir do contato com a excelente literatura que o governo do país tem produzido sobre o assunto. No Rio, em junho de 2012, em sessão a que assisti, o primeiro-ministro, Thinley, tratou, por exemplo, "das interfaces entre as dimensões sociais, ecológicas, éticas, econômicas e políticas de nosso mundo". Para ele, o conceito da pegada ecológica da EE constitui um dos instrumentos de medição e comunicação mais importantes e influentes deste século. O chefe de governo butanês foi mais além, sublinhando que o trabalho da EE deveria ser a referência primária da Rio+20 — com início no dia seguinte ao de sua fala. Ele sublinhou que, diante da crise planetária e da inquietação suscitada por um momento de ameaça à sobrevivência humana na Terra como agora — algo que tanto preocupava Furtado —, é indispensável entender que a economia não passa de subsistema aberto do ecossistema global, submetida aos limites da natureza. O que a EE aceita como axioma.

O modelo butanês, assim, rejeita o paradigma convencional da economia e sua proposta de crescimento econômico. Nas palavras de Thinley, o "desenvolvimento puxado pelo PIB, que obriga ao crescimento sem limites num planeta com recursos limitados, não faz mais sentido econômico. Ele é a causa de ações irresponsáveis, imorais e autodestrutivas".[4] "*Irresponsáveis*", segundo ele — coberto de razão, acrescento —, porque extraímos, produzimos, consumimos, descartamos e desperdiçamos cada vez mais, *mesmo sabendo que os recursos naturais rapidamente se esgotam*. A devoção ao PIB é *imoral e antiética* porque, havendo consumido muito além de nosso quinhão da riqueza natural, "nossa devassidão temerária", em meio a desigualdades excessivas, *nutre-se do que pertence a gerações ainda por nascer*. Finalmente, o *caráter autodestrutivo* da fixação no PIB, ajudado pela tecnologia, está provocando o colapso de nossos sistemas de sustentação da vida. Tem sido essa precisamente a reflexão por trás da EE, elaborada por G-R e seguidores. Uma reflexão de que Furtado tratou, citando Georgescu, no seu livro, de 1974, *O mito do desenvolvimento econômico*.[5]

Herman Daly, em obra que organizou em 1980,[6] esclarece: "No sentido mais amplo, o problema econômico derradeiro da humanidade é usar os meios últimos [da Natureza] a serviço do Fim Último [a felicidade humana]." Ele sai das limitações do modelo que define a ciência da economia como alocação de meios (intermediários) escassos para fins (instrumentais) múltiplos, introduzindo a dimensão, negligenciada pelos devotos do PIB, dos fins últimos (o sentido e gozo da vida, a felicidade humana) e dos meios primordiais (matéria e energia, de que se constitui tudo o que há no universo). Como explica Daly, a ligação que a ciência econômica dominante vê é da atividade da economia com meios e fins intermédios, não com meios e fins últimos. Dessa forma, a economia-ciência "falsamente supôs que pluralidades, relatividades e substituibilidades intermediárias entre fins concorrentes e meios escassos representassem o espectro [de meios e fins] inteiro". Segundo Daly, limites absolutos não figuram no paradigma dos economistas, porque absolutos são encontrados somente no confronto com os polos últimos do espectro. Ademais, a economia-ciência convencional não questiona a natureza de meios e fins, daí não cuidando de verificar os limites tanto do *possível* (questão da física) quanto do *desejável* (tema da ética, da religião, da metafísica).

Ao enunciar que a economia não passa de um subsistema aberto do ecossistema global (termodinamicamente fechado), submetida a limites ditados pela natureza, o primeiro-ministro butanês, em seu discurso no Rio de Janeiro, ecoou o pensamento tanto do pai da EE, quanto dos que, como eu, o acompanham. De fato, como é por G-R explicado de forma rigorosa, o que os economistas convencionais concebem é que o sistema econômico é um sistema isolado, autocontido e a-histórico — configurado por um fluxo circular entre produção e consumo, sem entradas e sem saídas no sistema, o conhecido gráfico do "fluxo circular da riqueza". Sublinha G-R: se a economia considerasse a essência entrópica do processo econômico, poderia ter sido capaz de alertar seus companheiros de trabalho no aprimoramento da humanidade — as ciências tecnológicas — de que "maiores e melhores" máquinas de lavar, automóveis e *superjets* conduzem necessariamente a "maior e melhor" poluição.

Nesse sentido, o modelo da FNB e NPD, de um lado, e a EE, de outro, convergem na crítica dura à economia convencional. Crítica acentuada por G-R ao mostrar que o modelo convencional ignora as leis da termodinâmica, as quais definem todos os processos de transformação energética do universo. É aqui que G-R ressalta que, em essência, e do ponto de vista material, o processo econômico consiste na transformação de matéria e energia de baixa entropia em matéria e energia de alta entropia, ou seja, transformação de riqueza em *waste* (lixo). Resulta daí que, quanto mais rápido for o processo econômico, tanto mais depressa sujeira se acumulará. No entanto, ressalva o fundador da EE, "seria extremamente absurdo pensar que o processo econômico só exista para produzir lixo". Sua ressalva "é de que o produto verdadeiro desse processo é um fluxo imaterial, de gozo da vida". Sem introduzir o conceito de *"enjoyment of life"*, que não possui dimensão física e, portanto, pode crescer sem limites, no entender de G-R, não estaríamos no mundo econômico. É o gozo da vida ou a alegria de viver que representa a diferença entre o processo econômico "e a marcha entrópica do ambiente material", explicada pela termodinâmica.

Assim, na compreensão da EE, a economia é regida, como tudo o mais no meio físico, sem exceção, pelas leis da termodinâmica. O modelo do Butão tem apoio no mesmo raciocínio. Dele, é possível dizer-se que segue bem mais um padrão de mundo congestionado, apesar de que a condição do país o enquadre melhor na de mundo vazio (no país vivem 19 hab/km^2). No Butão, busca-se reforçar a necessidade de se desmantelar o consumo excessivo; de se banir a publicidade dirigida a crianças; de se eliminar subsídios que levem a uso maior de combustíveis fósseis; de se evitar qualquer ajuda, via deduções de impostos, à promoção de negócios. Busca-se um sistema tributário que penalize a poluição, coíba as emissões de carbono e a depleção de recursos e do capital natural.

A EE esteve desde sempre no âmago do NPD do Butão, o qual, não obstante, não faz esforço algum para representar adesão a uma versão ocidentalizada da crítica ecológica da economia. E tem, de fato, especificidades não banais. Da especificidade do budismo, convém lembrar, se extrai a noção de que a essência da civilização não está na multiplicação de desejos, mas na purificação do caráter humano. E o Butão é um país budista (com liberdade religiosa, assegurada pela Constituição). O budismo não compartilha um critério de sucesso da moderna economia como o ditado pela quantidade de coisas produzidas — o PIB — que, de seu ponto de vista, significa considerar os bens como algo mais importante que pessoas e seres sencientes. Uma ciência budista da economia visaria ao estudo sistemático de como se atingir o máximo de bem-estar com o mínimo de consumo. Isso remete à questão do prazer da vida, da felicidade, assunto de que G-R tratou, ligando consumo a *enjoyment of life*. Para ele, a felicidade guia os humanos. Porém, a economia convencional "tira especial orgulho de um mundo sem gente". Na linha de G-R, o crescimento (como qualquer outra coisa), mesmo assegurado do prisma biofísico, só faz sentido se estiver de acordo com orientações ditadas por uma base moral.

Assim, faz todo sentido saber que a meta última que norteia as mudanças sociais, econômicas e políticas no Butão é a FNB. Foi isso o que afirmou o Quarto Rei, ao proclamar que uma economia baseada na FNB significa a criação de uma *sociedade iluminada*, na qual a *felicidade* e o bem-estar de todas as pessoas e de *todos os seres sencientes* é o propósito último da governança. Essas ideias revelam a forte dimensão da espiritualidade no paradigma concebido pelo Butão, dele participando intrinsecamente. É, como sublinha Karma Ura, ilustre sociólogo butanês: "Se o crescimento material solapar o arcabouço espiritual da sociedade e seus valores de compaixão e integridade, então não terá havido desenvolvimento."[7]

Todas essas coisas dizem respeito ao fato de que se tem um propósito na vida muito além do material e de que a linguagem da sabedoria espiritual deve orientar todas as escolhas do progresso desejado. Felicidade, sociedade iluminada, todos os seres sencientes (que, no budismo, são considerados "pequenos Budas"), sabedoria espiritual e mais outros elementos do NPD do Butão fazem dele uma versão do modelo da EE que vai bem mais além do componente biofísico. Os resultados saltam aos olhos: o país tem baixa desigualda-

BRASIL, SOCIEDADE EM MOVIMENTO | 45

de, baixo desemprego, índices controlados de violência, população de aparência bonita, ausência de mendigos, ausência de barulho e direitos para as mulheres que as colocam em posição privilegiada em comparação com indianas e chinesas. A ponto de as mulheres poderem ter mais de um marido (como os maridos, mais de uma mulher). Tendo testemunhado tudo isso com minha mulher, na companhia de um grupo internacional respeitável, não posso deixar de concluir que o paradigma do Butão representa alternativa clara e fascinante para um mundo escravizado ao modelo frustrante do PIB.

Notas:

1. GEORGESCU-ROEGEN, Nicholas. *The Entropy Law and the Economic Process*. Cambridge, Mass., EUA: Harvard University Press, 1971.

2. "Defining a New Economic Paradigm: The Report of the High-Level Meeting on Wellbeing and Happiness". Disponível em: <https://sustainabledevelopment.un.org/index.php?page=view&type=400&nr=617&menu=35>.

3. DALY, Herman. "Introductory Essay". In: DALY, Herman (org.). *Toward a Steady-State Economy*. San Francisco: W. H. Freeman Co., 1973.

4. THINLEY, Y. Lyonpo Jigmi. "What is Gross National Happiness". In: *Rethinking Development* – Proceedings of the Second International Conference on Gross National Happiness. Thimphu: Centre of Bhutan Studies, 2007.

5. FURTADO, Celso, *O mito do desenvolvimento econômico*. Rio de Janeiro: Paz e Terra, 1974.

6. DALY, Herman, "Introduction to the Steady-State Economy". In: DALY H.(org.). *Economics, Ecology, Ethics*: Essays Toward a Steady-State Economy. Nova York e San Francisco: WH Freeman and Company, 1980. pp. 1-37.

7. KARMA URA. "Gross National Happiness and Buddhism". Disponível em: <http://www.kosei-shuppan.co.jp/english/text/mag/2007/07_101112_10.html>.

Direito à cidade, políticas públicas e desenvolvimento

Impasse político brasileiro

*Marcio Pochmann**

A trajetória do Partido dos Trabalhadores (PT), que lhe permitiu ascender ao governo central a partir de 2003 em apenas três décadas de existência e permanecer democraticamente vitorioso por quatro eleições sucessivas, constitui um marco na esquerda brasileira e, por que não dizer, mundial.[1] A unidade programática estabelecida em mais de doze anos se mostrou inédita no Brasil, posto que noutros momentos históricos, como em 1930–45 e em 1964–85, a convergência programática somente se tornou possível sob o manto do autoritarismo.

Inversamente à trajetória ascendente da exclusão social verificada atualmente nas economias capitalistas avançadas, o Brasil iniciou o século XXI de forma positiva, alterando significativamente a realidade da sociedade em um pequeno período. Em conformidade com o índice sintético da exclusão social no país, os avanços na primeira década do século parecem inegáveis, aliás, os mais expressivos dos últimos cinquenta anos.[2]

O que possibilitou alcançar o êxito mais importante no enfrentamento da exclusão social no Brasil desde 1960 assenta fundamentalmente na convergência de uma tríade inédita: a combinação do regime democrático com a expansão consistente da economia e as políticas sociais de caráter distributivo.

De fato, somente nos anos 2000, o país conseguiu fazer convergir esses três sustentáculos basilares da reversão da exclusão social. Nas décadas de 1960 e 1970, o crescimento econômico foi um dos mais elevados de todo o século XX, porém, a ausência de democracia e de política social distributiva tornou a sociedade mais excludente.

---

* Professor do Instituto de Economia e pesquisador do Centro de Estudos Sindicais e de Economia do Trabalho da Universidade Estadual de Campinas (Unicamp).•

Em 1980, o Brasil situou-se entre as oito maiores economias capitalistas, mas ocupou também a terceira posição na hierarquia da desigualdade no mundo. Como se sabe, o crescimento econômico, por si só, sem redistribuição de renda, tende a resultar em mais exclusão social.

Por outro lado, as décadas de 1980 e 1990 impulsionaram a retomada do regime democrático, embora desacompanhado do crescimento econômico sustentado. O que se assistiu foi a estagnação da renda *per capita*, com perda de posições relativas no cenário internacional, uma vez que o Brasil regrediu do posto de 8ª economia do mundo, em 1980, para o de 13ª, em 2000.

A expectativa de sucesso das políticas sociais estabelecidas pela Constituição de 1988 terminou sendo, em certa medida, frustrada. Isso porque, sem crescimento econômico considerável, pouco resta para distribuir, mesmo havendo democracia e instrumentos políticos para atacar a desigualdade. No ano 2000, por exemplo, o Brasil havia decaído para o posto de 13ª economia do mundo, contando com taxa de desemprego de 15% da força de trabalho e participação dos salários de apenas 39% da renda nacional. Vinte anos antes, em 1980, o País encontrava-se entre as oito economias capitalistas mais ricas do mundo, o desemprego atingia 2,7% da População Economicamente Ativa e os salários representavam 50% da renda nacional.

Foi somente na década de 2000 que o Brasil voltou a recuperar posições, situando-se atualmente entre as sete economias mais ricas do mundo. Simultaneamente, assistiu-se à queda significativa do desemprego, da pobreza e da desigualdade social. O desemprego encontra-se próximo de um terço do que representava em 2000, assim como os salários alcançaram quase o mesmo patamar do ano de 1980.

A singular experiência da esquerda brasileira, contudo, transcorre em meio à mais grave crise do capitalismo de dimensão global, que subverteu no início do século XXI as construções avançadas, sobretudo aquelas vigentes a partir do segundo pós-guerra do século XX, como a social-democrática europeia e a reformista estadunidense. Apesar disso, os resultados alcançados são expressivos, e o êxito de tal experiência talvez seja responsável pelo impasse político que o país vive atualmente.

Para tratar disso, o artigo oferece três elementos constitutivos do impasse político brasileiro em pleno ano de 2015, resultante da inversão de prioridades estabelecidas pelas opções coordenadas pelo Partido dos Trabalhadores nos governos do presidente Lula e no da presidente Dilma. Ou seja, a promoção da mobilidade social, da redistribuição da renda e da inclusão social no território nacional.

Mobilidade social

A primeira década do século XXI foi marcada pela retomada da mobilidade social, um dos principais traços do capitalismo de natureza selvagem que se consagrou no Brasil. De forma inédita, a combinação do regime democrático com crescimento econômico e políticas de distribuição de renda permitiu elevar o padrão de consumo, sobretudo na base da pirâmide social, após a rápida expansão da riqueza com brutal concentração da renda durante a ditadura militar, nas décadas de 1960 e 1970, e a regressão econômica e social na transição democrática dos anos 1980 e 1990.

Gráfico 1 – Brasil: evolução do índice do rendimento médio real dos ocupados com renda e da taxa nacional de desemprego (1995 = 100)

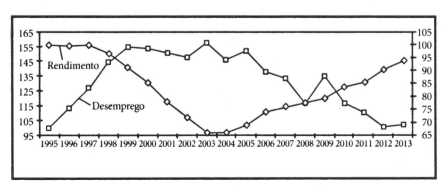

Fonte: Instituto Brasileiro de Geografia e Estatística — IBGE/Pesquisa Nacional por Amostra de Domicílios — Pnad (elaboração própria).

Com a estabilidade monetária, alcançada com o Plano Real no governo de Itamar Franco, em 1994, o Brasil registrou dois períodos distintos, em termos de polarização e acomodação na distribuição da renda no interior da sociedade. No primeiro período, ocorrido entre 1995 e 2003, registrou-se importante sinal de polarização na distribuição da renda, uma vez que poucos segmentos sociais ampliaram os seus ganhos, enquanto a maior parte reduziu sua participação relativa.

O Gráfico 1 permite exemplificar como a estabilidade no poder aquisitivo dos rendimentos se verificou somente entre 1995 e 1997, para depois seguir decrescente até o ano de 2003. O desemprego nacional, contudo, cresceu continuamente nos anos de 1995 a 1999, quando passou a se manter estável em alto patamar até 2003.

O segundo período, observado a partir de 2004, apontou para a acomodação dos ganhos distributivos, tendo melhora simultânea em praticamente todos os segmentos sociais. Exemplo disso registra-se tanto no decréscimo do desemprego nacional como na elevação do poder aquisitivo do rendimento médio dos ocupados, o que confirma a melhora generalizada das condições de vida do conjunto dos brasileiros.

Redistribuição de renda

A polarização socioeconômica que se mostrou mais acentuada em todo o país foi produto do final do século XX, enquanto a acomodação no interior da sociedade teria sido possibilitada no início dos anos 2000. Pelo Gráfico 2, pode-se confirmar os movimentos distintos de polarização e acomodação social ocorridos nas duas últimas duas décadas por meio da separação do conjunto da sociedade em três segmentos distintos (ricos, intermediários e pobres), segundo o nível de renda.

Nos anos da estabilidade monetária recente (1995–2003), somente os 50% mais pobres da população conseguiram ter o rendimento mantido acima da inflação, com elevação média anual de 0,2%. Para o mesmo período, o segmento de rendimento intermediá-

52 | DIREITO À CIDADE, POLÍTICAS PÚBLICAS E DESENVOLVIMENTO

rio dos brasileiros (do sexto ao oitavo decil da escala da distribuição pessoal da renda) registrou perdas médias anuais de 0,4%, enquanto os 20% mais ricos acusaram queda mais acentuada (1,2%) na renda.

Gráfico 2 – Brasil: variação média anual do rendimento real dos ocupados com renda de todos os trabalhos (em %)

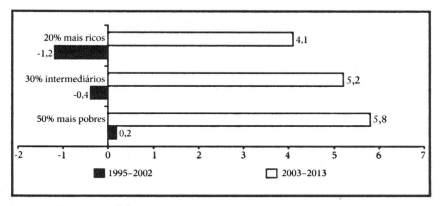

Fonte: IBGE/PNAD (elaboração própria)

Na fase atual da estabilização monetária, que compreende o período entre 2003 e 2013, segundo informações oficiais do IBGE, todos os segmentos sociais elevaram significativamente o nível de rendimento. A parcela que compreende os 50% mais pobres da população aumentou a cada ano, em média, 5,8% seu poder aquisitivo do rendimento, ao passo que a renda média do segmento social intermediário cresceu em 5,2% ao ano, enquanto a dos ricos subiu 4,1% como média anual entre 2003-13.

Inclusão social no território

No plano territorial deste país de dimensão continental, constata-se como a presença dos governos *PTistas* permitiu a diminuição na quantidade de municípios com população vivendo na condição de pobreza. No ano de 2010, por exemplo, 36,8% do conjunto dos municípios brasileiros possuíam mais da metade dos seus domicílios com rendimento *per capita* de até meio salário mínimo mensal, ao passo que em 2000 eram mais de 60% das cidades na mesma condição. Em síntese, percebe-se que, em apenas uma década, 38,9% dos municípios brasileiros conseguiram reduzir drasticamente a situação de pobreza dos seus habitantes.

Por outro lado, pode-se constatar também que no ano de 2010 havia 51,5% de todos os municípios com desigualdade de renda (índice de Gini) acima de 0,5, enquanto em 2000 eram 79,5% dos municípios na mesma situação. Entre 2000 e 2010, o índice Gini de desigualdade de renda no Brasil caiu 14,8%, passando de 0,61 para 0,52.

A experiência histórica da primeira década do século XXI aponta para a inédita queda dos indicadores de desigualdade no Brasil proporcionada por inegáveis avanços econômicos e sociais. Mais do que isso, o sucesso do caminho próprio perseguido pelo país em meio à mais grave crise do capitalismo de dimensão global verificada desde a década de 1930.

Impasse político gerado

O atual quadro político nacional aponta para a perspectiva de significativa polarização, especialmente no período recente. As manifestações coletivas ocorridas no início de 2015 podem, por exemplo, contribuir para lançar luzes sobre o atual momento político brasileiro de importante politização diante da acomodação socioeconômica anteriormente assinalada. Uma pesquisa de opinião pública, conduzida pela Fundação Perseu Abramo a partir de amostras de participantes nas manifestações dos dias 13 e 15 de março de 2015, permite perceber os evidentes impactos no sentimento das pessoas — para o mal ou para o bem — das transformações verificadas na base material.

Considerando os que saíram às ruas para se manifestar no dia 13 de março, uma sexta-feira, percebe-se que, em São Paulo, o perfil médio dos participantes se aproximou mais do conjunto da população nacional, com a importante presença de não brancos e com rendimentos menores. Esses setores foram impactados substancialmente por alterações na economia desde a década de 2000 no que diz respeito à elevação do nível geral de emprego, formalização dos postos de trabalho, ampliação do poder de compra dos salários, generalização do acesso ao crédito e ao maior consumo e sua diversificação.

Por outro lado, o perfil dos participantes na manifestação do dia 15 de março em São Paulo distanciou-se das características típicas dos brasileiros em função da maior escolaridade, rendimento e raça/cor. Para esses segmentos sociais, o impacto das alterações econômicas foi pequeno e pode mesmo ter sido percebido como negativo.

Mesmo que a ascensão dos debaixo não tenha repercutido negativamente no padrão de vida dos estratos de maior rendimento no Brasil, gerou certo desconforto perante à redução do distanciamento que até pouco tempo demarcava o espaço de atuação das diferentes classes e frações de classe sociais. De certa forma, percebe-se até o registro do sentimento de ameaça da parte dos melhores incluídos diante do processo de combate à exclusão dos mais pobres, uma vez que repercute no acirramento da competição pelas oportunidades geradas no país.

Nesse sentido, cabe alertar como os filtros que sustentavam a falsa meritocracia expressa pelos monopólios sociais associados à educação, às redes de indicações e aos círculos de relacionamento, vêm sendo questionados diante do avanço das políticas de inclusão em vários níveis, revelando a baixa capacidade de certos segmentos de maior renda de conviver em uma sociedade mais competitiva. De fato, o movimento de democratização no acesso ao ensino médio e superior, ao consumo de maior valor unitário, ao entretenimento, entre outros, tornou mais difícil aos filhos dos já incluídos continuar ingressando tranquilamente nas universidades de mais alta qualidade, nos empregos de elevada remuneração, pois há cada vez mais competidores.

Com isso, as mobilizações recentes no Brasil parecem indicar dois sentidos de natureza diferente. De um lado, o daqueles que não desejam a interrupção dos canais de ascensão socioeconômica, estabelecidos a partir os anos 2000, em função do baixo dinamismo econômico que se apresenta desde o início da década de 2010, com escassez na geração dos empregos de maior qualidade e na elevação do nível de preços redutor do poder de compra dos salários. De outro lado, o dos segmentos sociais que desejam a obstaculização dos mecanismos impulsionadores da ascensão dos debaixo. Por isso, a constante defesa de políticas de austeridade voltadas para a contenção do gasto público, e a ostentação da moralidade, como fatores proibitivos do maior estímulo ao potencial dos que vêm debaixo.

Sem crescimento econômico, não há fluxo de renda a distribuir, permitindo que os segmentos mais privilegiados possam voltar a ter na desigualdade social a acomodação política desejada. Para a parcela de menor poder aquisitivo, beneficiada pela combinação do tripé da democracia, do crescimento econômico e das políticas distributivas, a austeridade soa cada vez mais como abandono da trajetória da mobilidade social.

A tensão entre mobilidade social e polarização política pode colocar em xeque o próprio regime democrático, sem que seja possível formar maioria governamental capaz de combinar crescimento econômico com políticas distributivas. Esse é o principal impasse no capitalismo brasileiro em plena segunda década do século XXI.

Notas:

1. Para maiores detalhes cf.: FONSECA, A.; FAGNANI, E. (orgs.). *Políticas sociais, desenvolvimento e cidadania* – Educação, seguridade social, pobreza, infraestrutura urbana e transição demográfica. São Paulo: Fundação Perseu Abramo, 2013. v. 2 (Projetos para o Brasil). Disponível em: <http://goo.gl/12pq8C>. Acesso em: 8 mai. 2015.
2. Para mensurar o processo de exclusão adota-se com critério o conjunto das dimensões de vida digna, conhecimento humano e vulnerabilidades, em conformidade com a publicação GUERRA, A.L.; POCHMANN, M.; SILVA, R.A. (orgs.). *Atlas da exclusão social no Brasil*: a dinâmica da exclusão social na primeira década do século XXI. São Paulo: Cortez, 2014. v. 2.

Déficit de representação ou falta de consensos mínimos: o que paralisa as políticas?[1]

*Marta Arretche**

Junho de 2013 parece ter inaugurado um novo cenário na história recente da democracia brasileira. Manifestações populares passaram a ter presença regular na cena política. A novidade não diz respeito à existência delas, posto que a história do Brasil registra contextos semelhantes, marcados por ampla e prolongada mobilização. A perplexidade refere-se ao fato de que aquelas manifestações ocorreram em um contexto de sustentada queda nos níveis de pobreza, redução das desigualdades de renda e pleno emprego.

Duas interpretações são preponderantes no esforço para explicar essa novidade. Uma delas afirma que seriam expressão de uma dissociação entre os anseios da sociedade brasileira e nossas instituições políticas. Segundo essa interpretação, a fragmentação partidária obriga os presidentes a montar coalizões eleitorais e governamentais orientadas a produzir maiorias parlamentares, porém desprovidas de conteúdo programático. Ainda que obtenham sucesso na aprovação de suas iniciativas parlamentares, os presidentes são obrigados a negociar o conteúdo das iniciativas legislativas, para atender interesses particularistas de sua base parlamentar. Uma reforma política seria condição necessária — ainda que não suficiente — para que os verdadeiros anseios da população fossem objeto de interesse legislativo.

Uma segunda interpretação sustenta que a onda de manifestações inaugurada em junho de 2103 seria expressão de uma dissociação entre o Partido dos Trabalhadores e os movimentos populares. Segundo essa visão, desde sua fundação o PT desempenhava um

---

* Marta Arretche é professora titular do Departamento de Ciência Política da Universidade de São Paulo (USP), diretora do Centro de Estudos da Metrópole e editora da *Brazilian Political Science Review*.

papel de canalização das demandas com potencial de visibilidade pública. Entretanto, em seu novo papel de partido de sustentação do governo afastou-se desses movimentos e deixou de desempenhar sua atribuição inicial. Na ausência de um partido que filtre e canalize insatisfações e demandas, sua vocalização assumiu formato desorganizado, caótico e, até mesmo, potencialmente explosivo.

Essas interpretações partilham um pressuposto: as manifestações de junho teriam sua origem na incapacidade de as instituições parlamentares e de governo converterem em políticas públicas os legítimos anseios da população. Para abordar essa questão, devemos ter uma resposta plausível sobre a extensão em que as políticas públicas têm atendido as demandas da população.

Melhoraram as condições sociais no Brasil?

Cinco temas são constantes em sucessivas pesquisas de opinião sobre o rol de questões que mais preocupam a sociedade brasileira: educação, saúde, segurança, emprego e infraestrutura.

Iniciemos pela trajetória da política de educação. Mais de um quarto da população brasileira declarou-se analfabeta no Censo de 1980. Em 2010, essa população era de menos de 10% e estava concentrada na população de idade avançada. Se a somarmos àqueles que declararam ter no máximo três anos de estudo — nível de escolaridade usualmente interpretado como analfabetismo funcional —, verificamos que aqueles que não dominam habilidades básicas de leitura e escrita representavam quase metade da população brasileira em 1980. Somados, estes totalizavam, em 2010, 31,5 milhões de pessoas; sua participação no universo total havia caído para pouco menos de um quarto da população brasileira. A conclusão é evidente: a população que usualmente é interpretada como dispondo de menos recursos educacionais declinou significativamente nos últimos trinta anos.

Dado interessante refere-se à trajetória daqueles que contam com níveis mais elevados de escolaridade. A população de mais de 18 anos que chegou ao ensino médio pulou de 6,2, em 1980, para

58 | DIREITO À CIDADE, POLÍTICAS PÚBLICAS E DESENVOLVIMENTO

39,7 milhões, em 2010. A população que ingressou no ensino superior passou de 3,4 milhões, em 1980, para 21,5 milhões, em 2010. Ambas aumentaram em mais de seis vezes no período.

Se examinarmos a trajetória das condições de saúde, também encontramos evidências de sensível melhora. Entre 1980 e 2010, a taxa de mortalidade infantil caiu de 69 para 16 por 1.000 nascidos vivos. No mesmo período, a esperança de vida ao nascer passou de 62 para 73 anos de idade. O trabalho que realizamos no Centro de Estudos da Metrópole também examinou o desempenho das redes municipais de saúde. Neste caso, observamos as suas condições básicas. Mais uma vez, a escolha das unidades de observação não é neutra. Caso tivéssemos investigado as condições de atendimento hospitalar, nosso retrato da saúde nos municípios brasileiros seria certamente outro. Diferentemente, escolhemos observar os resultados dos programas básicos de atendimento prestados pelos municípios: saúde infantil, atendimento às gestantes, cobertura odontológica, vacinações, doenças contagiosas.

Concluímos que, ainda que exista uma associação negativa entre condições básicas de saúde e pobreza, a política de saúde no Brasil logrou reduzir a valores bastante baixos a intensidade dessa associação. Desse modo, é possível que um município apresente boas condições de saúde mesmo que sua população seja majoritariamente pobre.

Passemos à trajetória da renda. O final do processo de redemocratização foi marcado por queda da renda para os mais ricos e também para os mais pobres. No governo Sarney, todos os estratos sociais obtiveram ganhos de renda com a adoção do Plano Cruzado, para perdê-los logo em seguida devido ao fracasso deste. Com o Plano Real, tanto os mais ricos quanto os mais pobres obtiveram ganhos de renda, mas, diferentemente do Plano Cruzado, estes permaneceram estáveis nos governos Fernando Henrique Cardoso. Nos governos Lula, superada a retração econômica associada às incertezas da transição para um governo de esquerda, todos os estratos sociais tiveram crescimento sistemático da renda, tendência que se manteve no governo Dilma, a despeito das baixas taxas de crescimento econômico. Nos governos do PT, ocorreram ganhos de renda mais elevados ao longo de todo o período.

À luz dessas evidências, parece de fato paradoxal a insatisfação com o desempenho das políticas que estão no *ranking* de prioridades dos brasileiros. Em três das cinco áreas com presença permanente naquele rol de preocupações, temos evidências claras de que ganhos materiais foram obtidos. O regime democrático iniciado trinta anos atrás recebeu como legado uma dívida social mais alta do que aquela encontrada em países com nível de desenvolvimento econômico semelhante. Mas os indicadores de saúde, educação e renda melhoraram sob a democracia. Em outras palavras, se déficit de representação existe, ele não impediu que ganhos substanciais nessas três áreas cruciais de política fossem alcançados.

Logo, não houve ausência de políticas efetivas, como diagnosticam as interpretações que atribuem a insatisfação dos brasileiros ao desempenho de nosso sistema de representação, seja ele o sistema político ou o fato de o PT ser governo.

Ganhos sociais e elevação de expectativas

Se isso é verdade, por que razão os temas que são objetos dessas políticas permanecem sistematicamente na lista de preocupações dos eleitores? Parte da explicação se encontra em uma elevação das expectativas, por sua vez decorrente dos ganhos obtidos no passado recente. Não é a incapacidade de nosso sistema político de produzir resultados tangíveis que explica a insatisfação dos eleitores, mas, sim, o caráter móvel dessas demandas. Indivíduos mais escolarizados contam com mais recursos cognitivos para obter e processar informações. Também possuem mais recursos para manifestar suas preferências, seja pelo voto, seja pela pressão sobre seus representantes, quer por canais parlamentares ou extraparlamentares. Em suma, indivíduos mais escolarizados são mais exigentes e apresentam maior capacidade de pressão política. O fato é que o universo de sujeitos com essas características cresceu em proporções bastante elevadas sob a democracia.

Entretanto... Para dois dos cinco temas apontados nas pesquisas de opinião como centrais para os brasileiros temos a sensação de que pouco ou nada mudou sob a democracia: segurança e infraestrutura urbana. A julgar pelas notícias publicadas na mídia, as condições de segurança nas grandes cidades vêm se deteriorando progressivamente. A violência cresce em volume e intensidade. Infelizmente, para essa política não contamos com estatísticas regulares e confiáveis que nos permitam inferir com precisão a extensão do problema. A inexistência de indicadores confiáveis já é expressão das dificuldades encontradas na formulação e execução dessas políticas nos últimos trinta anos. Esses problemas não se confundem com volume de gasto, pois a política de segurança está entre as principais rubricas de gasto de parte significativa dos estados brasileiros. Na verdade, os grupos organizados da área de segurança pública não lograram obter um consenso mínimo em torno de um paradigma de intervenção capaz de garantir a aprovação e implementação de políticas sustentadas e estáveis.

Na infraestrutura, baixa renda e carência de serviços essenciais estão superpostas nos domicílios mais pobres. Para o acesso à energia elétrica, as taxas de cobertura chegam a 100% para todos os estratos de renda, excluídos os 5% mais pobres, concentrados no meio rural. Essa universalização é basicamente explicada pelo Programa Luz para Todos. Entretanto, há uma clara associação negativa entre renda e acesso a serviços essenciais, ligação à rede de água, coleta de esgoto e de lixo. Entre os domicílios cuja renda domiciliar *per capita* é inferior a R$ 270,00 há carência expressiva de acesso à rede de água e de serviços de coleta de lixo. Esta afeta cerca de um quarto desses domicílios. O acesso à rede coletora de esgoto também é claramente afetado pela renda. Para os domicílios cuja renda é inferior a R$ 770,00 mais da metade ainda não contava com o serviço em 2012. Entre os 20% mais pobres, cerca de 80% dos domicílios não contavam com acesso a esgoto.

A baixa efetividade da política de saneamento está associada à descontinuidade e à paralisação. À extinção do Banco Nacional de Habitação, em 1986, sucedeu intensa instabilidade federal da inserção institucional do setor. No governo Fernando Henrique Cardoso, a privatização das companhias estaduais de saneamento teve grande centralidade na agenda. No governo Lula, foi criado o Ministério das Cidades bem como foram estruturados estatutos importantes, tais como os Planos Nacionais de Habitação, Saneamento e Resíduos Sólidos. Entretanto, a retomada dos investimentos federais concentrou-se mais na construção habitacional.

Conclusões

Se existe déficit de representação na democracia brasileira, ele não impediu que ganhos de renda, saúde e educação fossem obtidos em nosso passado recente. Mas as condições de habitabilidade não melhoraram, em particular para um número significativo dos domicílios mais pobres. O cidadão comum ampliou seu consumo individual, mas sua cidade não é um lugar habitável, o que carrega de insatisfações a vida cotidiana. Os menos pobres gastam horas em congestionamentos, presos no interior de seus carros. Os mais pobres gastam horas de suas vidas em transportes coletivos lotados de passageiros. Ambos são ameaçados pela insegurança pública.

Concentrada nas cidades e estados mais ricos do país, as manifestações populares revelaram que tornar nossas cidades mais habitáveis e seguras deve ir para o topo da agenda dos governos, obtendo centralidade comparável à das políticas de saúde e educação. Ainda que o gasto em saúde e educação possa ser considerado insuficiente, essas políticas lograram construir sistemas nacionais que contam com fontes seguras e estáveis de financiamento, bem como sistemas de informação e monitoramento razoavelmente sofisticados. Enfrentar a gravidade e a extensão de nossos problemas nas áreas de segurança pública e infraestrutura urbana requer igualmente grandes aportes de recursos e políticas estáveis e sustentadas de longo prazo. Sua sustentação, contudo, dependerá da obtenção de consensos mínimos entre os principais atores dessas políticas setoriais, em torno de uma estratégia básica de intervenção. Na ausência de tais acordos, penso que o voo da galinha é o resultado mais provável.

Notas:

1. Uma versão completa deste artigo foi publicada na *Revista Interesse Nacionalde,* de 2014, e parte dos argumentos e evidências aqui apresentados foi publicada no jornal *Valor Econômico*, em julho e outubro de 2013 e fevereiro de 2014. Agradeço a colaboração de Rogério Jerônimo Barbosa e Edgard Fusaro, pesquisadores do Centro de Estudos da Metrópole, na produção dos dados estatísticos em que se baseia este artigo, que podem ser encontrados em: <http://www.fflch.usp.br/centrodametropole/1160>.

As metrópoles brasileiras e a globalização neoliberal[1]

Ermínia Maricato[*]

A globalização, dominada pelo ideário neoliberal, impôs às metrópoles brasileiras, nas décadas de 1980 e 1990, com a anuência das elites nacionais, políticas extremamente nocivas. Estas levaram à queda brusca do crescimento econômico, com aumento do desemprego, e à retração do investimento público em políticas sociais. O indicador que talvez melhor evidencie o que podemos chamar de tragédia urbana é a taxa de homicídios, que cresceu 259% no Brasil entre 1980 e 2010.

O Brasil dos anos 1980 mostrava um quadro contrastante. Após um longo período de crescimento sem distribuição de renda (de 1940 a 1980), a economia brasileira entrou em declínio. Mas ao mesmo tempo que lutavam contra o governo ditatorial, movimentos sociais e operários elaboravam plataformas para a mudança política com propostas programáticas. Nessa década, foram criados novos partidos, como o Partido dos Trabalhadores (PT), as lutas operárias e sindicais lograram a construção da Central Única dos Trabalhadores (CUT) e os nascentes movimentos sociais urbanos criaram a Central de Movimentos Populares (CMP). Um vigoroso Movimento Social pela Reforma Urbana recuperou as propostas elaboradas na década de 1960, reconstruindo a ponte com uma agenda que a ditadura havia interrompido desde 1964. Na década de 1960, o Brasil tinha 44,67% da população nas cidades, vinte anos depois, já eram 67,59%. Houve um acréscimo de cerca de 50 milhões de pessoas, e os problemas urbanos se aprofundaram.

---

[*] Professora titular aposentada da Faculdade de Arquitetura e Urbanismo da Universidade de São Paulo (Fauusp) e professora visitante do Instituto Econômico (IE) da Universidade Estadual de Campinas (Unicamp).●

Durante o regime de exceção (1964–85) os prefeitos das capitais eram nomeados. As experimentações de gestão local democrática se davam nos municípios onde havia eleição direta para prefeito, como em Diadema, cidade operária da Região Metropolitana de São Paulo, com suas propostas de inclusão social e urbana elaboradas em contexto de forte luta social. Após 1985, quando a eleição direta retorna às capitais, destaca-se a inovadora experiência do Orçamento Participativo, em Porto Alegre. Em São Paulo, duas mulheres foram eleitas, Luiza Erundina e Marta Suplicy, para governar a cidade mais importante do país. Os governos do PT foram tão bem-sucedidos nesses anos que passaram a se diferenciar sob a marca do "modo petista de governar". As propostas eram criativas e efetivas, respondendo com originalidade aos problemas apresentados pela realidade local.

Grande parte das cidades era extremamente precária, invisível para os mapas das secretarias de planejamento, e exigia intervenção urgente na busca de melhorias habitacionais, urbanas, paisagísticas, de saneamento, de drenagem e ambientais, a fim de eliminar os riscos decorrentes de enchentes, desmoronamentos, epidemias, insalubridade e da difícil mobilidade. O programa mais importante nessa linha de intervenção foi o de urbanização de favelas ou recuperação de áreas degradadas. Completando essas obras, que se destinavam a levar "cidade" para áreas degradadas e sem urbanização, estavam os programas pelos quais os movimentos sociais haviam lutado muito, como a regularização urbanística e jurídica. Os cortiços nas áreas centrais também constituíam um passivo social que exigiu atenção.

Outra iniciativa importante, que buscava dar mais qualidade de vida a crianças e adolescentes, foi a construção e operação de Centros Educacionais Unificados (CEUs). Esses edifícios de destacada qualidade arquitetônica, bem-equipados, ofereciam cursos regulares de cinema, ginástica, artes plásticas e outras atividades inéditas em bairros pobres.

Paralelamente, a produção de novos espaços urbanos e habitacionais visava, nessa perspectiva de justiça social, dar alternativas habitacionais para minimizar o crescimento e o adensamento das favelas existentes ou a formação de novas. Reforma ou construção, individual ou coletiva, com assistência técnica gratuita de engenheiros e arquitetos especialmente atentos à participação social desde a escolha do terreno à elaboração do projeto e construção das moradias foram caminhos muito profícuos, seguidos pelos movimentos sociais e escritórios de assistência técnica.

Simultaneamente foram aprovados novos instrumentos legais, como as Zonas Especiais voltadas para a urbanização ou regularização da moradia autoconstruída, os impostos progressivos e os novos cadastros imobiliários visando à arrecadação com justiça social, e novas regras para o projeto arquitetônico tendo em vista ampliar o "direito à arquitetura".

Com o passar do tempo, durante as décadas de 1980 e 1990, pesquisadores, professores universitários e outros profissionais, socialmente engajados, criaram o que podemos chamar de Nova Escola de Urbanismo.

Essa dinâmica política que incluía três frentes — produção acadêmica, movimentos sociais e prefeituras democráticas — conquistou relevantes marcos institucionais. Dentre eles, destaca-se um conjunto de leis voltadas para a justiça urbana, sendo o Estatuto da Cidade a mais importante delas; e também um conjunto de entidades, como o Ministério das Cidades e as secretarias nacionais de habitação, mobilidade urbana, saneamento ambiental e programas urbanos, que agora retomavam a questão urbana de forma democrática; e houve ainda a consolidação de espaços dirigidos à participação direta das lideranças sindicais, profissionais, acadêmicas e populares, como as Conferências Nacionais das Cidades e o Conselho Nacional das Cidades.

Em 2002, Lula firmou um compromisso com as forças do mercado financeiro que impuseram uma limitação ao seu governo, cujo começo foi marcado pela afirmação do ideário neoliberal. Mas as rígidas regras do Fundo Monetário Internacional não eram as únicas que o impediam de realizar o interesse social na execução orçamentária: o tradicional clientelismo exigia uma aplicação pulverizada de recursos pelo território brasileiro, em troca do apoio no Congresso. Isso não impossibilitou que todos os ministérios de orientação progressista ou de esquerda fossem tomados por uma febril elaboração de planos. Tratava-se de retomar o papel planejador, regulador e promotor do Estado, e parte do ideário neoliberal foi abandonado com a entrada de Dilma Rousseff na Casa Civil e a substituição do ministro da Fazenda, Antonio Palocci, por Guido Mantega.

O Ministério das Cidades começou seguindo a orientação do Projeto Moradia, elaborado com a coordenação de Lula em 2001. A tese central do projeto era a seguinte: ampliar o mercado residencial privado para abranger a classe média, de modo que o Estado se ocupasse das camadas de baixa renda com alocação de subsídios. Para viabilizar essa ampliação, foram tomadas algumas medidas reguladoras do financiamento, cujos fundos principais foram os mesmos utilizados pela significativa atividade de construção residencial realizada durante os governos militares. A retomada dos investimentos começou lentamente, mas a partir de 2007 o governo federal lançou o Programa de Aceleração do Crescimento (PAC) e, em 2009, lançou o Programa Minha Casa Minha Vida. Com o primeiro, a atividade de construção pesada começa a decolar e, com o segundo, é a construção residencial que decola.

Vivemos, porém, um paradoxo: quando finalmente o Estado brasileiro retomou o investimento em habitação, saneamento e transporte urbano de forma mais decisiva, um intenso processo de especulação fundiária e imobiliária promoveu a elevação do preço da terra e dos imóveis, considerada a "mais alta do mundo". Entre janeiro de 2008 e setembro de 2012, o preço dos imóveis subiu 184,9%, no Rio de Janeiro, e 151,3%, em São Paulo, à semelhança de tantas outras cidades brasileiras. E tudo porque a terra se manteve com precário controle estatal, apesar das leis e dos planos que objetivavam o contrário. Na maioria dos casos, as câmaras municipais e as prefeituras flexibilizaram a legislação ou apoiaram iniciativas ilegais para favorecer empreendimentos privados. O "nó da terra" continua como trava para a superação do que podemos chamar de subdesenvolvimento urbano.

Para esboçar alguma defesa do governo federal, é preciso lembrar que a questão urbana/fundiária é de competência constitucional dos municípios, ou dos estados quando se trata de região metropolitana. Mas nenhuma instância de governo tocou nas propostas da Reforma Urbana, sequer em discurso. A centralidade da terra urbana para a justiça social desapareceu. Os motivos do enfraquecimento das forças que lutaram por essa reforma ou que puseram de pé e implementaram uma política urbana que contrariou a cidade selvagem, ainda que por um período limitado, estão ainda à espera de melhores análises, mas sem dúvida muitos dos participantes dessa luta foram engolidos pela esfera institucional.

Conclusão: rumo à tragédia urbana – crescimento insustentável

Não há espaço aqui para tratar da questão dos transportes, que, devido ao seu impacto na vida e saúde da população, é outra das calamidades das cidades brasileiras. Mas nossas energias não se devem esgotar em perplexidade e indignação. Mais importante é encontrar uma pista que nos conduza à saída do subterrâneo a que fomos confinados.

Acompanhando a história das cidades brasileiras por quarenta anos e conhecendo as forças que orientam sua forte dinâmica de crescimento, podemos afirmar que, sem reforma urbana (leia-se reforma fundiária e imobiliária), não haverá desenvolvimento, mas apenas crescimento, com reprodução da forte desigualdade social e profunda predação ambiental. Distribuição de renda é importante, mas não garante a "distribuição de cidade", ou seja, o direito à cidade. O que está em jogo é a apropriação das rendas de localização; e os pobres, quando próximos, deprimem o valor dos imóveis e por isso são "empurrados", em grande parte, para fora das áreas urbanizadas consolidadas. O que está em jogo é quem manda nas cidades. Distribuição de renda e diminuição de impostos sobre determinados produtos, como o automóvel, podem incentivar o consumo, assegurar empregos, mas não garantirão cidades melhores e mais igualitárias.

Temos leis festejadas no mundo todo, temos Planos Diretores em todas as cidades com mais de 20 mil habitantes, com instrumentos jurídicos inovadores; temos conhecimento técnico, temos experiência acumulada, mas nossas cidades estão piorando... A lógica preponderante da atual "máquina de crescimento" que insufla nossas cidades não é, como sabemos, a da racionalidade social ou ambiental, mas é, sim, formada pelos interesses dominantes: do capital imobiliário, das empreiteiras de construção pesada e das indústrias automobilísticas em simbiose com o financiamento de campanhas eleitorais.

Reconhecer que, depois de muitas conquistas institucionais, nossas cidades estão piorando e que fomos atropelados pela voracidade do *boom* imobiliário, em sua versão periférica, é difícil, mas necessário. A consideração aos mais jovens exige esforços em duas direções: que sejam informados da experiência que vivemos em perseguição à utopia da cidade mais justa, e que busquemos "uma pista que nos conduza à saída do subterrâneo" a que nossas cidades foram confinadas.

Para garantir uma metrópole mais democrática, mais solidária e mais sustentável no Brasil, é preciso levar em consideração a centralidade da questão da terra urbana e garantir, entre muitas outras iniciativas previstas nas plataformas da Reforma Urbana, a aplicação do instrumento legal da função social da propriedade, que consta no Estatuto da Cidade, e o controle público sobre a propriedade e o uso da terra e dos imóveis (conforme competência legal constitucional), e tomar os transportes coletivos e o transporte não motorizado como prioridade da matriz de mobilidade urbana.

Trata-se de uma reforma possível, que depende da correlação de forças, pois o quadro jurídico/institucional e a experiência técnica/administrativa já existem.

Notas:

1. Uma versão anterior deste artigo foi publicada na revista da *Plataforma Política Social, Política Social e Desenvolvimento*, n.1.

O mito do desenvolvimento econômico na era Lula

*Vladimir Safatle**

Em 1974, Celso Furtado escreveu um pequeno livro que ainda hoje impressiona pela sua capacidade crítica em relação a um dos fundamentos da noção econômica de progresso. Nele, a própria noção de desenvolvimento econômico era descrita como um "mito", não no sentido estruturalista do mito como matriz de inteligibilidade de conflitos sociais, mas no sentido iluminista do mito como ilusão capaz de bloquear aquilo que é decisivo no interior da vida social. Este *mito do desenvolvimento econômico*, como dizia Furtado, era responsável pela paralisia da criatividade social. Criatividade que se expressa necessariamente por meio de um processo global de "transformação da sociedade no nível dos meios e também dos fins".[1]

Furtado se bateu constantemente contra a maneira como a visão do desenvolvimento se circunscrevia à lógica dos meios, o que só pode significar como tal lógica dos meios fazia do crescimento econômico a simples expressão de ampliação quantitativa de variáveis que, por si mesmas, nunca nos levariam a uma real transformação. Nesse contexto, "criatividade" significava a capacidade de transformar globalmente o horizonte do progresso da vida social, abrindo o espaço à constituição de novas formas de vida. Para alguém como Celso Furtado, que nunca negligenciou as relações profundas entre crítica da economia política e crítica da cultura, o conceito de criatividade teria necessariamente de ser elevado a eixo central de análise social.

No momento em que o Brasil termina um ciclo de desenvolvimento, que teria durado uma década e recebeu o nome de "lulismo", parece-me salutar voltar os olhos à teoria de Celso Furtado a fim de se

---

* Professor do Departamento de Filosofia da Universidade de São Paulo (USP).

indagar se, afinal de contas, tal desenvolvimento não foi a mais bem-acabada expressão de um "mito". Não se trata aqui de negar como, no final de 2010, assistimos a fenômenos como a ascensão social de 42 milhões de pessoas, com a ampliação da sua capacidade de consumo, a elevação do salário mínimo a 50% acima da inflação, a abertura de 14 universidades federais e a consolidação do crédito, de 25% para 45% do Produto Interno Bruto (PIB). Mas se trata de perguntar se a circunscrição do pretenso sucesso do modelo econômico lulista, a tal "lógica dos meios", não expressaria claramente a incapacidade de setores hegemônicos da esquerda brasileira de assumirem, como tarefa maior, a crítica do mito do desenvolvimento econômico e a absorção da "criatividade social" como conceito fundamental para a definição do que pode ser entendido como "progresso".

O tripé do lulismo e seu fim

Se nos perguntarmos sobre a política econômica do lulismo, veremos que está baseada em um tripé composto pela transformação do Estado em indutor de processos de ascensão por intermédio da consolidação de sistemas de proteção social, pelo aumento real do salário mínimo e pelo incentivo ao consumo. Tais ações demonstraram-se fundamentais para o aquecimento do mercado interno, com a consequente consolidação de um nível de quase pleno emprego. Na outra ponta do processo, o governo Lula se autocompreendeu como estimulador da reconstrução do empresariado nacional em seus desejos de globalização. Para tanto, a função de bancos públicos de investimentos, por exemplo o Banco Nacional de Desenvolvimento Econômico e Social (BNDES), como grandes financiadores do capitalismo nacional consolidou-se de vez.

Nesse sentido, o lulismo representou o projeto de um verdadeiro capitalismo de Estado brasileiro, retomando um modelo pro-tokeynesiano existente no país, durante os anos 1950 e 1960, sob o nome de "nacional-desenvolvimentismo". Nesse modelo, o Estado aparece como principal investidor da economia, transformando-se em parceiro de grupos privados e orientando o desenvolvimento econômico por meio de grandes projetos de infraestrutura. O Brasil é um país onde, por exemplo, dois dos principais bancos de varejo são públicos, onde as duas maiores empresas são estatais (Petrobras, BR Distribuidora), enquanto sua terceira maior empresa é uma companhia de mineração (Vale) privatizada, mas com grande participação do Estado via fundos públicos de pensão.

Sendo assim, podemos dizer que o sistema de expectativas produzido por essa nova versão do capitalismo brasileiro de Estado baseava-se, por um lado, no fortalecimento do mercado interno pela introdução de massas de cidadãos pobres no universo de consumo, ou seja, por uma integração da população graças à ampliação da capacidade de consumo. Por outro, por meio de uma associação entre Estado e burguesia nacional, o governo esperava consolidar uma geração de empresas capazes de se transformar em multinacionais brasileiras com forte competitividade no mercado internacional.

É difícil não ver, agora, esse processo em retrospectiva sem lembrar o diagnóstico de Furtado a respeito do mito do desenvolvimento econômico. Como ele diria: "a hipótese de generalização ao conjunto do sistema capitalista das formas de consumo que prevalecem atualmente nos países ricos não tem cabimento dentro das possibilidades evolutivas aparentes desse sistema". Pois: "o custo, em termos de depredação do mundo físico, desse estilo de vida é de tal forma elevado que toda tentativa de generalizá-lo levaria inexoravelmente ao colapso de toda uma civilização". Daí a necessidade de afirmar que o desenvolvimento econômico, ou seja, "a ideia de que os povos pobres poderão algum dia desfrutar das formas de vida dos atuais povos ricos"[2] é simplesmente irrealizável.

Mas tal desenvolvimento é irrealizável não apenas em razão da destruição do mundo físico e das formas de vida anteriores. Ele é um mito por perpetuar um processo de acumulação que tende a eliminar, em um rápido espaço de tempo, as conquistas no combate à desigualdade. Pois *não podemos dizer que o Brasil conheceu políticas de combate à desigualdade. Ele conheceu políticas de capitalização da classe mais pobre*, o que é algo diferente. Os rendimentos das classes mais altas continuaram intocados e em crescimento. Assim, a despeito dos avanços ligados à ascensão social de uma nova classe média, o Brasil continuava com níveis brutais de desigualdade. Por isso, seu crescimento só poderia trazer problemas como os que vemos em outros países emergentes de rápido crescimento (Rússia, Angola etc.). Como uma larga parcela da nova riqueza circula pelas mãos de um grupo bastante restrito, com demandas de consumo cada vez mais ostentatórias, e como o governo foi incapaz de modificar tal situação por intermédio de uma rigorosa política de impostos sobre a renda (como impostos sobre grandes fortunas, sobre consumo conspícuo, sobre herança etc.), criou-se uma situação na qual a parcela mais rica da população pressiona o custo de vida para cima, deteriorando rapidamente os ganhos das classes mais baixas. Não por acaso, entre as cidades mais caras do mundo encontramos, atualmente, Luanda, Moscou e São Paulo.

Acrescenta-se a isso o fato de os salários brasileiros continuarem baixos e sem previsão de grandes modificações. Dos empregos criados nos últimos dez anos, 93% pagam até um salário mínimo e meio. Ou seja, o fato de que os membros da "nova classe média" tenham iniciado seu acesso ao consumo não deve nos enganar. Eles ainda são trabalhadores pobres.

Uma alternativa para a melhoria dos salários seria a diminuição dos itens que devem ser pagos pelas famílias, graças à criação de serviços sociais públicos e gratuitos. No entanto, uma família da nova classe média brasileira deve gastar quase metade de seus rendimentos com educação e saúde privada, além de transporte público de péssima qualidade. Essas famílias foram obrigadas a começar a pagar por educação e saúde, já que querem escapar dos péssimos serviços do Estado e garantir a continuidade da ascensão social para seus filhos. Não por outra razão, uma das bandeiras fundamentais das manifestações de junho foi exatamente a inexistência de bons serviços públicos de educação, saúde e transporte.

No entanto, esse é um ponto privilegiado no qual o desenvolvimento brasileiro demonstra sua característica de mito. Por ter praticamente metade de seu salário corroído por gastos em educação,

74 | DIREITO À CIDADE, POLÍTICAS PÚBLICAS E DESENVOLVIMENTO

saúde e transporte, a nova classe média precisa limitar seu consumo, recorrendo muitas vezes ao endividamento. O endividamento atual das famílias brasileiras é de 45%. Em 2005, era de 18%. Por outro lado, o dinheiro gasto em educação e saúde não volta para a economia, mas apenas alimenta a concentração de renda na mão de empresários de um setor que paga mal seus funcionários e tem baixo índice de investimento. Empresários que preferem aplicar no mercado financeiro, com taxas de juros entre as maiores do mundo.

Mas podemos dizer que a constituição de um núcleo de serviços públicos é o limite do modelo brasileiro porque só poderia ser feito por meio de uma revolução tributária capaz de capitalizar o Estado. Lembremos que o Brasil é um país onde a maior alíquota de imposto de renda é de 27,5%, percentagem menor do que a de países de economia liberal, como os Estados Unidos e a Inglaterra. Mas para realizar uma reforma fiscal dessa natureza, o governo precisaria acirrar conflitos de classe, o que implicaria quebrar a aliança política que o sustenta. Ou seja, o avanço em políticas de combate à desigualdade inviabilizaria a governabilidade.

Como se não bastasse, a política lulista de financiamento estatal do capitalismo nacional levou ao extremo as tendências monopolistas da economia brasileira. O capitalismo brasileiro é hoje um capitalismo monopolista de Estado, no qual o Estado é o financiador dos processos de oligopolização e cartelização da economia. Exemplo pedagógico nesse sentido foi a incrível e recente história do setor de frigoríficos. O Brasil é atualmente o maior exportador mundial de carne, graças à constituição recente do conglomerado JBS/Friboi, com dinheiro do BNDES. No entanto, o mercado de frigoríficos era, até pouco tempo, altamente concorrencial com vários *players*. Hoje, é monopolizado, pois uma empresa comprou todos as demais, utilizando dinheiro do BNDES. Ao invés de impedir o processo de concentração, ampliando o número de agentes econômicos, o Estado o estimulou. Como resultado, hoje não há setor da economia (telefonia, aviação, produção de etanol etc.) que não seja controlado por cartéis. Isso significa serviços de péssima qualidade, pois não há concorrência e há baixos índices de inovação.

Dos meios aos fins

Por fim, lembremo-nos de como tal mito do desenvolvimento tem uma função clara:

> Graças a ele, tem sido possível desviar as atenções da tarefa básica de identificação das necessidades fundamentais da coletividade e das possibilidades que abre ao homem o avanço da ciência e da técnica, para concentrá-las em objetivos abstratos como são os *investimentos,* as *exportações* e o *crescimento.*[3]

Ou seja, trata-se de impedir toda tentativa de sair de uma fetichização da racionalidade econômica vinculada à maximização de investimentos e crescimento. Assim, as sociedades não conseguem desenvolver a experiência de rever o que se coloca como "necessidade" no interior de formas de vida determinadas. A criatividade na constituição de novas prioridades é colocada indefinidamente em suspenso.

Talvez não seja por outra razão que, pela primeira vez na história brasileira, um ciclo de crescimento econômico não foi acompanhado de explosão criativa cultural. Contrariamente ao que ocorreu nos anos 1930, 1950 e mesmo nos anos 1970, o Brasil não conheceu, na última década, uma fase de explosão criativa na qual sua sociedade usasse as artes e a cultura para experimentar novas formas. Talvez porque o país não tenha sido capaz de escapar de seu mito do desenvolvimento econômico.

Notas:

1. FURTADO, Celso. *Pequena introdução ao desenvolvimento.* São Paulo: Paz e Terra, 1980, p. 11.
2. *Idem. O mito do desenvolvimento econômico.* São Paulo: Paz e Terra, 1974.
3. *Ibidem*, p. 75.

A questão social, a Constituição de 1988 e os desafios do desenvolvimento

*Gilberto Bercovici**

A escola de pensamento formada pela CEPAL foi, talvez, a única corrente teórica que conseguiu, efetivamente, perceber a especificidade da periferia latino-americana. Não por acaso, o desenvolvimentismo da periferia nasceu no mesmo berço que produziu o keynesianismo no centro. Exatamente por estar vinculada à industrialização e às transformações estruturais, a apropriação das ideias keynesianas pelos desenvolvimentistas latino-americanos, como Raúl Prebisch e Celso Furtado, irá associar estas ideias a uma posição muito mais emancipatória e progressista do que a preponderante no centro do sistema. Desse modo, a CEPAL percebeu que é, justamente, a condição do Estado latino-americano como Estado periférico que exige que ele seja algo mais do que o Estado Social tradicional. A estrutura do Estado Social europeu e as intervenções keynesianas na economia são insuficientes para a atuação do Estado na América Latina. A teoria de John Maynard Keynes valoriza, também, os centros nacionais de decisão para a obtenção do pleno emprego. Entretanto, se a luta contra o desemprego exige a atuação do Estado, esta é muito mais necessária para promover as modificações estruturais indispensáveis para a superação do subdesenvolvimento. O papel do Estado na América Latina deve ser muito mais amplo e profundo do que nos países centrais.[1] O Estado brasileiro constituído após a Revolução de 1930 é estruturalmente heterogêneo e contraditório. É um Estado Social sem nunca ter conseguido instaurar uma sociedade de bem-estar: moderno e avançado em determinados setores da economia, mas tradicional e repressor em boa parte das questões sociais. Entretan-

---

* Professor titular de Direito Econômico e Economia Política da Faculdade de Direito da Universidade de São Paulo (USP).•

to, apesar das contradições e limitações estruturais, é um Estado que, para Celso Furtado, poderia terminar o projeto de formação nacional, ultrapassando a barreira do subdesenvolvimento. A falta de integração social, econômica e política das sociedades latino-americanas continua exigindo, assim, uma decisiva atuação do Estado.[2]

O alerta que deve ser feito é o dos limites e das possibilidades do Estado latino-americano. O problema está no fato de que a Cepal acertou a agenda que estes Estados latino-americanos deveriam implementar. Os seus formuladores só não previram se o Estado periférico poderia efetivar todas aquelas tarefas. No Brasil, por exemplo, o Estado nunca foi propriamente keynesiano, muito menos social-democrata, mas estendeu sua presença a quase todos os setores econômicos e sociais. Foi um Estado forte para disciplinar o trabalho e a cidadania, porém, fraco perante o poder econômico privado. Por isso, sempre foi obrigado a promover uma "fuga para a frente", pelos caminhos de menor resistência, criando uma estrutura industrial desenvolvida, mas sem autonomia tecnológica e sustentação financeira.[3]

Afinal, o problema central é o fato de que a soberania do Estado brasileiro, ou de qualquer outro latino-americano, como soberania de um Estado periférico, é uma *"soberania bloqueada"*, ou seja, enfrenta severas restrições externas e internas que a impedem de se manifestar em toda sua plenitude.

Não podemos esquecer que o subdesenvolvimento, em suas raízes, é um fenômeno de dominação. É um processo histórico autônomo, não uma etapa pela qual, necessariamente, os países desenvolvidos passaram. Segundo Celso Furtado, ele é a manifestação de complexas relações de dominação entre os povos e tende a se perpetuar. Dessa forma, é fundamental ter consciência da sua dimensão política. O que houve nos países periféricos foi a modernização, sem nenhuma ruptura com as estruturas socioeconômicas, mantendo-se a reprodução do subdesenvolvimento. Não existe uma tendência à passagem automática da periferia para o centro do sistema econômico capitalista. Pelo contrário, a única tendência visível é a da continuidade do subdesenvolvimento dos países periféricos. Portanto, o esforço para superar o subdesenvolvimento requer um projeto político apoiado por vários setores sociais, pois se trata da superação de um impasse histórico.[4]

Para a superação do subdesenvolvimento é necessário um Estado nacional forte e democrático, com o objetivo de incluir a população na cidadania política e social. Portanto, com base neste debate sobre o papel do Estado, é possível afirmar que a garantia da existência digna por meio da homogeneização social[5] está, também, diretamente vinculada à democracia. Afinal, com a falta de homogeneidade social, inúmeros setores da população já não mais se identificam com a política e o Estado. A cidadania, assim, não se limita aos direitos de participação política, inclui, também, os direitos individuais e, fundamentalmente, os sociais. A ideia de integração na sociedade é fundamental para a cidadania, o que não ocorre em países como o Brasil. A igualação das condições sociais de vida, assim, está intrinsecamente ligada à consolidação e à ampliação da democracia, para não dizer que é essencial para sua legitimidade, permanência e futuro como forma política.

Dado, portanto, o caráter de dominação do fenômeno do subdesenvolvimento, a passagem deste para o desenvolvimento só pode ocorrer em processo de ruptura com o sistema, interna e externamente. Desse modo, é necessária uma política deliberada de desenvolvimento, em que se garanta tanto o desenvolvimento econômico como o social, que são interdependentes, não há um sem o outro. O desenvolvimento só pode ocorrer com a transformação das estruturas sociais, o que faz com que o Estado Desenvolvimentista precise ser mais capacitado e estruturado que o Estado Social tradicional. E não é o fato de não termos tido, no Brasil, um Estado de Bem-Estar Social pleno que nos impede de construir um Estado que possa, finalmente, superar a barreira do subdesenvolvimento.

O desenvolvimento, como afirma Celso Furtado, é um processo global, que envolve a transformação da sociedade, não se limitando a buscar compreender o processo de acumulação e de ampliação da capacidade produtiva, mas também o processo de apropriação do excedente e seus impactos na divisão social do trabalho e na estratificação e dominação sociais.[6]

O direito econômico é dotado de racionalidade essencialmente macroeconômica, porque trata da ordenação dos processos econômicos ou da organização jurídica dos espaços de acumulação. Atua, pois, de maneira direta nas questões referentes à estratificação social. O direito econômico tem como objeto, assim, também as formas e meios de apropriação do excedente, seus reflexos na organização da dominação social e as possibilidades de redução ou ampliação das desigualdades. A preocupação com a geração, disputa, apropriação e destinação do excedente é o que o diferencia de outras disciplinas jurídicas que também regulam comportamentos econômicos. A possibilidade de análise das estruturas sociais que o direito econômico possui decorre justamente dessa característica.[7]

A questão das desigualdades também é um tema central do direito econômico. A Constituição brasileira de 1988 instituiu um verdadeiro sistema de redução das desigualdades sociais (artigo 3º e os objetivos da República de eliminação das desigualdades regionais e sociais), estruturado em políticas universais, tanto horizontal (artigos 6º e 193 a 232) como verticalmente (federalismo cooperativo e competências comuns do artigo 23). O federalismo cooperativo brasileiro tem por fundamento a igualação das condições sociais de vida em todo o território nacional, o que significa o direito à prestação dos serviços públicos independentemente de onde vivam os cidadãos. Foi, ainda, a Constituição de 1988 a responsável pela maior distribuição de renda da história brasileira, ao garantir o pagamento de benefícios de, pelo menos, um salário mínimo para a previdência social dos trabalhadores rurais, independentemente de contribuição (artigos 7º, XXIV; 195, §8º e 201, §7º, II).

O vetor central da distribuição de renda no Brasil continua a ser o salário mínimo, cujo poder de compra atingiu seu valor máximo em 1959. As políticas focalizadas de combate à miséria, ampliadas desde 2003, não se caracterizam como efetivamente estruturais, de ampliação de direitos. Trata-se de políticas de transferência de renda mínima que, se por um lado conseguiram inequivocamente retirar milhões de brasileiros da miséria absoluta,[8] por outro não garantem que esses beneficiados não possam retornar à condição miserável a qualquer momento.

A garantia de ampliação de direitos sociais está estreitamente vinculada à universalização das políticas sociais, com igualdade de acesso e qualidade nas prestações para todos, e ao desenvolvimento endógeno do país, com o mercado interno como centro dinâmico da economia e a internalização dos centros de decisão econômica, fundamentos essenciais, previstos constitucionalmente (artigos 3º, 6º, 170 e 219) para a implantação efetiva de uma sociedade industrial avançada e democrática entre nós. No entanto, resta um obstáculo até hoje não ultrapassado: a distribuição de renda passa, necessariamente, pela questão da distribuição do patrimônio, ou seja, da propriedade privada. Esse é o núcleo essencial das reformas urbana e agrária, nunca implementadas no Brasil.

Essas reformas, integrantes das históricas Reformas de Base do início da década de 1960, consistem no verdadeiro limite do nosso constitucionalismo democrático. Sua implementação parece consistir em uma ameaça às bases do nosso regime político. A não concretização dos dispositivos sociais da Constituição de 1988, como suas disposições e políticas de distribuição de terras, reforma urbana e agrária, demonstra a permanência fática dessa barreira político-ideológica. A prática política e o contexto social favorecem uma concretização restrita e excludente dos dispositivos constitucionais. O problema é que, não havendo concretização da Constituição enquanto mecanismo de orientação da sociedade, ela deixa de funcionar como documento legitimador do Estado. Na medida em que se transferem as responsabilidades e as respostas às demandas sociais sempre para o futuro, intensifica-se o grau de desconfiança e descrédito no Estado. O resultado da não realização dessas reformas e do descumprimento sistemático dos dispositivos garantidores de direitos sociais da Constituição de 1988 pode ser sintetizado na ainda atualíssima frase de Celso Furtado, pronunciada no final dos anos 1990: *"Em nenhum momento de nossa história foi tão grande a distância entre o que somos e o que esperávamos ser."*[9]

Notas:

1. FURTADO, Celso. *Introdução ao desenvolvimento*: enfoque histórico--estrutural, 3 ed. Rio de Janeiro: Paz e Terra, 2000. p. 31-32. GURRIERI, A. "Vigencia del Estado Planificador en la Crisis Actual", *Revista de la* CEPAL, n. 31, abr. de 1987. p. 204-205 e 211. OLIVEIRA, Francisco de. "O Ornitorrinco". In:_____. *Crítica à Razão Dualista*: O Ornitorrinco. São Paulo: Boitempo Editorial, 2003. p. 125-128. BELLUZZO, L. G. de Mello. *Ensaios sobre o capitalismo no século XX*, São Paulo/Campinas: Unesp/Instituto de Economia da Unicamp, 2004. p. 38-39.

2. Cf. OLIVEIRA, F. de. "Viagem ao olho do furacão: Celso Furtado e o desafio do pensamento autoritário brasileiro", *Novos Estudos*, n. 48, jul. 1997, p. 15-19.

Vide, ainda, FURTADO, Celso. *Brasil*: a construção interrompida, 2 ed., Rio de Janeiro: Paz e Terra, 1992. p. 11-13, 24-25, 28-35. GURRIERI, A. "Vigencia del Estado Planificador en la Crisis Actual". *Revista de la* CEPAL, n. 31, abr. 1987, p. 213-214.

3. GURRIERI, A. "Vigencia del Estado Planificador en la Crisis Actual". *Revista de la* CEPAL, n. 31, abr. 1987, p. 205. FIORI, José Luís. "Para uma Economia Política do Estado Brasileiro". In:_____. *Em busca do dissenso perdido*: ensaios críticos sobre a festejada crise do Estado. Rio de Janeiro: Insight, 1995. p. 149-151.

4. FURTADO, Celso. *Teoria e política do desenvolvimento econômico*. 10 ed. Rio de Janeiro: Paz e Terra. p. 152-153, 197, 203, 207, 265. FURTADO, Celso. *Brasil*: a construção interrompida. 2 ed, Rio de Janeiro: Paz e Terra, 1992. p. 37-45, 57, 74-75. FURTADO, Celso. *Em busca de novo modelo*: reflexões sobre a crise contemporânea. Rio de Janeiro: Paz e Terra, 2002. p. 8-9, 35-36.

5. Na definição de Celso Furtado: "O conceito de homogeneização social não se refere à uniformização dos padrões de vida, e sim a que os membros de uma sociedade satisfazem de forma apropriada as necessidades de alimentação, vestuário, moradia, acesso à educação e ao lazer e a um mínimo de bens culturais." FURTADO, Celso. *Brasil*: a construção interrompida, p. 38.

6. FURTADO, Celso. *Introdução ao desenvolvimento*, p. 8, 22 e 30.

7. BERCOVICI, Gilberto; MASSONETTO, Luís Fernando, "Limites da regulação: esboço para uma crítica metodológica do 'Novo Direito Público da Economia'", *Revista de Direito Público da Economia*, n. 25, p.143-146, jan./mar., 2009.

8. Vide, especialmente, RÊGO, Walquiria Leão; PINZANI, Alessandro. *Vozes do Bolsa Família*: Autonomia, Dinheiro e Cidadania. São Paulo: Unesp, 2013.

9. FURTADO, Celso. *O longo amanhecer*: reflexões sobre a formação do Brasil. Rio de Janeiro: Paz e Terra, 1999. p. 26.

Desigualdade

Podemos falar de menos desigualdade de renda na América Latina nos anos 2000?

Pierre Salama*

Na América Latina, e mais particularmente nos países dirigidos por governos ditos progressistas, os salários aumentaram mais rapidamente que a produtividade, o desemprego baixou, a parte de empregos informais, no emprego total, caiu, as despesas sociais aumentaram e a pobreza vem diminuindo há dez anos. Por fim, a desigualdade de rendas, embora permanecendo em níveis extremamente elevados, teria baixado nos últimos anos, ao contrário do que ocorreu nos países avançados. Mas, ao contrário do que ocorreu nos países avançados, a queda na desigualdade de rendas não seria muito importante, após pagamento dos impostos diretos líquidos de transferências. O coeficiente de Gini teria baixado no máximo em quatro pontos no final dos anos 2000, passando de 53 a 49, um pouco menos segundo outras fontes, enquanto nos países desenvolvidos a queda teria sido de 17 pontos.

Gini e curva de Lorentz

O Gini é um indicador global das desigualdades. A sua construção é simples. População e rendas em porcentagem formam os dois lados de um quadrado. O cruzamento das ordenadas e das abscissas define uma curva chamada *curva de Lorentz*, mais ou menos afastada da diagonal do quadrado. Esta representa a igualdade perfeita. A superfície entre a curva de Lorentz e a diagonal, em relação à metade da superfície do quadrado, é uma medida das desigualdades de

---

* Professor emérito, Universidade de Paris XIII. Site: <http://pierre.salama. pagesperso-orange.fr/> e <www.brics.hypotheses.org>.•

renda, cujo valor mínimo é 0, e o máximo 100. Quanto mais a curva de Lorentz se aproxima da diagonal, menor é a superfície entre esta curva e a diagonal, e inversamente. Para um mesmo nível global de desigualdades, é possível encontrar vários casos segundo a forma da curva de Lorentz. Por essa razão, convém não se limitar aos dados globais, mas analisar de perto as suas deformações.

Estudos recentes confirmam o efeito positivo, mas relativamente fraco, dos impostos líquidos de transferências sobre o nível das desigualdades.[1] Na obra de Birdsall e outros,[2] distinguem-se quatro tipos de renda: 1) a renda primária, ou seja, o conjunto das rendas recebidas pelos indivíduos, ativos ou inativos; 2) a renda disponível, a saber, a renda primária menos os impostos diretos e mais as transferências de renda; 3) a renda pós-fiscal, ou seja, a renda disponível menos os impostos indiretos líquidos de subsídios, e, enfim, 4) a renda final, incluindo uma estimativa monetária das despesas públicas de saúde e educação. Tomemos o caso do Brasil, onde foi conduzida uma política favorável aos salários.

Em 2009, para os indivíduos pobres, com menos de quatro dólares (com paridade de poder de compra – PPC) por dia, as transferências de renda condicionadas (Bolsa Família, pagamento de uma aposentadoria aos camponeses e aos deficientes pobres, não sujeitos a impostos; equivalentes, em média, a um salário mínimo) foram relativamente importantes. Como são benefícios exonerados de impostos diretos, a renda disponível aumentou fortemente (+33%). A das categorias vulneráveis (entre 4 e 10 dólares PPC por dia) cresceu menos significativamente (+8,4%). A das classes médias (entre 10 e 50 dólares por dia) permaneceu relativamente estável (+1,1%) e a dos mais ricos (mais de 50 dólares PPC por dia) diminuiu (-6,2%).

A explicação para essas evoluções divergentes é simples: quanto mais a renda total cresce, mais o imposto incide sobre ela, mesmo sendo reduzida a progressividade do imposto. Sendo as reduções numerosas, menos pesam as transferências de renda condicionadas. A situação é diferente quando se consideram os impostos indiretos, que são pagos por todos os lares, incluindo os pobres. A renda pós-

-fiscal dos pobres aumentou 15,1% em relação à renda primária, a diferença entre esta e a renda disponível foi reduzida pela metade devido ao pagamento dos impostos indiretos. A renda pós-fiscal da classe média foi amputada de 14% e a dos mais ricos de 20,7% em relação à renda primária respectiva.

No cômputo final, as desigualdades diminuíram ligeiramente. É preciso considerar a renda final — que inclui uma estimativa monetária de certas despesas públicas — para observar uma forte progressividade a favor dos pobres e dos vulneráveis: a renda pós-fiscal foi 125,8% mais elevada que a renda primária para os pobres, 32,2% para os vulneráveis, mas reduzida de 6,6% para as classes médias e de 19,7% para os ricos. Os resultados foram bem mais modestos no México: a renda disponível dos pobres caiu 4% apenas, a das categorias vulneráveis, 0,6%, e retrocedeu 0,4% para a classe média e 0,2% para a classe rica, em relação à renda primária. A renda pós-fiscal cresceu para os pobres de 12,3% em relação à renda primária, estagnou para os vulneráveis (-0,1%) e baixou para todas as outras categorias da população.

A redução das desigualdades de renda, excepcional se comparada à acentuação das desigualdades na Ásia e nos países avançados, é contestada hoje no Brasil por estudos recentes, combinando estimativas com base nas declarações fiscais para os 10% mais ricos, e estimativas originadas nas pesquisas para os 90% restantes.[3] Com efeito, não é possível estender a toda a população uma avaliação baseada nas declarações fiscais, visto que uma grande parte não as efetua, dada a exiguidade das suas rendas. As desigualdades de renda seriam muito mais expressivas que as proclamadas pelas pesquisas: os coeficientes de Gini foram: em 2006, 69,6; em 2009, 69,8 e em 2012, 68,8. Observa-se que quase metade das rendas é recebida por 5% da população, 1/3 por 2%, 1/4 por 1% e 1/5 por 0,5% da população mais rica, segundo Medeiros *et al.* Entre os ricos, elas são muito mais significativas do que as obtidas pelas pesquisas (aqui as da Pesquisa Nacional por Amostra de Domícilio – PNAD): a relação entre os 0,1% e 1% dos mais ricos é de 43,3 com os dados fiscais e de 24,2 com a PNAD; entre os 0,1% e os 5%, de 24,6 e de 10,1; entre

1% e 5%, de 56,7 e de 46,6 respectivamente.[4] A subestimação sistemática dos 10% mais ricos pelas pesquisas se explica essencialmente pelo fato de uma grande parte das suas rendas ser sistematicamente ignorada. Essa subestimação é tanto mais forte quanto mais elevada é a renda. A razão é simples: só são consideradas na distribuição pessoal das rendas aquelas recebidas por indivíduos, sejam os salários, as rendas dos trabalhadores autônomos, os dividendos, os juros etc. As rendas dos mais ricos são, cada vez mais, consideradas como empresariais e, consequentemente, contabilizadas como lucros, sendo a progressividade do imposto sobre essas quantias menos elevada.[5] Portanto, não são nem consideradas como rendas recebidas por indivíduos, nem levadas em conta pelas pesquisas como tais, o que faz com que as desigualdades sejam subestimadas.

No cômputo final, a módica diminuição do coeficiente de Gini, observada entre 2009 e 2012, traduz um movimento duplo: 50% da população experimenta uma melhoria relativa (e absoluta) das suas rendas, graças, por um lado, às transferências de renda condicionadas e ao forte aumento do salário mínimo, e, por outro, à ligeira queda de renda da parte dos 10% mais ricos. Por fim, os efeitos progressivos dos impostos diretos, que já eram fracos, são ainda menos marcantes em razão das numerosas exonerações (a análise do impacto dos impostos indiretos sobre a renda pós-fiscal não foi feita até o momento, mas podemos supor que esse impacto seja mais elevado do que aquele que é apurado partindo das pesquisas).

Os sistemas fiscais latino-americanos têm três características: 1) uma parte muito importante de impostos indiretos nas receitas fiscais; 2) uma parte mais importante dos impostos diretos e das contribuições obrigatórias pagas pelas empresas em relação à parte das pessoas físicas, ao contrário do que acontece nos países avançados; 3) uma evasão fiscal importante. Os impostos indiretos representam mais de 50% das receitas fiscais na América Latina, contra menos de 30% nos países avançados. Ora, eles são pagos pelo conjunto dos lares, ricos ou pobres. Apesar de certa progressividade de acordo com os produtos, a parte relativa da imposição indireta em relação à renda é muito mais elevada para as categorias mais pobres da população do que para a mais favorecida, quando nada porque, para os mais ricos, a parte consumida em relação à renda é menor que para os mais pobres. O exemplo do Brasil é esclarecedor: para até dois salários mínimos, a carga fiscal total (impostos diretos e indiretos e contribuições obrigatórias) é de 48,9%; de 3 a 5 , se reduz a 35,9%; de 5 a 10, passa a 31,8%; de 10 a 20, se situa a 28,5%; de 20 a 30 atinge 28,7%, e para lá de 30 salários mínimos passa a 26,3%. Isso significa, para os mais pobres (menos de dois salários mínimos), uma carga fiscal equivalente a 197 dias de trabalho, e, para os mais ricos, 106 dias, em 2008.[6]

Na realidade, os países latino-americanos escapam e não escapam à regra implacável de aumento das desigualdades que caracteriza a evolução do capitalismo há cerca de vinte anos. Escapam porque, ao contrário do que se observa na maioria dos países desenvolvidos, a parte na renda de 20%, ou mesmo de 30% da população mais pobre, aumenta mais ou menos fortemente, graças às políticas de assistência, às políticas relativas ao salário mínimo em países como o Brasil ou a Argentina e ao funcionamento do mercado do trabalho.[7] Não escapam, porque as desigualdades se acentuam entre os mais ricos, como se pode observar tanto nos países avançados quanto na maioria dos países emergentes asiáticos. A exceção latino-americana traduz mais um mito que uma realidade. Foi frequentemente um elemento de legitimação para os governos. Com a crise que se apresenta, torna-se cada vez mais difícil manter esse mito.

Notas:

1. IMF POLICY PAPER. "Fiscal Policy Income Inequality". Washington: International Monetary Fund, jan., 2014. Disponível em: <http://goo.gl/wU8wdt>. Acesso em: 8 mai. 2015. PANORAMA SOCIAL DA AMÉRICA LATINA. Santigo de Chile: CEPAL, 2014. Disponível em: <http://goo.gl/Y1hqdX> . Acesso em: 8 mai. 2015. CHARPE, M. *et al.* "Does Income Distribution Matter for Development?". In: INTERNACIONAL LABOUR ORGANIZATION. *World of Work Report 2014*. [s.l:s.n.], 2014. p. 149-180. Disponível em: < http://goo.gl/FqShpv>. Acesso em 8 mai. 2015.

2. BIRDSALL, N.; LUSTIG, N.; MEYER, C. J. "The Strugglers: the New Poor in Latin America?" In: *World Development*, [s.l.], v. 60, 2014. p. 132-146. Disponível em:<http://goo.gl/vsbAkv>. Acesso: 8 mai. 2015.

3. MEDEIROS, M.; SOUZA, P.; CASTRO, F. A. *A estabilidade da desigualdade de renda no Brasil, 2006–12.* Disponível em: <http://goo.gl/a8LNGy>. Acesso em: 8 mai. 2015. *Idem. O topo da distribuição de renda no Brasil: primeiras estimativas com dados tributários e comparação com pesquisas domiciliares, 2006, 2012.* Disponível em: < https://goo.gl/gCxyP4>, 1-33. Acesso em: 8 mai. 2015.

4. *Ibidem.*

5. AFONSO, José R. "Imposto de renda e distribuição de renda e riqueza. as estatísticas fiscais e um debate premente no Brasil." *Revista da Receita Federal*, dez. 2014.

6. Fonte: Instituto de Pesquisa Econômica Aplicada – IPEA. Comunicados n. 22 (2009) e n. 38 (2010).

7. SALAMA, P. *Les économies émergentes latino-américaines.* Paris: Armand Colin, 2012. (Colletion U – Économie). SALAMA, P. *Des pays toujours émergents?* Paris: La Documentation Française, 2014.

Brasil 2000: mais consumo, pouca redistribuição[1]

Lena Lavinas[*]

Em 1990, Fernando Fajnzylber, de modo premonitório, alertava para os riscos do que viria a ser a quase essência do modelo apressadamente denominado social-desenvolvimentismo entre nós. Disse ele:

> A crescente difusão de produtos modernos na América Latina não modifica em nada a precariedade do caráter tradicional das relações sociais em que esses objetos são inseridos. A modernidade de uma sociedade tem menos a ver com os objetos que nela se difundem do que com a modernidade das instituições e das relações a partir das quais se dá a concepção, a aquisição, a escolha e a avaliação da utilidade desses objetos.[2]

Tal reflexão, na mais pura tradição estruturalista, vem, a propósito, nos fornecer uma chave de leitura para o argumento central deste texto, qual seja, o de que a transição para uma sociedade de consumo de massa, marca da expansão recente da economia brasileira, não modificou o gene da desigualdade no patrimônio genético que dá identidade à nação.

É fato que o Brasil, em sintonia com o resto da América Latina, registra um recuo da desigualdade e dos índices de pobreza e de indigência, com aumento das chamadas camadas médias de renda. Elas não constituem propriamente classes médias, senão um contingente diverso e numeroso, bastante heterogêneo, que se distribui na chamada zona de alta vulnerabilidade e precariedade. Esta situa-se acima de uma linha de pobreza que segue baixa — aquém mesmo dos padrões do Banco Mundial — e a mediana da renda *per capita*.

---

[*] Professora do Instituto de Economia da Universidade Federal do Rio de Janeiro (UFRJ), pesquisadora sênior do Conselho Nacional de Desenvolvimento Científico e Tecnológico (CNPq), membro da rede de pesquisa desiguALdades.net.•

Ainda assim, números e tendências mostram-se positivos: enquanto o Gini caiu de 0,583 em 2003, para 0,500 em 2013, a proporção de pobres, medida pela linha do Bolsa Família, passou, no mesmo período, de 33%, para 12,8%.

Sabemos que contribuiu diretamente para tal desempenho a retomada do crescimento econômico. Este foi, na fase recente, grandemente sustentado pelo consumo das famílias, que se beneficiaram não apenas da criação de milhões de empregos formalizados, rendimentos reais em alta — em particular o salário mínimo — mas, sobretudo, do acesso ao crédito. Sem dúvida, a valorização do salário mínimo foi o fator determinante na distribuição via mercado de trabalho, com impactos redistributivos consideráveis por intermédio dos benefícios previdenciários a ele atrelados. Entretanto, uma inovação institucional favoreceu a expansão do mercado doméstico via inclusão das classes menos favorecidas, situadas na cauda da distribuição: a vinculação direta entre política social e acesso ao mercado financeiro.

Mercantilização e endividamento

Essa arquitetura engenhosa começou com a criação do crédito consignado, em 2003, que possibilitou acesso prioritário a linhas de crédito, com taxas de juros menos extorsivas, aos funcionários públicos ou assalariados formalizados. Em 2004, o esquema foi estendido aos aposentados e pensionistas do sistema público.[3] A política social tornou-se, assim, o colateral, garantido pelo Estado, para além da renda do trabalho, que faltava para a inclusão financeira — e não somente a bancarização — de um contingente numericamente expressivo de milhões de pessoas.

Em paralelo, os mecanismos de acesso ao crédito de consumo foram ampliados, paulatinamente, também aos beneficiários do Bolsa Família, grande programa nacional de combate à pobreza, para incentivar o modelo de consumo voltado para o mercado interno.

As vendas no varejo dobraram entre 2003–14.[4] Data também desses primeiros anos da década a regulamentação do microcrédito.

Entre 2003, ano de sua criação, e 2007, 90% dos empréstimos nessa modalidade voltavam-se para o financiamento do consumo.[5] Esse percentual caiu gradativamente a partir de 2013, quando foi estabelecido por lei que 80% da exigibilidade deveria ser direcionada para o microcrédito produtivo orientado. Ainda assim, o consumo constituía 67% da sua aplicação em dezembro de 2010.

Assim, se em 2001 o crédito correspondia a 22% do Produto Interno Bruto (PIB), em dezembro de 2014 ultrapassou 58%. Nenhum outro indicador econômico cresceu em ritmo tão intenso. Saliente-se que o crédito à pessoa física respondeu por praticamente metade da oferta de crédito nessa mesma data, sendo que a rubrica crédito livre (para consumo em geral, aquisição de veículos, consignado e não consignado) foi equivalente a quase dois terços de todo o crédito à pessoa física. Seu volume triplicou entre 2007 e 2014.

Essa estratégia tão bem-orquestrada, associando participação no mercado de consumo de massa e inclusão financeira, acentuou o nível de endividamento das famílias, que cresce mais rapidamente que a sua renda média. Segundo o Banco Central do Brasil (BACEN), estas devem comprometer, em 2015, 48% de sua renda com o sistema financeiro nacional, contra 22%, no início de 2006. É preciso ressaltar que os custos são extremamente altos, pois as taxas de juros no financiamento ao consumo variaram no período em 30%, para o crédito consignado, e algo entre 75% e 95% nas linhas de crédito individual. Segundo projeção da Associação Nacional dos Executivos de Finanças, Administração e Contabilidade (ANEFAC), os juros cobrados no comércio devem situar-se, em 2015, por volta de 87% a.a.

Quando o mercado equaliza!

O lado dourado da moeda, contudo, foi possibilitar a redução de iniquidades no acesso a determinados bens de consumo duráveis, caso, por exemplo, dos eletrodomésticos. A Figura 1 retrata tal evolução ao revelar que celulares quebraram a barreira da renda e adentraram quase todos os domicílios brasileiros, reduzindo significativamente, em 2013, diferenciais entre os décimos da distribuição. Já em matéria de saneamento adequado, o mesmo gráfico indica que a desigualdade persiste abissal, apesar de alguma melhora na década analisada.

Figura 1 – Brasil, acesso a saneamento adequado* e telefone celular por decis de renda, 2003 e 2013(%)

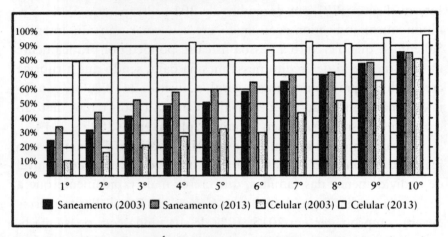

Fonte: PNAD 2003 2013. * Água encanada, esgotamento e destinação adequada do lixo

Dinâmica semelhante salta aos olhos ao cotejarmos, na Figura 2, "acesso a creche e presença de TV colorida e geladeira nos domicílios brasileiros". Hoje, ambas são bens universais nos lares brasileiros, ao passo que a creche é marcadamente um diferencial de classe, tributária da renda e não um direito. Se a cobertura não é plena nas camadas mais ricas, certamente é porque o emprego doméstico remunerado compensa a oferta escassa e custosa das creches. O Brasil se destaca, segundo a Organização Internacional do Trabalho (OIT), como o país que tem o maior número absoluto de empregados domésticos no mundo (cerca de 6 milhões).

Figura 2 – Brasil, acesso a creche, presença de TV colorida e de geladeira nos domicílios brasileiros, por decis de renda 2003 e 2013 (%)*

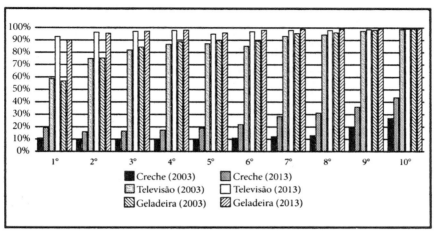

Fonte: PNAD 2003 e 2013. *Domicílios com crianças de 0-3 anos nos quais ao menos uma das crianças frequenta escola ou creche.

A moral da estória é simples: onde políticas públicas deveriam reduzir disparidades no acesso ao bem-estar, desmercantilizando tal provisão, assimetrias agudas persistem. Já quando a incorporação ao mercado, associada ao processo de inclusão financeira, permite às classes de renda mais pobres comprar eletrodomésticos, o mercado equaliza!

Isso talvez explique o processo de identificação dos mais diversos segmentos sociais, inclusive dos mais destituídos, a um ideal de "classe média", possível por meio do consumo de massa de bens duráveis, cujo preço teve queda acentuada na década, como demonstra a Figura 3. Atente-se, na figura, para a dispersão na variação dos preços entre os bens industriais arrolados e certos serviços — saúde e educação — com peso expressivo na pauta de consumo das chamadas classes médias. Isso ocorre, justamente, em virtude da provisão pública deficiente e insuficiente. Mas dado que os custos de saúde e educação sobem acima do índice geral de inflação, seu acesso é forçosamente excludente porque definido pela renda. Portanto, a renda declarada que serve para estimar a variação do Gini é certamente medida imprecisa para traduzir nossos níveis abissais de desigualdade. Sem acesso a bens públicos, o salário real é bem inferior ao que mostram as variações tão positivas dos indicadores usados para tal fim.

Figura 3 – Brasil, evolução dos preços de bens e serviços selecionados*, 2006 a 2013 (%)

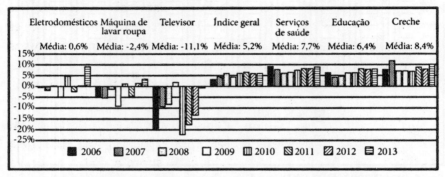

Fonte: IBGE. *IPCA acumulado no ano para o mês de dezembro. Houve quebra de série em 2012 devido à atualização das estruturas de ponderação do índice a partir da Pesquisa de Orçamentos Familiares (POF) 2008-2009

Convergência truncada

Fartas são as pesquisas como a da Pew Research Center que apontam tal paradoxo: nos Estados Unidos, onde se acentua a desigualdade e a classe média minguou, 90% da população se declarou pertencente a essa classe. O Brasil não fica atrás. *Survey* nacional aplicado em 2012[6] indica que dois terços da população adulta se definem como classe média. Isso significa dizer que, embora ainda profundamente desigual, a sociedade brasileira se vê em um processo de homogeneização social que não tem equivalente na realidade socioeconômica, mas capitula literalmente o fetiche da mercadoria.

Tais fatos sugerem uma mudança significativa na produção e na reprodução das desigualdades no Brasil, cujo padrão mostra-se truncado; termo, aliás, comumente associado ao tipo de convergência que tende a prevalecer, quando ocorre, na América Latina.

Em que reside essa "convergência truncada"? O processo de redução das desigualdades não alcança uniformemente todas as dimensões que dizem respeito à garantia de um bem-estar crescente e mais igualitário, à equalização das chances, à superação da nossa heterogeneidade estrutural. Dentre os aspectos desprezados no âmbito desse modelo de desenvolvimento voltado ao consumo, dois galvanizam as inquietações: a prevalência das transferências monetárias em detrimento do investimento social, cuja finalidade é equalizar oportunidades, e a regressividade do sistema tributário. Em ambos os casos, fica comprometida a provisão pública, gratuita e incondicional, e o mercado é incentivado, como demonstraremos a seguir.

No que tange ao primeiro aspecto, fartamente ilustrado acima, cabe tão somente recordar que dois terços do gasto social no Brasil se efetivam na forma de transferências monetárias. Na ausência de provisão pública, o mercado supre o déficit e agrava a dívida das famílias. Exemplo eloquente nos vem do acesso ao ensino superior, outro sonho de quem aspira à classe média, na esperança de escapar às incertezas e inseguranças a que se pensa ser aquela ainda imune.

Entre 2003 e 2013, o número de matrículas no ensino superior aumentou de 3,9 milhões para 7,3 milhões. No entanto, a relação público/privado não se modificou substancialmente, senão piorou em detrimento do público: em 2003, 30% das matrículas eram do setor público, percentual que declina para 27% em 2013. Logo, o número de matrículas no setor privado, duplamente financiado pelo governo (diretamente pelas desonerações e renúncias tributárias e indiretamente pelo FIES), avança mais rapidamente. Sem dúvida, pesou nessa expansão o crescimento exponencial do Programa de Financiamento Estudantil (FIES), cujos novos empréstimos registraram progressão de 1.660% entre 2004 e 2014. Não se disputa o fato de que a taxa de juros do programa (3,4% a.a.) mantém-se bem aquém da de mercado, o que não impede que, ao se formar, um jovem profissional já comece com uma dívida sangrando, sem certeza de ser remunerado no mercado de trabalho de forma compatível ao reembolso de empréstimos antigos, aos quais se somarão novos.

Essa dimensão de endividamento que engendra uma relação de dependência com o mercado permeia novas formas de desigualdade, que têm sido ignoradas. No caso exemplificado, ter dívida é a expressão da negação de oportunidades de quem foi excluído do direito a uma educação superior gratuita. A dívida é a marca da individualização na era do capitalismo financeiro. Quem não a honra é moralmente responsável.

Portanto, não basta celebrar o aumento do número de estudantes nas universidades brasileiras, mas considerar como isso vem se dando e como cria e recria assimetrias e hierarquias sociais.

Tributação regressiva

Também seria possível tratar aqui das injustiças tributárias, generalizadas. O caso da saúde é emblemático no país do Sistema Único de Saúde (SUS). O gasto tributário nesse setor discrimina favoravelmente os contribuintes pertencentes à última faixa de tributação: eles se beneficiam, segundo a Receita Federal, de 77% das deduções asseguradas às famílias taxadas pelo Imposto de Renda de Pessoa Física, estimulando a concentração da riqueza. Manter ilimitada a renúncia tributária com gastos de saúde engendra profundas iniquidades e injustiças na preservação de uma vida saudável.

Finalmente, tendo sido o consumo às famílias — incentivado pelo crédito caro e pelas desonerações ao capital — a mola mestra do crescimento, questiona-se por que ainda não foi revista a altíssima incidência indireta de tributos que pesa sobre o consumo e que corresponde a 49,22% da carga tributária.

No caso dos tributos indiretos sobre os alimentos, por exemplo, estima-se que somente o ICMS, que representa 43% de carga tributária total sobre eles, possuía uma alíquota média de 17% — mais que o triplo da média europeia, de 5%. Mesmo a aclamada desoneração da cesta básica em 2013, que poderia ser equivocadamente comparada ao exemplo europeu, esconde uma dinâmica muito perversa. Primeiro, porque só atinge impostos federais (Programa

100 | DESIGUALDADE

de Integração Social — PIS — e Contribuição para Financiamento da Seguridade Social — COFINS), os quais representam parcela reduzida da carga total incidente sobre eles; segundo, porque restringe o aumento da justiça distributiva ao desonerar um número extremamente limitado de produtos, não condizente com o consumo real das famílias brasileiras, mesmo nos extratos mais pobres. É aceitável aplicar a desoneração de tributos federais (poucos) apenas a uma cesta de alimentos, composta por 16 itens, normatizada em 1939?

Impulsiona-se massivamente o consumo e não se é capaz de rever um sistema tributário absolutamente regressivo no que se refere à sua taxação. Os menos favorecidos, que gastam mais de 50% de sua renda declarada com impostos, seguem sendo excessivamente penalizados.

Para refletir

O elenco das nossas mazelas é vasto e diverso. Concluir que o Brasil segue sendo uma sociedade fortemente hierarquizada, dividida e polarizada é redundante e algo enfadonho. Gera, quando muito, constrangimentos tímidos, descorados pelo tempo, como a retratar uma fatalidade histórica, cuja responsabilidade — fato inconteste —, por sorte, não nos cabe inteiramente. Afinal, sempre foi assim. E, portanto, não se refaz o Brasil em dez anos.

Mas em dez anos surgiu uma sociedade de consumo de massa pujante, subvertendo, porém, a política social, cuja finalidade é dirimir vulnerabilidades e não acentuá-las por força de níveis crescentes de endividamento e mercantilização do que deveria ser direito. Da mesma maneira, é função da política social equalizar oportunidades, o que não se verifica quando se dá ao mercado tal prerrogativa. Longe estamos da universalização de direitos, o que forçosamente inibe padrões igualitários de bem-estar.

A cunha neoliberal triunfa quando prevalece nas mentes a ideia de que se pode comprar saúde e educação como se compra TV Led. E quando é essa a aposta do Estado.

Notas:

1. Agradeço às pesquisadoras Ana Carolina Cordilha e Luisa Guerra o trabalho de produção de dados.

2. FAJNZYLBER, F. "Industrialization in Latin America: From the 'Black Box' to the 'Empty Box'". *Cuadernos de la* CEPAL, Santiago de Chile, n. 60, 1990. p. 192.

3. O empréstimo consignado para trabalhadores regidos pela Consolidação das Leis Trabalhistas (CLT) foi instituído pela lei 10.820, de 17 de dezembro de 2003, já na gestão do governo Lula. Pouco depois, em setembro de 2004, por meio da lei 10.953, que altera a anterior, tal direito foi estendido aos aposentados e pensionistas do Instituto Nacional do Seguro Social (INSS). O chamado *Empréstimo Pessoal com Desconto em Folha de Pagamento*, portanto, sem risco, ganhou rapidamente o varejo bancário de todo o país nas mãos dos detentores de um emprego fixo, estável e do funcionalismo concursado. Um ano depois, chegou a pensionistas e aposentados, regulado pelo INSS.

4. IBGE, Pesquisa Mensal de Comércio (PMC), anos referidos.

5. Bacen (2011), Relatório de Inclusão Financeira, n. 2, Brasília, 186 pp.

6. LAVINAS, L. (coordenação-geral) *et al. Percepções sobre desigualdade e pobreza*. O que pensam os brasileiros da política social? Rio de Janeiro: Centro Internacional Celso Furtado de Políticas para o Desenvolvimento & Folio Digital, 2014. (Coleção Pensamento Crítico, n. 5)

Política fiscal no primeiro governo Dilma Rousseff: contribuição à desaceleração e à concentração de renda

Denise Lobato Gentil[*]

1. Introdução

O período 2003–10 marca uma fase peculiar na história econômica brasileira. A expansão dos mercados financeiros globais e a elevação dos preços das *commodities* produzidas na região criaram um cenário externo favorável. O Brasil experimentou, então, uma fase de moderado crescimento, liderado pela demanda estimulada por três linhas de política econômica: a) contínuo aumento real do salário mínimo; b) expansão do crédito pelos bancos públicos; c) uma política fiscal que combinava aumento expressivo de gastos voltados para a transferência de renda às famílias, recuperação do investimento público e, a partir de 2009, também significativas desonerações tributárias.

A retomada do crescimento nesse período foi ancorada, inicialmente, no setor externo (que permitiu o aumento das exportações) e, posteriormente, na demanda doméstica. Ela se efetivou a despeito do regime macroeconômico conservador — apoiado no tripé formado pelo regime de câmbio flutuante, de metas de inflação e de superávit fiscal primário — herdado do segundo governo Fernando Henrique Cardoso (1999–2002).

A partir de 2011, entretanto, em meio à reversão do cenário externo, na esteira da crise internacional iniciada em 2008, começam a se tornar evidentes os limites conjunturais e estruturais à continuidade do crescimento. Taxas menores de expansão do PIB (2,1% a.a.

---

[*] Doutora em economia e professora do Instituto de Economia da Universidade Federal do Rio de Janeiro (UFRJ).●

entre 2011–14, ante 4,6% a.a. entre 2007–10), desaceleração do investimento privado e do consumo das famílias, progressivas dificuldades enfrentadas pela indústria, déficits crescentes em conta corrente e a estabilização da inflação em um patamar mais elevado (em torno de 6% a.a.) foram alguns dos ingredientes que colocaram em xeque as chances de sustentação do recente padrão de crescimento.

O que teria ocorrido com a política fiscal no período 2011–14? Por que, aparentemente, as mesmas estratégias no campo do gasto social, das desonerações tributárias e do investimento público não produziam mais os efeitos dinamizadores do período anterior? Afinal, a política fiscal perdera eficácia diante da reversão desfavorável do cenário externo ou tornou-se, ela mesma, pouco adequada para lidar com esse cenário?

Este artigo busca responder a essas questões, com base em uma perspectiva na qual o crescimento é explicado pela demanda, que tem, na política fiscal, um de seus principais condicionantes no curto prazo. Mais especificamente, busca-se identificar se o perfil da política fiscal do governo Dilma Rousseff se somou aos fatores de instabilidade do crescimento recente no Brasil, contribuindo para sua desaceleração. Para tanto, a seção 2 descreve os principais traços dessa política. A seção 3 discute a sua possível contribuição para a reversão do crescimento no Brasil no mesmo período. A seção 4 conclui o artigo.

2. A política fiscal no governo Dilma Rousseff (2011–14)

Inicialmente, o governo mostrou disposição de enfrentar, com política anticíclica, a tendência de desaceleração da economia. Em meados de 2011, o Banco Central deu início a uma política ousada de redução da taxa básica de juros, que, no ano seguinte, atingiu um piso histórico para os padrões brasileiros: 7,4% a.a., ou 1,5% a.a. em termos reais (pelo Índice Nacional de Preços ao Consumidor Amplo — IPCA). Essa política começa, porém, a ser revertida a partir de março de 2013 e mantém o viés restritivo até o fim do primeiro governo Dilma: após aquela redução histórica, a taxa Selic nominal encerra 2014 na média de 10,8% a.a. e a taxa real em 4,1%.

No campo fiscal, a presidente se comprometeu com a continuidade da política social e reduziu as metas de superávit primário do setor público consolidado. Formalmente, as "metas cheias" foram fixadas em 3,3% do PIB para 2011 (ante 3,1% em 2010) e 3,1% para os anos 2012-14. Na prática, porém, desde 2009, as metas de superávit eram menores que o inicialmente previsto na Lei de Diretrizes Orçamentárias (LDO) de cada ano, porque contemplavam, do lado do gasto, a possibilidade de abatimento de algumas despesas de investimento do governo federal. Entre 2009 e 2010, foram excluídas da "meta cheia" do resultado primário do governo central as duas maiores empresas estatais federais — a Petrobras e a Eletrobras. No governo Dilma, foi autorizado ainda o abatimento de alguns investimentos incluídos no Programa de Aceleração do Crescimento (PAC), em curso no país desde 2007. Assim, a política fiscal dos anos 2011-14 seria, em princípio, mais expansiva que a dos anos recentes.

Contudo, diante do compromisso maior com o tripé de política macroeconômica, o governo se empenhou em conter a expansão do gasto público, especialmente em investimento. A intenção, nesse caso, era atender também ao objetivo de controle da inflação, que ameaçava romper a marca de 6%, atingida no ano anterior (o que se confirmou, apesar da restrição fiscal).

Para avaliar a política fiscal neste tópico, a análise se concentrará nos quatro grandes itens do gasto público federal: consumo, investimento, gastos sociais e juros.

2.1. Consumo do governo

O consumo do governo federal corresponde às despesas com a manutenção da máquina pública e compreende o pagamento de pessoal (salários e encargos do funcionalismo da União), as compras de bens e serviços e os demais itens de custeio.

Os dados demonstram que o custeio do aparelho estatal mante-ve-se em crescimento em todos os anos do período 2011–14, a uma taxa média de 4,5 a.a., tendo passado de 7,6%, para 8,6% do PIB (Tabela 1). Essa expansão foi fortemente concentrada no item "Outras despesas de custeio", que cresceu a uma taxa média de 8,6% a.a. no período, ante 1,0% a.a. no item "Pessoal e encargos sociais". Na comparação com o período anterior (2007–10), nota-se que o esforço de contenção das despesas de custeio no governo Dilma Rousseff recaiu, exclusivamente, sobre os gastos com pessoal, cujo crescimento se desacelerou fortemente (de 6,6% a.a. entre 2007–10, para 1% no governo Dilma), enquanto as "Outras despesas" mantiveram a mesma taxa de expansão do período anterior.

Tabela 1 – Governo Central e Empresas Estatais Federais – Despesas Selecionadas 2002–2014 – Médias por período[I]

| Ano | Governo Central | | | | Estatais | | |
| | Custeio | | Investimento[III] | | Juros[IV] | Investimento | |
	Cresc. Real (%)[II]	% do PIB	Cresc. Real (%)[II]	% do PIB	% do PIB	Cresc. Real (%)[II]	% do PIB
2002	nd	nd	nd	0,8	2,8	nd	1,1
2003-06	nd	nd	-9,7	0,5	5,3	0,9	1,0
2007-10	7,4	7,7	35,3	0,9	3,9	26,7	1,6
2011-14	4,5	8,0	0,7	1,0	4,1	-0,6	1,9
2011	0,7	7,6	-10,7	1,0	4,4	-8,2	1,7
2012	3,2	7,8	3,5	1,1	3,4	15,8	2,0
2013	7,8	8,1	-4,4	1,0	3,8	10,9	2,1
2014	6,3	8,6	16,6	1,1	4,9	-18,8	1,7

Fonte: Min. da Fazenda, Sec. de Política Econômica e Anuário Estatístico. Elaboração própria.
(I) Média geométrica para crescimento real e aritimética para % do PIB
(II) Deflator: IGP-DI para investimentos e IPC para custeio e juros, a preços de 2014.
(III) Inclui os valores do Minha Casa Minha Vida - MCMV
(IV) Juros nominais ref. à dívida pública federal.

Um olhar mais minucioso sobre a série de dados do período 2002–14 revela que o gasto público apresentou uma característica essencial para o crescimento econômico. O custeio do governo central é quase totalmente explicado por programas nas áreas de saúde e de educação. A maior parte dessa expansão ocorreu justamente nos anos de 2013 e 2014, durante o governo Dilma Rousseff, em programas como Saúde da Família, Mais Médicos e Ciência sem Fronteiras. Outra parcela relevante do custeio correspondeu a gastos diretos, destinados aos auxílios a estudantes na forma de bolsas de estudo e auxílios a pessoas físicas (inclusive Bolsa Família).

No entanto, o impacto macroeconômico do agregado *consumo do governo* não depende apenas dos gastos de custeio do governo central, mas também do consumo das administrações públicas (setor público consolidado), apurado nas Contas Nacionais do Instituto Brasileiro de Geografia e Estatística (IBGE). Nesse indicador, constata-se que o consumo agregado do setor público perdeu força a partir de 2011, com a taxa de crescimento do período 2011–14 oscilando em torno da metade do que fora, em média, nos primeiros anos de enfrentamento da crise internacional (2009–10). Assim, apesar da expansão do consumo do *governo central*, seu impacto macroeconômico foi restringido pelo comportamento bem menos expansivo dos estados e municípios.

2.2. O investimento do governo central

Para melhor analisar o investimento do governo Dilma Rousseff, será útil revisitar os dados do período imediatamente anterior. Entre 2004 e 2008, estudos realizados pelo Banco Nacional do Desenvolvimento Econômico e Social (BNDES) revelaram que a economia brasileira viveu um período de expansão do investimento agregado, liderado pela indústria (especialmente siderurgia, papel e celulose e mineração). Inicialmente impulsionado pela demanda externa, a partir de 2006 esse processo se estende para além dos setores exportadores, abrangendo também aqueles voltados para o mercado interno e infraestrutura. A deterioração do cenário internacional interrompeu esse movimento — a Formação Bruta de Capital Fixo (FBCF) sofreu retração de quase 2% em 2009. A política anticíclica então implementada, aliada à expansão do investimento público iniciada em 2007 (com o PAC) e mantida até 2010, mostrou-se capaz de compensar a perda de dinamismo do mercado externo: nos anos 2007–10, o investimento do governo central cresceu à vigorosa taxa de 35,3% a.a., contribuindo para uma expansão de 9,9% a.a. do investimento agregado, no mesmo período, e para o surpreendente crescimento de 7,4% do PIB em 2010.

Na gestão Dilma Rousseff, porém, o investimento público assumiu um comportamento errático, com retração e expansão em anos alternados, resultando em uma queda brutal da taxa média de crescimento, para 0,7% a.a. entre 2011–14 (Tabela 1). Apenas em 2014, o investimento público federal mostrou expansão significativa, de 16,6%, em um ano de eleições e de conclusão de obras importantes para os eventos mundiais da Copa do Mundo e de preparação para as Olimpíadas de 2016 no país.

Quando avaliado em proporção do PIB, nota-se estabilidade desse gasto em uma média baixíssima, de 1% , entre 2011–14. Mesmo reconhecendo o esforço de ampliação das matrizes energética, portuária e aeroportuária nesse período, chama atenção esse patamar da taxa de investimento do governo central diante do enorme déficit do país em infraestrutura produtiva e social, acumulado ao longo de décadas. Essa atitude demonstrou a cautela do governo em fazer uma política de crescimento liderada pelo investimento público.

O investimento das empresas estatais federais revelou tendência semelhante ao do governo central: forte expansão nos anos 2007–10 e comportamento errático no governo Dilma Rousseff, com acentuado recuo da taxa média de crescimento — nesse caso, para uma média anual *negativa* de 0,6% (Tabela 1). Esse resultado é majoritariamente explicado pela Petrobras. Após dois anos de forte expansão dos investimentos, em 2012–13, motivada pelos gastos na exploração de petróleo do pré-sal, houve uma forte retração (de quase 19%) em 2014, o que, certamente, refletiu as dificuldades associadas às investigações das denúncias de corrupção na empresa ao longo do ano.

Cabe notar, por fim, que a desaceleração do investimento público no governo Dilma não reflete apenas um objetivo de curto prazo, de contenção fiscal, mas também uma nova política de oferta de serviços públicos (até recentemente), de viés privatizante. Uma tendência dessa gestão tem sido a preferência por delegar fatias importantes do investimento público a empresas privadas, por meio de leilões de concessões para a oferta de infraestrutura e, até mesmo, na área de saúde, na qual proliferaram leis e mecanismos que reduzem a atuação direta do Estado e ampliam o espaço de atuação da iniciativa privada no Sistema Único de Saúde (SUS).

2.3. Gastos sociais

Um dos traços característicos da política fiscal, não apenas do governo Dilma Rousseff, mas de todo o período 2004–14, está no aumento significativo dos gastos com transferências de renda. As despesas com previdência e assistência social cresceram quase continuamente, passando de 8,1% do PIB, no triênio 2004–06, para 9,4% no período 2011–14, chegando a 10,0% em 2014. Estão incluídos nesse agrupamento os gastos com o Regime Geral de Previdência Social e o Regime Próprio de Previdência dos Servidores Públicos, o abono e o seguro-desemprego (despesas do Fundo de Amparo ao Trabalhador — FAT, na tabela), o Programa Bolsa Família, os benefícios amparados pela Lei Orgânica de Assistência Social (Loas) e a Renda Mensal Vitalícia (RMV).

O gasto com transferências previdenciárias e assistenciais foi fortemente impulsionado por três fatores: a política de aumento real do salário mínimo, que serve de piso aos benefícios; o crescimento do número de beneficiários, que decorreu da forte expansão do emprego formal; e a extensão das políticas de combate à pobreza a um maior número de famílias.

Ao se ampliar a análise dos gastos sociais, entretanto, torna-se possível captar outra visão desse agrupamento (Tabela 2). Os gastos com benefícios assistenciais, embora tenham se expandido a uma taxa real anual bastante elevada desde 2003, corresponderam a uma média de apenas 1,2% do PIB nos anos do governo Dilma Rousseff. A baixa magnitude desse indicador demonstra que a política social, que notabilizou os governos dos últimos doze anos, ancorou-se em programas de menor impacto sobre a despesa orçamentária pela limitação às populações-alvo (pobres e miseráveis), colocando em segundo plano a provisão de serviços públicos universais não mercantilizados (como saúde e educação), esses de custo mais elevado. Constata-se, ainda, a desaceleração da taxa de crescimento dos gastos assistenciais nos dois últimos anos do governo Dilma Rousseff, tendo passado de um ritmo elevado de crescimento de 15,1%, em 2012, para 6,1%, em 2013, e 4,1%, em 2014. Isso dá margem à interpretação de que o conservadorismo da política fiscal está limitando os avanços expansionistas e distributivos da política social.

Tabela 2 – Gastos Sociais do Governo Central[1] – Itens Selecionados 2003–2014 – Médias Anuais por Período

| Período | Assistência Social | | Previdência[2] | | Saúde | | Educação | |
	Cresc. Real (%)	% do PIB	Cresc. Real (%)	% do PIB	Cresc. Real (%)	% do PIB	Cresc. Real (%)	% do PIB
2003-06	22,9	0,7	4,5	8,6	1,9	1,7	-2,5	0,7
2007-10	9,4	1,0	5,1	8,5	2,2	1,5	15,2	0,8
2011-14	8,1	1,2	4,1	8,6	4,8	1,5	10,2	1,2
2011	7,3	1,0	1,7	8,2	5,9	1,4	4,6	1,0
2012	15,1	1,2	4,3	8,5	5,3	1,5	13,1	1,1
2013	6,1	1,2	4,8	8,6	1,6	1,5	13,0	1,2
2014	4,1	1,2	5,5	8,9	6,6	1,5	10,4	1,3

Fonte: SIAFI - STN/CCONT/GEINC. Ministério da Fazenda. Elaboração própria
(1) Despesa Liquidada. Taxa de crescimento calculado sobre valores atualizados a preços 2014.
(2) Inclui gastos com o Regime Geral de Previdência Social (RGPS) e do Regime Próprio de Previdência dos Servidores Publicos (RPPS)

Quanto aos gastos na área de saúde, verifica-se que, embora a taxa média de crescimento real do primeiro governo Dilma seja positiva e bastante elevada (4,8% a.a.), não se pode dizer que traduzem exatamente um avanço. Nota-se que a expansão anual dos gastos com saúde tornou-se progressivamente menor, vindo a se recuperar no último ano do governo, provavelmente como resposta às reivindicações das manifestações populares, que tomaram as ruas das grandes cidades em meados de 2013, denunciando a deterioração na oferta dos serviços e o sucateamento dos equipamentos. Quando medido em proporção do PIB, os gastos com saúde estiveram congelados no patamar de 1,5%, ligeiramente inferior ao do início da década de 2000.

O comportamento do gasto no setor de saúde, muito menos expressivo do que seria recomendável para um sistema de caráter universal, é também reflexo de novas leis e mecanismos que reduzem a atuação do Estado e aumentam a participação da iniciativa privada no SUS. O avanço do processo de privatização na oferta de serviços de saúde vai desde o uso de mecanismos que colocam o patrimônio público a serviço do setor privado, até os estímulos (tributários, principalmente) às empresas do setor e à proliferação dos seguros de saúde privados por intermédio de estratégias variadas.

Quanto aos gastos com educação, as taxas de crescimento são elevadas em todo o período avaliado, estando na casa dos dois dígitos nos três últimos anos, o que é um bom indicativo de futuros avanços para o padrão de vida da população e para o crescimento da produtividade. Entretanto, em percentagem do PIB, o gasto mantém-se ainda em patamar muito baixo, passando de 1,0% em 2011 para 1,3% em 2014.

Os dados mais expressivos são aqueles da área de previdência, que se expandiram a taxas crescentes em todos os anos do primeiro governo Dilma Rousseff. Em relação ao PIB, avançaram de 8,2% para 8,9%, entre 2011 e 2014.

BRASIL, SOCIEDADE EM MOVIMENTO | 111

2.4. Despesas financeiras

As despesas financeiras do governo central mostraram relativa estabilidade na gestão Dilma Rousseff, em torno de 4,1% do PIB, pouco superior à média do segundo governo Lula (Tabela 1). Nos dados anuais, é possível notar a estreita relação entre o comportamento dessas despesas e a orientação da política monetária: não por acaso, seus níveis mais elevados, em proporção do PIB, assim como da própria dívida líquida do setor público, foram registrados em 2011 e 2014, exatamente os anos de maior índice da taxa básica de juros.

O aumento das despesas financeiras no governo Dilma Rousseff, portanto, refletiu a resposta conservadora da política monetária à inflação — mais elevada nos anos de 2011 e 2014 —, como preconizou o regime de metas de inflação.

De todo modo, a estabilidade desse gasto não contribui para a manutenção da demanda agregada e, portanto, do ritmo de crescimento econômico. Os destinatários finais desses recursos (os rentistas) têm, em regra, baixa propensão a consumir, e os intermediários (as instituições financeiras) não necessariamente os alocarão, na forma de empréstimos, a novos investimentos em capital fixo (o que expandiria a demanda), já que a renovação da própria dívida pública é sempre uma opção mais segura.

2.5. Política tributária

A política tributária no Brasil tem sido marcada, desde meados dos anos 1990, por uma tendência de contínuo e moderado aumento da carga tributária. O governo Dilma Rousseff não foi uma exceção nesse aspecto: em sua gestão, a carga tributária passou de 35,3% do PIB em 2011, para 35,9% em 2013.

Os Relatórios de Carga Tributária da Receita Federal (anuais) mostram que a estrutura de tributos do governo central se manteve praticamente estabilizada no patamar de 25% do PIB ao longo do período 2003–13, mas um aspecto merece destaque. Enquanto a maioria das receitas tributárias oscilou levemente, em proporção do PIB (algumas perdendo poder de arrecadação, como a Contribuição para Financiamento da Seguridade Social — COFINS e o Imposto sobre Produtos Industrializados — IPI), a receita de Contribuição para a Previdência Social cresceu em todos os anos do período. Mesmo tendo sido um dos principais alvos da política de desonerações, essa receita previdenciária passou de 5,9% do PIB em 2011, para 6,1% em 2013, tendo compensado a queda de arrecadação em outros tributos federais em período passado e recente.

Há interessante especificidade na carga tributária agregada a partir de 2004. Nesse período, ocorreram desonerações tributárias, que se ampliaram ainda mais no governo de Dilma Rousseff, mas, simultaneamente, houve elevação da carga tributária bruta. Esse aumento esteve relacionado com a ampliação da renda do trabalho e dos lucros, bases de incidência de impostos e contribuições sociais, que cresceram mais rapidamente do que o PIB.

Sem dúvida, a forte expansão da formalização do mercado de trabalho que ocorreu a partir de 2004 e se manteve no período 2011–14, embora em ritmo menor nos dois últimos anos, ampliou as receitas tributárias que incidem sobre a renda do trabalho. Os impostos sobre a renda da pessoa física, sobre a folha de pagamentos e as contribuições sociais aumentaram sua participação no PIB, de 9,5% em 2002, para 10,6% em 2007, até alcançar 12,9% em 2013. A regressividade do sistema tributário, portanto, se aprofundou.

A análise da carga tributária pela ótica da base de incidência dos tributos reforça a tese de aprofundamento da regressividade. Os tributos indiretos que incidem sobre o consumo de bens e serviços foram os que mais elevaram sua participação relativa na carga, passando de 46,1% para 49,7% em 2010 e, no governo Dilma Rousseff, de 49,2% em 2011 para 51,3% em 2013.[1] Assim, o peso relativo dos impostos é maior para as famílias de renda mais baixa, que têm propensão a consumir mais alta.

As distorções do sistema tributário nacional agravam e perpetuam os mecanismos de desigualdade social, estabelecendo-se na contramão das políticas de transferência de renda, pelo lado do gasto.

BRASIL, SOCIEDADE EM MOVIMENTO | 113

Os tributos que incidem sobre a renda e a propriedade, que poderiam ser alvo de políticas redistributivas para reduzir injustiças e iniquidades do sistema de arrecadação, mantiveram-se praticamente com a mesma participação relativa na carga, com uma pequena elevação da tributação sobre a propriedade. Em conjunto, esses dois impostos representavam 22,5% da carga tributária do setor público consolidado em 2004, tendo sofrido ligeira queda para 22,1% em 2013.

Por fim, é essencial mencionar que a estratégia de política tributária, intensamente utilizada pelo governo com o objetivo de compensar a perda de dinamismo econômico que se iniciou em 2011, esteve voltada para a concessão de vários tipos de desonerações tributárias, com foco e objetivos distintos. Sem a pretensão de esgotá-las, pode-se citar: a) as destinadas a elevar a renda disponível das camadas de renda média e baixa, como as da tabela do Imposto de Renda e do Simples e a alíquota zero do PIS/Pasep e COFINS de alguns produtos da cesta básica; b) a redução do Imposto sobre Produtos Industrializados (IPI) para máquinas e equipamentos de setores selecionados, visando reduzir o custo do capital produtivo; c) desonerações desse imposto, voltadas para o aumento da competitividade das empresas nacionais, como as do regime automotivo, assim como os incentivos à indústria de eletrodomésticos e à indústria da construção civil, via redução da tributação sobre o material de construção; e, d) a desoneração da folha de pagamentos, provavelmente a de mais longo alcance, que atingiu vários setores produtivos e de serviços.

O resultado dessa estratégia foram patamares cada vez mais elevados de renúncia de receita tributária entre 2004 e 2013. Segundo dados da Receita Federal,[2] em 2004 a renúncia fiscal do governo central foi estimada em R$ 24,2 bilhões, equivalentes a 1,4% do PIB. No governo Dilma Rousseff, o processo avança continuamente. O cálculo do valor dos benefícios de 2011 chegou a R$ 181,3 bilhões e, em 2013, à elevada cifra de R$ 268,1 bilhões. Eles se destinavam, inicialmente, à indústria, mas acabaram por favorecer, de forma mais ampla, o setor de comércio e serviços, e, sobretudo, o setor de saúde. As maiores desonerações ocorreram no imposto de renda, COFINS, IPI e na folha de pagamentos, nessa ordem, atin-

114 | DESIGUALDADE

gindo de forma preocupante o financiamento da proteção social, em um momento de ampliação das necessidades dos menos favorecidos, uma vez que a geração de novos postos de trabalho começou a perder fôlego nos dois últimos anos da gestão Dilma Rousseff.

3. Política fiscal: síntese das tendências no governo Dilma

Analisando-se o período 2011–14, observa-se que o governo Dilma Rousseff construiu a seguinte estratégia de política fiscal: ampliou os gastos com custeio do governo central, mas de forma insuficiente para compensar a desaceleração da taxa de crescimento do consumo do setor público consolidado; não imprimiu ritmo ao investimento público, que, embora tenha avançado em termos reais e em percentagem do PIB, cresceu a taxas muito menores do que aquelas verificadas nos anos 2006–10, justamente no período de maior necessidade de uma política anticíclica; optou, do lado da despesa, pela expansão das transferências de assistência e previdência social, embora a taxas decrescentes; ampliou a despesa financeira, reduzindo o espaço de construção de uma política fiscal anticíclica mais ativa, apoiada em investimentos públicos; e privilegiou as desonerações tributárias em grande escala, como um dos eixos principais de estímulo ao crescimento.

O conservadorismo que predominou na gestão das políticas fiscal e monetária atuou, certamente, como uma restrição ao impacto do gasto público sobre o PIB, por meio de três procedimentos: a) restringindo o efeito multiplicador do gasto público, em função do aumento da carga tributária, aliado ao aprofundamento do grau de regressividade de sua distribuição entre salários e lucros; b) limitando o estímulo ao investimento privado — que se confirmou pelas taxas de crescimento negativas do investimento agregado nos anos de 2012 e 2014 — tanto pela magnitude do investimento público, quanto pelo efeito de sinalização, em função de seu comportamento errático; c) favorecendo as aplicações financeiras em títulos públicos diante da política de juros reais elevados que predominou principalmente na segunda metade do governo Dilma.

BRASIL, SOCIEDADE EM MOVIMENTO | 115

É importante destacar que o período 2011–14 marcou uma fase de agravamento do cenário internacional, que inevitavelmente trouxe fortes impactos na economia doméstica. De 2010 a 2013, a média de crescimento mundial diminuiu a cada ano, tendo sido, respectivamente, de 5,2%; 3,9%; 3,2%; e 2,9%. Esse baixo dinamismo da economia mundial enfraqueceu, irremediavelmente, a economia doméstica, o que exigiu uma política fiscal mais expansiva como mecanismo compensatório, capaz de complementar, com gastos públicos de maior volume e melhor alocação, a insuficiência de demanda agregada, para contornar a desaceleração.

Diante do perfil da política fiscal do governo Dilma, não é de se surpreender que a taxa de investimento agregado no período 2011–14 não tenha recuperado o dinamismo da fase 2004–10. Apesar da ampliação da desoneração da carga tributária, o investimento privado não reagiu favoravelmente, pois esteve exposto a muitas influências adversas, como às expectativas de continuidade do movimento de contração da demanda externa, à contínua perda de competitividade da produção nacional, à desaceleração do consumo das famílias, às limitações do investimento público em infraestrutura produtiva, à alta das tarifas de serviços públicos e às instabilidades na taxa de câmbio e juros. Essas influências negativas sobre as previsões de rentabilidade do investimento privado parecem ter predominado e não poderiam ser compensadas com desonerações tributárias e com o investimento público em desaceleração. O recuo desse gasto público nos anos de 2011 e 2013 se tornou indicativo de um comportamento contracionista e contribuiu para a redução do investimento privado nos anos seguintes a tal retração: crescimentos negativos de 0,6% em 2012 e de 4,4% em 2014.

4. Conclusão

Como parte da política macroeconômica conservadora, a política fiscal do governo Dilma Rousseff teve como princípio norteador o cumprimento das metas de superávit primário, estabelecidas com objetivo específico: o controle da relação Dívida Pública/PIB. Ainda que o cumprimento de metas, por si só, não impeça uma atuação anticíclica, ou mesmo deliberadamente expansiva do governo, tal forma de atuação fica bastante limitada nesse modelo: afinal, toda a política tributária e de gastos públicos está subordinada àquele compromisso maior e, na presença de objetivos conflitantes, há uma hierarquia previamente definida, em favor da meta de superávit.

Esse tipo de conflito foi uma marca do governo Dilma Rousseff na área fiscal, tendo, de um lado, o compromisso com as metas de superávit primário e de inflação e, de outro, a necessidade de uma política fiscal anticíclica, em resposta à tendência recessiva que se seguiu à crise financeira internacional. No esforço de conciliar os dois objetivos, o governo acabou por adotar uma política fiscal ambígua, que contemplava tanto ações expansionistas (em alguns itens de gasto e tributos), quanto restritivas (em outros). Essa ambiguidade se fez notar tanto na política de gasto público, quanto na falta de coordenação entre esta e a política tributária.

O fato relevante a destacar é que o viés expansivo do gasto público agregado reduziu-se progressivamente a partir de 2011, e que, portanto, a política fiscal foi apenas aparentemente expansionista, colaborando para a geração de taxas de crescimento do PIB muito menores que as do período 2004–10. Não se trata, assim, de baixa eficácia da política anticíclica, mas de inadequação da política fiscal, diante do cenário de incerteza do período 2011–14, que exigia uma postura menos conservadora do governo, não apenas na área fiscal, mas na política macroeconômica em geral.

Notas:

1. Nessa categoria, estão reunidos o IPI, ICMS, ISS, Cofins, PIS/Pasep, Cide e as taxas.
2. Retirados do relatório "Demonstrativo de Gastos Governamentais Indiretos de Natureza Tributária", de vários anos.

O SUS de pé, mas combalido

*Ligia Bahia**

O Sistema Único de Saúde (SUS) não vai bem. Entre 2003 e 2008, houve uma significativa ampliação do acesso da população a cuidados com a saúde. A proporção de pessoas que consultaram médicos aumentou de 55% para 70%, e diminuíram as diferenças no uso desses serviços entre a primeira e a última faixa de renda. Contudo, a saúde tem sido o principal motivo de reclamações nas pesquisas de opinião. Em uma recente pesquisa do Instituto Brasileiro de Opinião Pública e Estatística (IBOPE), divulgada em março de 2015, 89% dos entrevistados reprovaram a política de saúde do governo federal. Tamanha insatisfação, aparente também em investigações anteriores, reflete a instabilidade da coalizão governamental. Em dezembro de 2009, no contexto de elevada aprovação do governo de Lula — 83% dos entrevistados declararam-se a favor da administração —, a saúde já tinha sido mais reprovada do que a educação.

As explicações para o desencontro entre a expansão das oportunidades de usar serviços de saúde e a preservação e até o crescimento das queixas são de duas ordens. A primeira e mais difundida refere-se à saúde como um saco sem fundo, as demandas seriam crescentes e impossíveis de serem atendidas tanto em termos assistenciais quanto financeiros. A segunda perspectiva problematiza o aparente paradoxo de ampliação do acesso e crescimento da insatisfação, considerando problemas de racionamento e qualidade das ações de saúde. São diagnósticos divergentes dos quais emanam recomendações opostas. Para quem compartilha a acepção da saúde como área eternamente conflagrada, não há muito a mudar. Tudo o

---

* Professora do Instituto de Saúde Coletiva e Faculdade de Medicina da Universidade Federal do Rio de Janeiro (UFRJ). Pesquisadora da área de Políticas de Saúde.•

que se fizer será pouco e gerará novos problemas. Em sentido contrário, situam-se os que consideram que políticas de saúde adequadas respondem objetivamente a demandas e necessidades relacionadas com o atual perfil de morbidade e afetam positivamente as condições de vida.

A predição sobre a inocuidade ou mesmo malefício da intervenção pública em esferas da vida cotidiana relativas aos riscos sociais, que também são objeto de atividades de grupos empresariais poderosos, não se restringe à saúde. Um estudo sobre o seguro social tentou demonstrar que a baixa taxa de poupança no Brasil está associada com as elevadas coberturas dos programas de proteção aos idosos. Ou seja, programas de bem-estar estimulariam comportamentos de cigarra. Na transposição do raciocínio para a área, ocorre uma deflação, admite-se que a saúde básica deva ser uma responsabilidade pública. Portanto, há consenso sobre a necessidade da intervenção estatal no setor.

O SUS é uma unanimidade. No Brasil, tanto os partidos políticos, de esquerda ou de direita, quanto entidades médicas e sindicais apoiam declaradamente o sistema público. Tal convergência não resulta de acomodação, anuência a fatos inexoráveis, e sim de concordância com princípios gerais, o que não é pouco: expressa o enorme avanço decorrente da constitucionalização do direito à saúde. A inexistência dos conflitos em torno da intervenção estatal nessas ações situa o país no quadrante das nações cujos sistemas de proteção social são afetados pelos partidos políticos, mas não destruídos.

No Brasil, todos os candidatos se comprometem com o aperfeiçoamento do SUS, reconhecido como projeto que apresentou uma solução para as tensões distributivas e federativas e que vem ampliando coberturas. Os dissensos não são sobre o sistema, sobre sua arquitetura institucional e seus objetivos, mas sobre sua pertinência como estrutura que atende a todos. As polêmicas concentram-se em torno da abrangência das ações e do financiamento, duas dimensões essenciais para a definição da natureza do sistema de saúde. Portanto, os argumentos daqueles que discordam do SUS único, público e universal são apresentados apenas como juízos pragmáticos, como óbvias evidências, e não como divergências valorativas e políticas. Essa ausência de posicionamentos polares pode certamente ser interpretada como condescendência. Os setores que se opuseram veementemente à aprovação do direito à saúde durante o processo de elaboração do texto constitucional não precisariam se manifestar contra o SUS, na medida em que negócios privados não foram afetados e até prosperaram.

Constitucionalmente, o direito à saúde não se limita ao acesso a ações assistenciais, estende-se para a proteção contra os riscos, especialmente os sociais. As críticas sobre a medicalização da vida e a imposição de padrões excludentes de consumo de tecnologias que resultam na mercantilização do processo saúde-doença foram incorporadas pela Constituição Brasileira. Sem SUS, não haveria o bem-sucedido e exemplar programa brasileiro de Aids, a reforma psiquiátrica e as atividades voltadas para articular a pesquisa e a produção industrial de medicamentos e vacinas com as prioridades sanitárias. O Brasil é o único país de renda média com um sistema universal de saúde cujos resultados são exemplares em termos de efetividade de ações universais.

Nesse ponto, é importante não deixar sem resposta os que consideram que o SUS não deu certo e, para tanto, recorrem a comparações de indicadores como esperança de vida e mortalidade infantil com países vizinhos, inclusive com menor PIB *per capita*. De fato, a desigualdade e o processo de urbanização determinaram um padrão brasileiro de morbimortalidade distinto, especialmente de países como Chile e Argentina, e mesmo de nações com menor renda. O acesso a um sistema de saúde abrangente reduz diferenciais de adoecimento e mortes evitáveis.[1] No entanto, não são a quantidade e a qualidade assistencial que, isoladamente, influenciam os níveis de saúde. O SUS permitiu que o Brasil avançasse. A assimetria entre as taxas de mortalidade infantil entre regiões vem diminuindo. No Nordeste, a taxa era mais do que duas vezes maior do que a do Sudeste em 1990. Já em 2011, os indicadores ficaram mais próximos: 18 e 13 por 1.000 nascidos vivos respectivamente.

Direito à saúde ou pastiche

Logo após o SUS ter se transformado em norma legal, a adoção de políticas neoliberais e a adesão aos preceitos de ajuste fiscal dificultaram a efetivação dos direitos sociais, inclusive os de saúde, como integrantes de um processo articulado de conquista de cidadania. No início dos anos 2000, os limites do sistema se tornaram visíveis não apenas pela reiteração dos discursos contrários aos direitos sociais universais, retorno à agenda das proposições de privatização e capitalização da previdência, mas sobretudo pela restrição orçamentária, emissão e priorização de políticas sociais focalizadas.

Posteriormente, nos governos do PT liderados pelo então presidente Lula, consolidou-se a clivagem na demanda e na oferta de cuidados: políticas públicas de apoio a empresas de assistência e de comercialização de planos de saúde foram renovadas, o carro-chefe da área social foi o Bolsa Família. Os avanços relacionados à expansão de coberturas para medicamentos, com o programa Farmácia Popular, e à assistência móvel de emergência, com o Sistema de Atendimento Médico de Urgência (Samu), foram anunciados e implementados com certa independência do sistema.

Nesse meio-tempo, duas acepções sobre o SUS se afirmaram. A primeira o define como uma vertente das políticas de proteção social, ou seja, integrante do processo de distribuição de cuidados, serviços e benefícios sociais gerados pela aplicação dos impostos. Nela, assume-se o processo saúde-doença como socialmente determinado. A segunda acepção, que conta com muitos adeptos, é a do SUS para pobres, como programa de assistência aos que "não podem" pagar. Na prática, ambas inspiraram políticas de saúde em governos de distintos matizes político-partidários. A reforma psiquiátrica, que se filia inegavelmente à matriz original de formulação do SUS, foi aprovada durante a gestão Fernando Henrique Cardoso, e a extensão em larga escala das coberturas para atendimento de urgência e odontológico, no governo Lula.

Portanto, seria incorreto estabelecer uma relação unívoca entre as políticas macroeconômicas das coalizões que venceram eleições e as políticas de saúde. O ponto comum a todos os governos eleitos após a Constituição é o subfinanciamento do SUS e o franqueamento de transferências diretas e indiretas, sob a forma de subsídios e deduções fiscais, para empresas privadas de comercialização de planos e de assistência à saúde. Tirar com uma mão do sistema e dar com a outra ao setor privado tornou-se uma prática permanente dos governos federais. Em 2016, o orçamento federal para a saúde será menor do que o aprovado em 2000 (13,2% e 14% da receita corrente líquida), enquanto, no mesmo período, as renúncias fiscais para gastos privados com saúde passaram de R$ 2 para R$ 20 bilhões.

Políticos, líderes empresariais e sindicais são no mínimo céticos em relação ao SUS efetivamente universal. Uns avaliam que chegamos a uma situação equilibrada; com seus parcos recursos, o sistema atende os pobres, e os segmentos de maior renda, "que pagam duas vezes" (pelo SUS e pelos planos), merecem desonerações dos gastos com saúde. Outros consideram que tudo o que se fizer em relação à saúde será motivo para novas queixas, que a área é conflagrada mesmo, especialmente por uma mídia que só "divulga o que não dá certo". Para muitas prefeituras, o final da linha dos problemas do atendimento, a saúde passou a ser um transtorno. A abertura de novas unidades assistenciais pelos governos estaduais e federal, sem recursos para contratação de pessoal e custeio, os deixou às voltas com unidades fantasmas.

Consequentemente, o debate sobre o SUS, que adquiriu visibilidade no processo de elaboração da Constituição, refluiu para dentro das instituições acadêmicas. Fatos como o de 70% das doações dos empresários da saúde nas eleições de 2014 serem destinados ao PT ficam pendurados na conta do pragmatismo, na da governabilidade. Existem duas políticas públicas de saúde. O SUS, com suas virtudes e insuficiências, e o suporte político e financeiro para a privatização. No senso comum o SUS é complementado pelos planos privados. A tarefa árdua de comprovar que os sistemas universais de saúde são exatamente aqueles que reconheceram que a privatização subsidiada compete com a saúde pública ficou para os técnicos.

BRASIL, SOCIEDADE EM MOVIMENTO | 123

A repercussão de posicionamentos sobre a saúde e as imperfeições de mercado, por parte de economistas como Paul Krugman[2] e até mesmo de ortodoxos como Kenneth Arrow[3] (1963), é incipiente. Prevalece o ideário sobre a eficiência do privado em relação ao público e a fórmula que inverte as relações causais, segundo a qual os sistemas universais são determinados pela igualdade social e, portanto, não se constituem como vetor de redução de desigualdades. A troca entre consequência e causa tem como corolário duas interpretações. À direita, o SUS só seria viável em um país mais rico e equitativo, à esquerda, após a revolução socialista.

As críticas dos especialistas, baseadas na óbvia sinergia entre o corte orçamentário para o SUS e a captação de recursos de fundos internacionais, têm sido respondidas com o argumento de que o fortalecimento do privado não diz respeito ao SUS. Como se o fato de o Brasil possuir o segundo maior mercado de planos particulares do mundo fosse um evento natural. As conexões políticas e financeiras entre os empresários da saúde, partidos e coalizões que governam o país não são vistas com maus olhos. Pelo contrário, o atendimento de políticos de diversas origens e vinculações partidárias em hospitais privados paulistas e a presença deles em festas e em temporadas de férias nas casas de empresários da saúde têm sido registrados nas colunas sociais. Certamente, não são gestos de má-fé. Expressam o assentimento ou resignação com um sistema de saúde clivado no atendimento a pobres e a ricos, carregam preconceitos e ignorâncias sobre os sistemas universais, acreditam que as estratégias individualizadas respondem a problemas de saúde que são coletivos. Julgam que o direito à saúde deva ser modulado pela capacidade de pagamento e não pelas necessidades de saúde.

Para revigorar o SUS

As contradições entre o direito à saúde vinculado à cidadania ou à pobreza atravessaram o processo de implementação do SUS. Apesar das tensões, ele ficou de pé, mas faltaram condições para que se impusesse como único e universal. Portanto, o principal desafio para revigorá-lo é político, refere-se a sua reinscrição em um projeto para a nação.

Trata-se de uma disputa sobre concepções e interesses que não pode ser resumida em estar a favor ou contra o atual governo; acepções necessariamente transversais a diversas instituições, inclusive partidos políticos, referenciadas nas experiências e conhecimentos nacionais e internacionais. A tarefa é a de processar as reconhecidas lacunas do SUS em proposições políticas, evitando acentuar os falsos dilemas: gestão *versus* financiamento, prevenção *versus* cura, corrupção do público *versus* bom uso dos recursos pelo privado. Entre as suas principais debilidades, situam-se: financiamento inadequado tanto em termos da insuficiência quanto necessidade de reverter os gastos públicos para o setor privado; quantidade, qualificação e critérios de recrutamento dos profissionais de saúde; continuidade administrativa e um modelo de atenção voltado aos usuários, coordenado e integrado.

Pesquisadores da área de saúde coletiva como Jairnilson Paim, da Universidade Federal da Bahia, e Gastão Wagner Campos, da Universidade Estadual de Campinas (Unicamp), vêm nutrindo o debate sobre a ampliação do horizonte para o SUS com a ideia de contrapor à privatização e ao Estado centralizador e fortemente burocratizado uma legislação específica para a área da saúde, para as políticas de pessoal, aquisições, licitações e manutenção. A proposta é a de constituir uma autarquia pública, que manteria a continuidade das políticas e teria uma política de pessoal unificada, com diretrizes nacionais e concursos estaduais.

As manifestações de junho de 2014 estimularam a reflexão sobre o SUS e a necessidade de compreender seus estrangulamentos e de transformar conhecimentos em ação. Avançaremos se formos capazes de reconhecer interdependência e gargalos estruturais, mas também as possibilidades de usar melhor o que temos, enfrentar os problemas de gestão de recursos e profissionais de saúde, desde a formação, passando pela motivação até a avaliação. Com o tempo, vai ficando mais claro que um sistema que ofereça alta qualidade de saúde e seja gratuito é a resposta para antigas e novas necessidades.

O SUS não deve ser preservado em formol. A expectativa de vida aumentou rapidamente. Os sistemas de saúde terão de lidar com condições de saúde exigentes de atenção no longo prazo, tais como hipertensão, diabetes e cânceres. Os investimentos na área deverão ser orientados para prolongar a vida com qualidade, para atender as pessoas fora dos hospitais, evitar internações e respeitar expectativas de usuários e pacientes. O Brasil tem um SUS desgastado, combalido, mas que poderá ser atualizado e revigorado.

Notas:

1. NOLTE, E.; MCKEE, C. M. "Measuring The Health of Nations: Updating An Earlier Analysis". *Health Affairs*, [s.l.], v. 27, p.58-71, 2008. Disponível em: <http://content.healthaffairs.org/content/27/1/58.full>. Acesso em: 12 mai. 2015.

2. KRUGMAN, P. "Hate Good Government". *The New York Times*, Nova York, 18 jan. 2015. The Opinion Pages.

3. ARROW, K. "Uncertainty And The Welfare Economics of Medical Care". *The American Economic Review*, Pittsburgh, v. 53, n. 5, p.941-973, 1963.

Educação e heroísmo

Celia Lessa Kerstenetzky*

Há percepção generalizada de que a educação pode tanto reforçar quanto mitigar desigualdades. Reforçar, quando a desigualdade educacional se constitui em elemento a avigorar legados sociais iníquos. Mitigar, quando o sistema educacional está organizado de modo a equilibrar chances de acesso e continuidade da educação, afrouxando o vínculo entre origens e destinos sociais.

Aliando-se à percepção ordinária, estudos especializados têm encontrado relações sistemáticas entre educação e mobilidade social, emprego, rendimentos do trabalho, níveis de qualificação, produtividade, inovação, percepções de bem-estar e realização pessoal, de saúde, de confiança interpessoal e eficácia política. Se esses elementos podem ser integrados em uma visão apropriada de desenvolvimento, a educação naturalmente alcançará lugar destacado em uma política desenvolvimentista.

Contudo, há elementos próprios ao ainda incipiente debate público brasileiro sobre o problema da educação que retardam o processo de construção política dessa prioridade. É o caso de dois falsos impasses, o primeiro sobre a escolha entre melhorar a gestão ou aumentar os recursos, o segundo sobre a importância relativa da educação em um processo de desenvolvimento equitativo tendo em vista outras intervenções mais relevantes.

Não temos espaço para aprofundar esses problemas, mas quem pode ser contra uma gestão adequada de qualquer quantidade de recursos, e mais ainda daqueles necessários e suficientes? Contudo, a proposição mal-colocada de uma escolha trágica entre um e outro tem se convertido em obstáculo à superação do evidente subfinanciamento da educação no Brasil.

---

* Professora titular da Universidade Federal Fluminense, diretora do Centro de Estudos sobre Desigualdade e Desenvolvimento.•

Quanto ao segundo falso impasse, os efeitos da educação são bem mais abrangentes do que o simples impacto esperado na redução de desigualdades ou sobre o crescimento econômico. Não obstante, mesmo no âmbito mais restrito da distribuição de renda e do aquecimento do mercado de trabalho, há um evidente lugar para a educação. Isso se vincula à particular intensidade de nosso atraso educacional: ainda são possíveis, entre nós, significativos ganhos salariais e compressão da estrutura de salários, associados à expansão da educação. Do mesmo modo, dados os nossos déficits notórios de cobertura e qualidade, muito emprego ainda está por ser gerado no setor educacional, com potencial de contribuir para melhorar o mercado de trabalho.

Neste breve texto, apresentamos um conciso panorama comparativo da situação da educação no Brasil em termos de quantidade, qualidade e equidade. Na seção final, discutimos brevemente oportunidades e riscos para a mudança radical.

O compasso da educação

Boas e más notícias estão contidas em avaliações internacionais do sistema educacional brasileiro.[1]

As boas notícias: o Brasil foi líder em incremento real do gasto em educação entre 2005 e 2011, aumento que incidiu sobre a educação básica; o país se destacou ainda com as maiores expansões, ao lado do Chile, no período pós-crise 2009–11. Ainda na linha financeira, a participação da educação no gasto público total e no gasto social aumentou entre 2008 e 2011, diferentemente do que ocorreu na média de países da pesquisa, onde pouco se alterou (11 pontos percentuais contra 2 pontos percentuais). Outra boa notícia: o desempenho em matemática no exame internacional do Pisa/OCDE vem consistentemente melhorando desde 2003; no exame de 2012, um critério de equidade educacional teve evolução favorável: encolheu em mais de oito pontos percentuais a proporção de estudantes de 15 anos com baixo nível de desempenho, outro feito de destaque na lista de

128 | DESIGUALDADE

países. Finalmente, mas não menos importante, o chamado prêmio à educação, diferencial salarial associado à detenção de ensino superior, se contraiu, na contramão dos países europeus (Europa 21), em cerca de 10 pontos percentuais. Essas conquistas sinalizam um esforço de *catch up* social e uma clara mudança de rumo.

Contudo, a extensão do legado de atraso segue considerável. Quantidade insuficiente, qualidade precária e iniquidade seguem sendo os calcanhares de Aquiles da educação brasileira.

A educação infantil até os três anos e o ensino médio de jovens de 15 a 17 anos, as duas pontas da educação básica, seguem com baixos índices de atendimento (23,5% e 54,4%, respectivamente — Anuário Brasileiro de Educação Básica 2014). Aos 19 anos, relativamente poucos jovens brasileiros haviam concluído o ensino médio (51,8% no país, apenas 38,6% na região Norte). No nível fundamental, 4,6% das crianças de 6 anos estão ainda fora da escola. Aos 16 anos, apenas 67,4% dos jovens haviam concluído o ensino fundamental; nas regiões Norte e Nordeste, eram apenas 51,6% e 56,9%, respectivamente. A escolarização média da população de 25 anos ou mais se arrastou por toda uma década (1995–05), tendo evoluído de 5,2 anos para apenas 7,3 anos entre 1995 e 2011 (a maior parte da evolução foi entre 2005 e 2011), isso ao final de várias décadas de ensino fundamental obrigatório de oito anos. O analfabetismo de adultos e o analfabetismo funcional continuam como chagas a turvar as chances de vida de milhões de brasileiros: 8,7% e 18,3% da população com pelo menos 15 anos em 2011. Pelo menos 11 países da América Latina estão em situação melhor que a do Brasil, detentor, não obstante, do maior Produto Interno Bruto (PIB) regional.

Se incluirmos no quadro o atendimento do nível de ensino superior, a situação se agrava, e não apenas porque o país se distancia do resto do mundo desenvolvido e emergente, mas porque mantém a iniquidade através de gerações. Pouco mais de um décimo dos adultos brasileiros (11% entre 25–64 anos) detinha nível superior ou mais (contra 30% na média da OCDE), o mais baixo patamar entre os países da organização e parceiros em 2011. E a diferença entre coortes é mínima: a proporção era de 14% entre adultos na faixa de 25–34 e de 10% entre aqueles na faixa de 55–64, provavelmente seus pais. Na média da OCDE, a diferença é de 15 pontos, e, na Coreia do Sul, onde mais de 40% da população adulta tem formação superior, a brecha é ainda maior, sinalizando uma verdadeira revolução entre gerações: 42 pontos percentuais em favor da nova geração (14% na coorte de 55–64 e 66% na coorte de 25–34).

O quadro se agrava ainda mais quando se considera equidade na escolarização: as médias encobrem grandes distâncias entre níveis socioeconômicos, regiões e cores. A escolaridade no primeiro quinto da distribuição era 7,7 anos em 2011, enquanto no último quinto, 11,7 anos. Brancos são dois anos mais escolarizados que negros, a taxa de distorção idade–série é o dobro no Nordeste do que é no Sudeste (a despeito de notórios avanços na desigualdade regional), mais de três vezes é a proporção de analfabetos no Nordeste (17,4%, em 2012) em relação ao Sudeste do país (4,8%).

A maior parte desses resultados decorre de progressos principalmente em anos recentes, mas ainda estão bem aquém das metas estabelecidas pelo primeiro Plano Nacional de Educação, expirado em 2011.

Quanto à qualidade, um estudo recente apontava a baixa produtividade média do trabalhador brasileiro, com escolaridade de 11 anos, certamente um indício de problemas de qualidade na formação de suas competências — plausivelmente em parte atribuíveis ao sistema educacional. Exames internacionais, como o Pisa, e nacionais, como a Prova ABC, a Prova Brasil, o Sistema de Avaliação da Educação Básica (Saeb) e o Índice de Desenvolvimento da Educação Básica (Ideb), que aferem competências em alfabetização, numeração e resolução de problemas, revelam o baixo desempenho de nossos estudantes, quer na comparação com outros países, quer em relação a metas internas normalmente pouco ambiciosas nesse quesito. A evolução de notas nas avaliações nacionais foi diminuta, em geral aquém das metas.

Para ilustrar, a evolução em matemática no Pisa 2012 ainda mantém o Brasil na posição 57 em 64 países. Além disso, oculta a gigantesca proporção de alunos com baixo desempenho, a terceira pior posição entre OCDE e parceiros, e a diminuta e decrescente proporção daqueles com alto desempenho, a segunda mais baixa dentre os países participantes. Quanto à alfabetização, o índice de "alfabetismo funcional", o Indicador de Alfabetismo Funcional — INAF — (ABEB 2014),[2] revela que apenas 26% dos adultos brasileiros alcançavam o patamar de alfabetização plena em 2012, indicador que praticamente não evoluiu desde 2002.

Do lado dos fatores intervenientes, temos os recursos insuficientes — um gasto por aluno de 2.600 dólares (com paridade de poder de compra) nos ensinos fundamental e médio em 2011, equivalente a menos de um terço do gasto no ensino fundamental (8.300), e pouco mais de um quarto, no ensino médio (9.300), de países da OCDE. Esse desempenho coloca o país nas últimas posições. O gasto como porcentagem do PIB, 5,85% em 2011, pouco nos distanciava da média da OCDE (6,07%), mas se mostra insuficiente por razões demográficas e de atraso no desenvolvimento do sistema educacional. A comparação com a Coreia do Sul (7,64%) e com o Chile (6,91%) é mais significativa.

Como item fundamental de gasto e fator crucial no desempenho de estudantes, está o professor. No Brasil, a profissão de professor é uma das menos atrativas para pessoas com diploma de curso universitário: o salário é em média equivalente a 50% de outros profissionais com o mesmo nível de escolarização.[3] Na média da OCDE, esse percentual chegava a 92% em 2012 e, na Coreia, a 136%, atraindo, neste caso, estudantes com alto desempenho no ensino superior. Não surpreendentemente, uma parcela ainda significativa de professores, especialmente no ensino fundamental (19%) e infantil (36%), possui apenas o ensino médio completo. Em todos os níveis da educação básica, são 21,5%, sendo que 34,7% no Nordeste e 27,8% no Norte do país, justamente as regiões mais em desvantagem. Ademais, a jornada escolar é das menores do mundo, 4,4 horas, e a educação integral avança lentamente, em ritmo inferior às (pouco ambiciosas) metas, com apenas 6,7% das matrículas nos anos finais do nível fundamental.

Por último, podemos brevemente recordar a importância da educação por suas interações com realizações como: *emprego* (o percentual de empregados aumenta com o nível educacional no Brasil e na OCDE); *desemprego* (é maior entre os trabalhadores com primário incompleto que entre os que têm nível superior, o mesmo ocorrendo com todos os níveis em relação ao superior, ainda que no Brasil o maior nível de desemprego esteja entre os trabalhadores com médio completo); *rendimentos relativos do trabalho* (quanto maior a escolaridade maior a taxa salarial, sendo que no Brasil os prêmios ao ensino médio, quase o dobro do nível abaixo, e ao superior, quase duas vezes e meia o nível médio, estão entre os maiores); *mobilidade educacional* (o acesso ao ensino superior é dependente da educação dos pais, mas essa dependência diminui com a generalização e qualidade da educação infantil); gap *de gênero no emprego* (diminui quanto maior a escolarização: apenas 48% das mulheres com ensino primário estão empregadas, em contraste com 81%, com ensino superior); e, finalmente, *desigualdade de rendimento médio da população ocupada* (em 2011, os maiores saltos são entre o médio incompleto e completo, 50%, e entre o superior incompleto e completo, 120%, revelando o alto valor do diploma no país).

Economia política

Na perspectiva de um estado social desenvolvimentista, a educação é central para o *catching up* econômico e social. A qualidade da força de trabalho na economia do conhecimento é um aspecto central na competitividade econômica via inovações. Sistemas nacionais de inovação bem-sucedidos repousam em sistemas educacionais abrangentes e de qualidade, desde a educação infantil até a formação continuada ao longo da vida ativa dos trabalhadores. Por outro lado, trata-se também de satisfazer necessidades sociais, como as aspirações de realização educacional por parte da cidadania, via criação de empregos de qualidade, especialmente no setor público, com a contratação de professores com níveis salariais adequados, de modo a atrair bons alunos dos cursos universitários de formação de docentes, e investimentos decisivos em sua formação. Educação, em outras palavras, é também gasto público que cria empregos e impulsiona a atividade econômica, contribuindo para melhorar o perfil do mercado de trabalho do setor de serviços, o qual tem sido o maior gerador de empregos (em boa medida precários) das sociedades pós-industriais, Brasil incluído.

A experiência do primeiro Plano Nacional de Educação (PNE), com metas desejáveis e baixo nível de realização, sugere algumas pistas sobre o futuro. No primeiro Plano, não houve compromisso com recursos — o então presidente Cardoso vetou os 7% do PIB contido no texto original. O muito apropriado II PNE (2011–21), que o vem substituir, logrou ter aprovada a meta de 10% do PIB, porém, a definição de fontes adicionais não saiu do papel — à exceção dos recursos do pré-sal, que aportarão, em hipótese benigna, não mais de 1% do PIB. Dificilmente, em conjuntura adversa, se evitará a discussão quanto ao aumento da progressividade da tributação poder de algum modo contribuir com os recursos necessários. De toda forma, preocupa a educação ser tão desejada e, ao mesmo tempo, causa sem firme patrocinador. Que forças sociais e políticas efetivas se mobilizarão em sua defesa? Nos países da OCDE, a despeito da crise, o gasto real em educação não diminuiu, antes, aumentou: os governos parecem incorporar a educação à identidade nacional. No Brasil, ao primeiro sinal de ajuste fiscal, seus recursos são contingenciados, e vários programas descontinuados. Prevalecerá a mentalidade fiscalista do corte ininteligente e a falta de visão, de ousadia e mesmo de certo heroísmo, diante da dimensão do desafio?

Muito mais está em jogo. Repousam na educação outras esperanças, como a elevação dos coeficientes de sociabilidade, a efetiva capacidade de participação em decisões coletivas de modo informado, articulado e colaborativo, o enriquecimento da deliberação pública. Não é demais recordar que a escola verdadeiramente pública, a utópica opção brasileira, mais que de aprendizado de conteúdos ou competências, é local de convívio dos diferentes, na primeira e formativa experiência de compartilhamento não consanguíneo de um mundo comum.

Notas:

1. Ver "Education at a Glance" Paris: OCDE, 2014.

2. ANUÁRIO BRASILEIRO DE EDUCAÇÃO BÁSICA. *Todos pela educação*. São Paulo: Editora Moderna, 2014. Disponível em: < http://www.todospelaeducacao.org.br//arquivos/biblioteca/anuario_brasileiro_da_educacao_basica_2014.pdf>. Acesso em: abr. 2015.

3. *Ibidem*.

O passivo colonial

Luiz Felipe de Alencastro[*]

Num livro sobre a perspectiva histórica do desenvolvimentismo, Gavin Kitching sublinhou a distância radical — "o abismo histórico" — existente entre as teses dos populistas russos do final do século XIX sobre o subdesenvolvimento de seu país e a teoria da dependência latino-americana. Populistas e eslavófilos defendiam a independência cultural russa perante as influências ocidentais, mas davam menos ênfase à industrialização, considerando que a questão era secundária e que, de todo modo, o capitalismo russo não poderia se expandir. Para Kitching, a discrepância entre as duas abordagens reside fundamentalmente no peso do passado colonial da América Latina. Assim, tirando as lições da opressão colonialista, os latino-americanos incorporaram um nacionalismo econômico muito mais acentuado que o dos nacionalistas russos.[1]

Como escrevi alhures, há outra distinção separando a interpretação brasileira do subdesenvolvimento nacional das análises similares formuladas por autores latino-americanos sobre seus respectivos países, com exceção de Cuba: o peso do escravismo. Todos os grandes pensadores brasileiros sublinharam a marca do escravismo no passado e no presente do país. Celso Furtado, na *Formação econômica do Brasil,* analisa o papel do escravismo nas quatro primeiras partes do livro, notando inclusive o papel do tráfico negreiro no Brasil independente, numa subseção significativamente intitulada "o passivo colonial". Referindo-se às sequelas do sistema na etapa seguinte do desenvolvimento brasileiro, Caio Prado Jr., na sua *História econômica do Brasil,* considera a integração dos indivíduos marginalizados pelo escravismo na indústria do final do século XIX

---

[*] Professor emérito da Universidade de Paris-Sorbonne, professor da Escola de Economia de São Paulo — Fundação Getulio Vargas (FGV).•

como "um dos aspectos mais progressistas, se não o maior deles, da nascente industrialização brasileira".[2] Autores da nova geração que estudam os movimentos sociais contemporâneos, como Jessé Souza e Adalberto Cardoso, reiteram o enfoque sobre o legado do escravismo nas relações trabalhistas do Brasil atual.[3]

Embora a sociedade continue permeada por práticas discriminatórias, houve uma evolução muito grande da situação do negro no Brasil nas últimas décadas. A propósito, nos debates sobre os cinquenta anos do golpe de 1964, poucos lembraram o papel do Movimento Negro na luta pela redemocratização. Desde de 1971, o Grupo Palmares levantava, no Rio Grande do Sul, a bandeira da comemoração do dia 20 de Novembro (dia da morte de Zumbi, em 1695), como o Dia Nacional da Consciência Negra. Data finalmente instituída como comemoração nacional em 2011. Da mesma forma, a fundação do Movimento Negro Unificado, em 1978, marcou o início de uma nova etapa de mobilização propulsada por centenas de entidades negras que se criaram em todo o país.[4] O Movimento Democrático Brasileiro (MDB), o único partido legal de oposição, assim como as suas lideranças, endossou a luta do movimento negro.

Numa palestra realizada na época, Fernando Henrique Cardoso declarou que não se podia condenar as reivindicações do movimento negro em nome de uma "igualdade abstrata que nunca funcionou para as minorias".[5] Na sua atuação como ministro da Cultura, de 1986 a 1988, Celso Furtado, auxiliado pelo seu assessor Carlos Moura, tomou diversas iniciativas em favor da cultura e dos direitos civis da população negra. Seu papel ao lado do presidente Sarney e dos membros da Constituinte foi decisivo nos trâmites que conduziram à criação da Fundação Palmares, vinculada ao Ministério da Cultura. Anunciada no discurso presidencial de 13 de maio de 1988, a Fundação Palmares teve Carlos Moura como seu primeiro presidente.

Na mesma época, por iniciativa do Ministério da Cultura, foi tombada e declarada monumento nacional a Serra da Barriga, em União de Palmares (Alagoas), onde se encontrava o quilombo de mesmo nome. Também foram iniciadas, no âmbito do Ministério e em contatos com a Constituinte, discussões sobre o ensino da história da África e da cultura afro-brasileira. No primeiro governo Lula, a lei 10.639 de 2003 tornou obrigatória essa disciplina em todas as escolas públicas e particulares, do ensino fundamental até o ensino médio. A partir daí, as universidades brasileiras acordaram do longo sono em que se berçavam com relação à África e fundaram as primeiras cadeiras de ensino de história do continente africano.

Anteriormente, no governo Fernando Henrique Cardoso, foi criado, em 1995, um Grupo de Trabalho Interministerial com o objetivo de sugerir políticas de valorização da população negra. O Programa Nacional de Direitos Humanos, de 1996, explicitava a sugestão de "ações afirmativas para o acesso dos negros aos cursos profissionalizantes, à universidade e às áreas de tecnologia de ponta".

A luta contra a discriminação racial, que Celso Furtado acompanhou de perto, ascendeu a outro patamar com a criação, em 2003, do sistema de cotas para alunos da rede pública, afrodescendentes e indígenas na Universidade Estadual do Rio de Janeiro (UERJ), na Universidade Federal do Rio Grande Sul (UFRGS), na Universidade Nacional de Brasília (UnB), na Universidade Federal da Bahia (UFBA) e em outras universidades. Medida mais ampla foi criada em setembro de 2004 e entrou em vigor em 2005, com o Programa Universidade para Todos (PROUNI), concebido pelo então ministro da Educação, Paulo de Tarso, instituindo uma bolsa para cada 10,7 alunos pagantes das faculdades particulares. Pela primeira vez, a política afirmativa foi introduzida num programa federal dessa dimensão. Além da bolsa integral para os estudantes de renda familiar inferior a um salário mínimo, foi instituída a bolsa para os autodeclarados indígenas, pardos ou pretos, conforme a nomenclatura utilizada pelo Instituto Brasileiro de Geografia e Estatística (IBGE).

Em seguida à promulgação do decreto em 2004, o Democratas (DEM) e a Confederação dos Estabelecimentos de Ensino Privado (CONFENEN) entraram com uma Ação Direta de Inconstitucionalidade (ADI) no Supremo Tribunal Federal (STF) para invalidar a política afirmativa do Prouni.[6] Na sequência, o ministro Gilmar Mendes, então presidente do STF, recebeu um manifesto intitulado

Cento e treze cidadãos antirracistas contra as leis raciais, de abril de 2008, que se posicionava contra a política afirmativa do Prouni.[7] O manifesto era assinado por personalidades destacadas da vida universitária e cultural. Em seu voto, o ministro Gilmar Mendes mencionou alguns nomes: Ana Maria Machado, Caetano Veloso, Demétrio Magnoli, Ferreira Gullar, José Ubaldo Ribeiro, Lya Luft e Ruth Cardoso. Mas há outros signatários, intelectuais como Luiz Werneck Vianna, Renato Lessa ou Wanderley Guilherme dos Santos, ou sindicalistas, como Roque Ferreira, da Central Única dos Trabalhadores (CUT), e Serge Goulart, do Diretório Nacional do Partido dos Trabalhadores (PT), ilustrativos da pluralidade partidária e ideológica do manifesto. Como assinalei em outro texto, tal é a característica principal desse embate político e cultural: a controvérsia sobre cotas nem sempre coincide com a clivagem esquerda/direita, governo/oposição ou Partido dos Trabalhadores/Partido da Social Democracia Brasileira (PT/PSDB).[8]

O fato ficou mais evidente ainda no julgamento da Arguição de Descumprimento de Preceito Fundamental (ADPF), pretendendo a declaração de inconstitucionalidade das ações afirmativas raciais para ingresso na UnB. Apresentada pelo DEM em 2009, a ADPF foi objeto de uma audiência pública, no STF, em março de 2010 e, finalmente, julgada no dia 26 de abril de 2012.

Malgrado a longa e maciça campanha dos principais jornais e canais de televisão contra a política afirmativa (com exceção de alguns colunistas, entre os quais Míriam Leitão e Elio Gaspari), a despeito das previsões catastróficas de muitos oponentes às cotas, e em particular dos próprios redatores da ADPF, o STF, antevendo universidades e o país inteiro mergulhado em conflitos raciais, recusou a Arguição e decidiu, unanimemente, pela constitucionalidade do sistema de cotas e da política afirmativa.[9]

A decisão do STF criou jurisprudência. De fato, o STF é também um tribunal constitucional. Ao reconhecer a legalidade das cotas, o julgamento estabeleceu regra jurídica válida para todas as universidades públicas do país. Desde então, não foi mais possível questionar nos tribunais nenhuma universidade pública com cotas para estudantes negros e índios. Todos os juízes do país passaram a seguir a decisão do STF, porque a jurisprudência também é fonte do direito. Mudou a interpretação da sociedade brasileira e da história luso-brasileira. A maior instância judiciária do país reconheceu, após longo estudo, que existe no Brasil uma discriminação étnica-estrutural — embora não inscrita nas leis —, que as universidades públicas têm o direito constitucional de combater. Poucos meses depois da decisão do Supremo, o Congresso, votando um projeto que tramitava havia treze anos, aprovou as cotas raciais e sociais nos estabelecimentos públicos federais de ensino superior. O voto agregou a maioria dos parlamentares da Câmara e a unanimidade menos um voto do Senado, em agosto de 2012. Outra etapa foi ultrapassada em maio de 2014, quando o Senado, seguindo o voto da Câmara, estendeu o sistema de cotas para negros aos concursos públicos federais.

Em 2014, segundo os dados da Pesquisa Nacional por Amostras de Domicílio (PNAD), o grupo dos autodeclarados pretos ou pardos, correspondente a 54% da população brasileira, superou 40% entre os matriculados no ensino superior público e privado. Comentando esse dado num artigo em *O Globo*, o jornalista Antônio Gois, que segue o assunto de perto, comenta que esse aumento de estudantes universitários negros se insere num movimento crescente, desde 1998, de melhoria da renda e acréscimo de vagas nas universidades.[10]

No seu último livro, Luiz Carlos Bresser-Pereira, grande batalhador do desenvolvimentismo e da democracia brasileira, descreve como a sociedade se tornou melhor desde a Constituição, incluindo, entre outros avanços, a política afirmativa. "Foi a partir da transição democrática que o mito da [...] democracia racial perdeu força, e os negros passaram a ver seus direitos reconhecidos, inclusive o de serem beneficiados por um sistema de cotas para a entrada nas universidades... Tudo isso era impensável no Brasil do século XIX e boa parte do século XX."[11]

Tais considerações resumem as longas décadas de lutas políticas e culturais do movimento negro e dos democratas brasileiros.

Notas:

1. KITCHING, G. *Development and Underdevelopment in Historical Perspective*: Populism, Nationalism, and Industrialization. Londres: Nova York: Routledge, 2012. p.152-160.

2. PRADO JUNIOR, C. *História econômica do Brasil*. 2. ed. amp. São Paulo: Brasiliense, 1970. p. 148.

3. SOUZA, J. *A construção social da subcidadania*: para uma sociologia política da modernidade periférica. Belo Horizonte: UFMG, 2003.
CARDOSO, A. *A construção da sociedade do trabalho no Brasil*: uma investigação sobre a persistência secular das desigualdades. Rio de Janeiro: FGV, 2010.

4. DOMINGUES, P. "Movimento negro brasileiro: alguns apontamentos históricos". *Tempo*, Niterói, v. 12, n. 23, p. 100-122, 2007. Disponível em: <http://www.scielo.br/pdf/tem/v12n23/v12n23a07.pdf>. Acesso em: mai. 2015.

5. *Apud* JURUNA, Julia, "Le Noir Perdu et retrouvé", *Le Monde Diplomatique*, nov. 1980.

6. Por causa dos trâmites administrativos, a ADI sobre o Prouni foi julgada e recusada pelo STF, depois do julgamento da Arguição de Descumprimento de Preceito Fundamental (ADPF) 186. PEREIRA, M. "Supremo confirma constitucionalidade do Prouni". *G1*, Brasília, 3 mai. 2015. Educação, s/p. Disponível em: <http://goo.gl/Oq24uv>. Acesso em: 15 mai. 2015.

7. Publicado na revista *Época*, Disponível em: <http://revistaepoca.globo.com/Revista/Epoca/0,,EDR83466-6014,00.html>. Acesso em: 21 abr. 2008.

8. Veja-se o artigo na revista *Novos Estudos Cebrap* que reproduz o parecer: ALENCASTRO, L. F. de. "O pecado original da sociedade e da ordem jurídica brasileira". *Novos Estudos Cebrap*, São Paulo, n. 87, p. 5-11, jul. 2010. Disponível em: <http://goo.gl/r6drpG>. Acesso em: 15 jun. 2015.

9. Foram dez votos a favor da adoção de cotas para negros e índios nas instituições de ensino superior de todo o país. O ministro Gilmar Mendes, apesar de formular ressalvas, votou a favor, e o ministro Toffoli, autor do parecer a favor das cotas como advogado-geral da União, não participou do julgamento. Cf. SANTOS, D. "STF decide, por unanimidade, pela constitucionalidade das cotas raciais". *G1*, Brasília, 26 abr. 2014. Educação, s/p. Disponível em: <http://goo.gl/kL9PAF>. Acesso em: 15 mai. 2015.

10. GOIS, A. "Cotas e ProUni". *O Globo*, [s.l], 17 nov. 2014. Sociedade, s/p. Disponível em: <http://goo.gl/UGB5bE>. Acesso em: mai. 2015.

11. PEREIRA, L.C.B. *A construção política do Brasil*. São Paulo: Editora 34, 2014. p. 57.

Novas formas de viver

Programa Bolsa Família: oportunidade e experiência da cidadania

*Amélia Cohn**

O Programa Bolsa Família (PBF) teve início em outubro de 2003, durante o primeiro ano da gestão do presidente Lula. É, desde então, uma experiência inédita no país: trata-se de um programa nacional de transferência condicionada de renda, que tem como público-alvo aqueles segmentos da sociedade brasileira que se encontram abaixo da linha da pobreza. Nesse sentido, é um programa "universalmente focalizado", que tem como objetivos o combate imediato da pobreza extrema e dos principais fatores responsáveis pela reprodução intergeracional da pobreza — a precariedade da saúde e da educação —, e finalmente criar oportunidades de trabalho e emprego, que garantam o acesso desses sujeitos e famílias a fontes estáveis de renda.

Antes do PBF, vários municípios já haviam tentado experiências neste sentido, e, em nível nacional, durante as duas gestões de Fernando Henrique Cardoso, haviam sido instituídos programas segmentados por setores (educação, saúde e auxílio-gás, por exemplo), mas com baixa cobertura. O PBF, elaborado por um grupo expressivo de especialistas e experientes gestores públicos durante o governo de transição para a gestão Lula, significou um passo decisivo na proposta de programas de transferência de renda: a unificação dos programas preexistentes e dos respectivos cadastros, e a coordenação unificada e coparticipativa das condicionalidades, envolvendo vários ministérios da área social e econômica do governo. Aí está sua primeira grande inovação. A segunda foi a proposta de o Cadastro Único ser instrumento para todas as áreas de atuação dos mi-

---

*Socióloga, professora aposentada da Universidade de São Paulo (USP) e bolsista sênior do Conselho Nacional de Desenvolvimento Científico e Tecnológico (CNPq).•

nistérios, sobretudo dos diretamente envolvidos na formulação e no monitoramento de suas políticas e programas setoriais. Isso porque, no caso do PBF, ao contrário de outras experiências internacionais, as condicionalidades não constituem elementos de controle estrito das famílias beneficiárias para seu desligamento do programa, mas um instrumento de monitoramento das políticas públicas de nível local, estadual e federal.

Não é desprezível o fato de agora se pensar no núcleo familiar como unidade de ação do PBF e das políticas sociais (assistência social e saúde, com a Estratégia Saúde da Família), e em particular o fato de a titular do benefício ser a mulher, responsável pela família na maioria absoluta dos casos (em 2014, 93% dos beneficiários eram mulheres).

Em janeiro de 2004, o PBF[1] passa a fazer parte do então recém--constituído Ministério do Desenvolvimento Social e Combate à Fome (MDS), sob a responsabilidade da Secretaria Nacional de Renda da Cidadania (SENARC). A denominação desta Secretaria significa que o PBF se configura como o embrião da instituição da renda nacional de cidadania, aprovada naquele mesmo mês e ano. Assim, o Bolsa Família aponta para o reconhecimento de um mínimo de renda como direito, independentemente dos riscos da pobreza e dos riscos clássicos, como velhice, doença, invalidez, desemprego.

O PBF teve uma expansão acelerada: em dezembro de 2003 já atingia 3,6 milhões de famílias, e hoje atinge 14 milhões de famílias, cobrindo todo o território nacional e todos os municípios do país. Seus recursos são garantidos pelo governo federal, e ele se tornou prioridade nas gestões Lula e Dilma; com razão, foi, na área social, o programa com maior visibilidade desses governos. Hoje, é tido internacionalmente como um exemplo a ser seguido, mais que as experiências mexicana e chilena, no caso da América Latina, seja por sua focalização — capacidade de atingir os pobres e miseráveis —, seja pelo seu baixo custo (em 2014, 0,53% do Produto Interno Bruto — PIB).

Mas existe uma inovação mais de fundo: durante o período da transição democrática, a partir do governo Sarney até a posse de Lula, em 2003, a questão social consistia no combate estrito à pobreza, traduzido em programas sociais pontuais e fragmentados, culminando no Programa Comunidade Solidária, durante o governo Fernando Henrique Cardoso, liderado por Ruth Cardoso. A disputa política e simbólica de então era pelo bônus político de se assumir a liderança do combate à pobreza, e não à desigualdade social. É a partir de 2003 que a questão da desigualdade social ocupa lugar de destaque na agenda pública oficial, e seu combate se traduz inicialmente nos programas Fome Zero e Bolsa Família.

A partir de outubro de 2003, tem início a disputa pela paternidade e/ou maternidade do PBF, que, na realidade, é fruto de um conjunto de especialistas na área que trabalhou durante o período de transição dos governos FHC/Lula, com apoio financeiro do Banco Internacional para Reconstrução e Desenvolvimento (BIRD) e do Banco Interamericano do Desenvolvimento (BID). Afinal, não era trivial a proposta de um programa que tinha como objetivo sua universalização entre os pobres, em um governo liderado por um operário.

É importante registrar o fato de a proposta de um programa distributivo de renda, como o PBF, ter se dado e se efetivado numa conjuntura de baixo ou nulo crescimento econômico. Não obstante, apesar das oscilações da curva de crescimento econômico desde então, os recursos para o PBF são garantidos como prioridade de governo. E efetivamente é um programa barato, de baixo custo administrativo: a ele é destinado 0,53% do PIB. Seu custo administrativo não atinge 5% do total dos recursos, quando a média de custo dos programas internacionais oscila em torno de 15%.

Essa expansão acelerada do PBF, que o torna um dos mais exitosos do mundo, não se dá sem tensões no interior da máquina administrativa e governamental e, externas, na sociedade. Quanto às internas, sob a pressão da ideologia neoliberal, está sempre presente a exigência de uma focalização rígida. Em consequência, também é permanente a pressão sobre a necessidade de medidas "punitivas" para aquelas famílias que não cumprem as condicionalidades, independente dos motivos que as levam a isso. Por outro lado, há a corrente daqueles que partilham a concepção original do programa; um programa de inserção social dos até então marginais ao mercado, impedidos de se integrarem à sociedade — e que pretendem que o PBF se torne um programa estruturante da forma de atuação do Estado no enfrentamento da desigualdade social. Apesar dessas tensões e da demanda crescente da lógica administrativa para um programa que se expandiu velozmente, o Cadastro Único é atualmente a porta de entrada para mais de vinte políticas e programas, que o utilizam como um instrumento eficaz de reconhecimento da população-alvo das políticas públicas.

Do ponto de vista externo, da sociedade mais ampla, as ações do governo têm que enfrentar o preconceito contra os pobres vigente na nossa cultura política. A expressão "não pode dar o peixe, tem que ensinar a pescar" é frequente. A sociedade não reconhece as desigualdades sociais, os preconceitos de toda ordem e natureza, ao mesmo tempo que os pratica. Assim, o PBF, para as classes ricas e médias, significa incentivo ao não trabalho, e ao aumento da taxa de natalidade entre os pobres, porque existe uma parcela variável do benefício por número de filhos. Desconhecem que se, como dizem, "hoje, na região Nordeste, por exemplo, ninguém mais quer trabalhar como diarista ou doméstica" (quase escrava ganhando quase nada), não é porque o Bolsa Família transformou essas mulheres em preguiçosas, mas porque a renda que recebem permite-lhes rejeitar condições degradantes de trabalho, o mesmo se passando com os homens. Além disso, foram integrados como beneficiários adolescentes de até 17 anos, desde que frequentassem a escola, medida sábia por ser um grupo particularmente vulnerável, inclusive enquanto vítima de violência, sobretudo se negros.

Em maio de 2011, foi criado o Plano Brasil sem Miséria (PBSM),[2] também acolhido no MDS, ocasião em que se instituiu a linha de extrema pobreza no país, para fins de formulação e execução das políticas sociais. Ela era então de R$ 70,00, atualizada para R$ 77,00. Já a linha da pobreza é, hoje, de R$ 154,00. Do PBSM, participam 22 ministérios, e foram tirados da extrema miséria 22 milhões de brasileiros. Na última década, por causa do conjunto das políticas sociais de transferência de renda, 36 milhões de brasileiros saíram da extrema pobreza!

Claro, saíram da extrema pobreza se o critério de medida for exclusivamente a renda mensal *per capita*. Mas se essa é uma dimensão que serve de forma mais precisa e imediata para identificação do público-alvo preferencial, não pode ser exclusiva. Daí, a preocupação não só do Cadastro, mas também do PBF e do PBSM de se voltarem para o acesso de seu público às demais políticas sociais de caráter universal — saúde, educação e assistência social — enquanto direitos sociais. Tarefa complexa, pois apesar de buscarem atuar como políticas estruturantes, acionando uma perspectiva de gestão de forma compartilhada entre os entes federativos, as disparidades de culturas e práticas políticas e de capacidade administrativa dos 5.655 municípios brasileiros (Censo de 2010), para não falar das unidades estaduais, têm enorme peso. Não basta sobrepor a essa realidade tão díspar uma rede de serviços lógica e racionalmente funcional se ela não penetra na sociedade local com sua especificidade.

E é desta perspectiva — de um lado, de como o Estado, em qualquer nível de governo, é capaz de reconhecer as especificidades sociais; e de outro, de como a sociedade se apropria dos serviços sociais que lhe são ofertados — que esses programas continuam sendo implementados no país. No entanto, esses programas não traduzem um direito, uma vez que seus benefícios não constituem um direito social universal, como saúde e educação. No entanto, dada sua capilaridade social em relação ao público beneficiário ou potencial beneficiário, acabaram por se transformar em "quase direito", uma vez que se reconhece a natureza universal da proposta e a presença de regras universais para inclusão e exclusão dos programas. Com isso, para além de combater imediatamente a pobreza e a miséria, o PBF e o PBSM, apesar de seus opositores, de fato estão recuperando junto às classes subalternas a credibilidade do Estado como um ente público. Mas ainda restam vários degraus para que isso alcance a dimensão da prática política por parte desses segmentos. Alguns dados da experiência cotidiana dos pobres são expressivos e apontam nessa direção; até e principalmente porque PBF e PBSM não são favores, mas também não constituem direitos previstos na Constituição de 1988, apesar de a eles se ter acesso por meio do Sistema Único de Assistência Social (Suas).

A sociedade se move

Wanderley Guilherme dos Santos, numa de suas entrevistas ainda durante o governo Lula, afirmava que a sociedade brasileira estava passando por uma verdadeira revolução, fruto das políticas que vinham sendo adotadas, e que os especialistas na área não eram capazes ainda de identificá-la, já que ela se passava no microcosmo das relações sociais. De fato, analisando as cartas que os beneficiários, ou candidatos, do PBF enviaram ao então presidente Lula, em meados da década passada,[3] e as enviadas à atual presidenta Dilma durante seu primeiro mandato, verificam-se alguns processos marcantes. Recorrer ao representante máximo do poder do país não é o primeiro passo, mas o último a ser dado, uma vez abortadas as tentativas anteriores de acessar seus direitos. Isso significa que a população pobre conhece e reconhece seus direitos e sabe como acessá-los, mas que o Estado, nos seus distintos níveis, ainda é bastante inatingível e impermeável à população (em uma das cartas ao presidente Lula, a remetente afirma: "estou de canela seca de ir atrás"). Contudo, esse segmento também pratica a solidariedade social, seja em termos de "ajuda" a seus pares, seja reconhecendo que não só sua família está em condições de miserabilidade, mas que seus vizinhos também estão, e assim lutam e reivindicam direitos para si e também para os demais.

Por outro lado reconhecem que, a partir do acesso ao benefício, sua família (em especial as crianças) pode comer melhor, que as crianças podem permanecer na escola porque estão alimentadas, que não vivem mais de favor e, sobretudo, que têm uma perspectiva de futuro, senão para si (os adultos), para seus filhos. Com isso, verifica-se que de fato os programas estão possibilitando um combate à reprodução intergeracional da pobreza e da miséria. Mas a ética do trabalho ainda é determinante, até porque temem que o acesso a esse benefício não seja garantido, dependendo do governo de plantão, sobretudo local, já que é ele quem cadastra o público-alvo dos programas. Uma beneficiária afirma: "um benefício se acaba, o que eu quero é trabalho."

Da mesma forma, o fato de 93% dos beneficiários serem do gênero feminino significa o reforço de seu lugar no interior da família, inclusive a possibilidade de se libertar da violência familiar. Igualmente, o fato de 48,8% dos beneficiários serem do sexo feminino, pretas ou pardas, e de jovens até 17 anos, significa que tanto PBF como PBSM estão estreitamente articulados ao combate à desigualdade de gênero, raça e idade, que determinam as condições de reprodução da pobreza.

Hoje o grande desafio é a ascensão das forças conservadoras da sociedade (sobretudo no Legislativo) e o ajuste fiscal, que podem comprometer esses avanços, dado que o Bolsa Família e o Brasil Sem Miséria também pressionam os demais programas sociais a ofertar e melhorar a qualidade dos serviços, inclusive de qualificação para o trabalho ou para o acesso estável a fontes de renda alternativas. E isso significa ir a contrapelo do ajuste fiscal.

Como afirma Mia Couto, "não é fácil sair da pobreza. Mais difícil, porém, é a pobreza sair de nós".

Notas:

1. CAMPELO, T.; NERI, M.C. (orgs.). *Programa Bolsa Família — uma década de inclusão e cidadania.* Brasília: Ipea, 2013.
2. BRASIL. Ministério do Desenvolvimento Social e Combate à Fome. *O Brasil sem miséria.* Brasília: MDS, 2014. Disponível em: <http://www.mds. gov.br/biblioteca/Livro_BSM/livro_o_brasil_sem_miseria-2.pdf.pagespeed. ce.37VIeBK0LM.pdf>. Acesso em: abr. 2015.
3. COHN, A. *Cartas ao Presidente Lula — Bolsa Família e direitos sociais.* Rio de Janeiro: Editora Azougue, 2012.

A Escola Tia Ciata: uma aventura pedagógica

Ligia Costa Leite*

O fracasso da escola pública brasileira em não conseguir escolarizar a grande maioria de seus alunos, justamente os mais pobres, negros e portadores de outras culturas, sempre me incomodou. A hipótese que criei era que as dificuldades de escolarização seriam decorrentes de um sistema escolar que ignorava a singularidade de crianças e jovens brasileiros, oriundos das camadas populares, não respeitando suas formas de viver.

Só em 1961, por lei, o Estado nacional passa a ter obrigação de garantir escola gratuita e laica para toda a população de 7 a 15 anos, explicitando o propósito de democratização do ensino básico. Até essa data, havia poucas escolas públicas, e os mestiços ou negros, descendentes da miscigenação brasileira, tinham poucas opções para estudo, inclusive de educação para o trabalho.

Após 1964, esse direito é abolido para os chamados "menores", melhor dizendo os filhos da pobreza e sem escolaridade. Sob a regência do governo federal, vários internatos são reunidos para ajustar condutas e reprimir vozes diferentes. Isso porque uma escola pública e laica poderia promover uma educação para liberdade, uma leitura do mundo e da palavra, o que seria um risco para o regime militar. No entanto, essas instituições totais eram muito onerosas e as existentes não eram suficientes, para internar todos. Assim, a população nas ruas crescia, desocupada, sem escolaridade e sem perspectivas de integração na cidadania.

Na década de 1980, já em tempos de redemocratização, iniciam-se propostas para resolver a questão social de modo mais humano. Darcy Ribeiro[1] alerta que deve haver um "esforço de recupe-

---

* Diretora da Escola Tia Ciata de 1983 a 1989, atualmente professora da Universidade Federal do Rio de Janeiro (UFRJ).

rar para si mesmos e para o país, cerca de 100 mil jovens que nós não educamos, dando-lhes condições de aprenderem, efetivamente, a ler, escrever e contar".

Nesse cenário, no Rio de Janeiro foi construído o complexo da Passarela do Samba para atender aos desfiles de Carnaval. Durante o restante do ano, o local se transformaria em uma grande escola para todos os níveis do ensino. Ali, iniciou-se a Escola de Educação Juvenil Tia Ciata, baseada em dois princípios muito discutidos, mas pouco aplicados na prática: igualdade e liberdade. Ela funcionou até 1989, quando o novo prefeito destituiu a equipe coordenadora sob a argumentação de que esta "não era de seu partido político". Na ocasião, havia 584 jovens matriculados, que deixaram de ser acompanhados.

Objetivando a escolaridade de jovens entre 12 e 20 anos, ali se criou uma metodologia que integrava, prioritariamente, a história de vida do aluno, suas vivências e seus valores, articulada com a história oficial do Brasil, escrita pelos vencedores, e aquela apresentada na mídia cotidiana. Os alunos, que foram chegando aos poucos e desconfiados, eram pequenos trabalhadores (engraxates e vendedores de jornais); moradores das favelas ao redor do prédio, que abandonaram a escola por perceberem a inutilidade desta para suas vidas; meninos que viviam nas ruas e, por fim, aqueles que eram encaminhados pelas demais unidades de ensino da rede, pois não eram comportados.

O desafio maior a ser superado era ir além da denúncia do fracasso escolar e do mito do "discurso competente", de um professor que sabe tudo e de um aluno que chega como uma tábula rasa. A utopia do grupo de professores era justamente inserir esse jovem na vida do país e nas instituições oficiais, sem que para isso precisasse abdicar de sua história, sua realidade, suas formas de ser, que incluíam, ao mesmo tempo, a solidariedade, a alegria, a criatividade, a agressividade, a irreverência e, especialmente, a descrença em si.

Minha primeira constatação foi que esses jovens eram invencíveis ao sistema, pois se não venceram as resistências para serem aceitos na escola e outras políticas públicas, também não foram vencidos por elas. Nem vencidos, nem vencedores, invadiam as ruas, fugindo da fome e da morte ou se associavam à escola do crime.

Em decorrência disso, veio a percepção da total inutilidade dos conhecimentos teóricos adquiridos nas faculdades, que sempre se mostravam insuficientes para o que se impunha no cotidiano da Escola. Enfim, a cada momento, novas fontes teóricas eram buscadas para entender e saber como lidar com os episódios ou conflitos enfrentados na sala de aula, nos corredores, no pátio e mesmo na vida fora do ambiente escolar. Essa realidade nos obrigava a estudar os temas necessários ao trabalho, sem perder de vista as premissas iniciais que o balizavam, sobretudo a acreditar na potencialidade e inteligência desses garotos.

Uma das mudanças iniciais foi redefinir as formas de ver e compreender aqueles adolescentes analfabetos, moradores de ruas ou favelas, praticantes de delitos diversos, que tanto incomodavam e ainda incomodam a sociedade. Em consequência, aprenderíamos com eles uma nova pedagogia, de modo que sentissem estar "roubando" dos professores o conhecimento. Como disse André, 16 anos, quando chegou: *"Nas ruas aprendi a roubar das pessoas o saber que eu precisava ter para sobreviver."* Na Escola eles "roubavam" o saber escolar para a vida.

Por isso, era importante entender o significado do verbo roubar para cada um. Roubar era um ato com múltiplas significações, uma forma de conseguir dinheiro para o imediato, de causar terror, de se divertir, brincar. Era uma oportunidade de "aparecer", ser reconhecido e ter uma identidade, mesmo que fosse de trombadinha. Para eles, era melhor ser pivete a ser invisível. Enfim, roubar era um comportamento ativo, muito diferente da passividade de esperar por esmolas ou "restos" da sociedade "de bem". Eles buscavam ser protagonistas e não figurantes na relação com a população.

Na Escola Tia Ciata, conseguiram "roubar" o conteúdo do ensino, progredindo nos estudos, superando a descrença em si e canalizando sua agressividade para outros rumos. A orientação pedagógica da Escola reconhecia-os como sujeito de sua aprendizagem e isso gerou um grande aumento no número de matrículas. Como dizia Darcy Ribeiro, "só onde o aluno popular se sentir livre para falar, indagar, questionar, reivindicar, ele pode aprender".[2] Ali puderam superar a imagem de uma estrutura de ensino que os ignorava e ia de encontro às suas expectativas, levando-os a crer que o erro por não aprender estaria neles próprios, como disse um aluno: *"Sempre pensei que era a série que ensinava, agora sei que é o professor."*

A prática desse trabalho refletiu as próprias contradições das instituições sociais e das possibilidades de superar o fracasso da educação brasileira sem haver uma revolução social ao criar uma escola pública honesta e de qualidade sem o uso da repressão e/ou do assistencialismo — duas facetas da mesma moeda — que renegam as possibilidades de o aluno aprender a partir do próprio mundo. Ela pôde responder ao desejo daqueles *invencíveis* à "civilização" de poder entrar para a sociedade dos letrados com a realização de um direito, que até então lhes era negado.

Como decorrência da escolaridade, foi preciso buscar alternativas criativas e efetivas que gerassem renda para os alunos e suas famílias e os ajudassem a criar responsabilidades, reforçar o vínculo com a escola e a permanecer em sala de aula. Porém, o desafio era encontrar trabalhos que não envolvessem a exploração econômica, e evitar uma ocupação que não valeria para eles quando atingissem a maioridade legal, como em inúmeros projetos sociais existentes (artesanatos de péssima qualidade, entregadores de compras de supermercados, etc.).

Defendendo essa proposta, conseguiu-se firmar acordo com a Companhia Municipal de Limpeza Urbana (COMLURB) e a Empresa de Turismo do Município do Rio de Janeiro (RIOTUR), que abriram cinquenta vagas cada para garis mirins e guias mirins, com carteira de trabalho assinada e todos os direitos trabalhistas. Ao longo do tempo, a experiência se consolidou, suplantando o medo inicial que os encarregados dessas empresas demonstravam. Os adolescentes foram sendo alocados em outros espaços como a capina de ruas, a oficina de manutenção e reparo dos instrumentos de limpeza e a fábrica de vassouras, carrocinhas e caixas de lixo. Na RIOTUR, de guias da própria Passarela do Samba, passaram a outros monumentos turísticos da cidade.

Simultaneamente, foi feito um acompanhamento dos alunos em reunião semanal com os supervisores nas empresas e um professor da Escola. E as consequências foram profundas. Eles perceberam a necessidade de incorporar outras habilidades e aprendizados, articulados ao conteúdo escolar. Tinham orgulho de chegar à Escola com uniformes de trabalho, sempre limpos e penteados. A experiência nos fez refletir sobre o valor do trabalho para nossos alunos; ele os ajudou a aumentarem a autoestima e a se sentirem reconhecidos como menores trabalhadores, respeitáveis e com renda digna. O rendimento escolar melhorou, e eles se tornaram guardiões do território do Sambódromo. Esses jovens trabalhadores tornaram-se alunos mais responsáveis e mais envolvidos com a defesa da Escola contra diversos tipos de preconceito que surgiam a cada dia.

Adolescentes que estavam à margem do processo educacional e de demais políticas sociais puderam sonhar com um projeto de vida diferente. Após a maioridade, alguns conseguiram continuar na COMLURB. Foram localizados em 2011, narraram o processo de cada um na companhia, dos cargos que atingiram e que não atingiriam se fossem analfabetos, contaram que muitos amigos não tiveram a mesma sorte, morreram ou estavam presos em razão do tráfico.

Em entrevistas, Cesar sintetizou o sentimento do grupo de ex--alunos da Escola:

A escola, pra nós, era uma oportunidade. Pra nós, era uma oportunidade de sermos alguém amanhã. [...] A Tia Ciata me acolheu, porque as outras escolas não queria mais me acolher. E ela além de pegar nós, que era da comunidade, ela também apanhava aqueles que era de rua e misturávamos ali. A Tia Ciata, com o auxílio de vocês, me proporcionou a vida que hoje eu tenho, que se vocês não me abrigassem naquela escola, não me ajudasse, eu não estaria hoje à beira da aposentadoria.

Ele resumiu, dizendo:

Hoje eu passo lá e fico até um pouco emocionado, porque hoje ela não tem mais a estrutura que ela tinha, já não é mais aquela escola que acolhia aquele que era chamado de trombadinha na época, que acolhia aqueles que eram chamados de favelados da época. Hoje tenho 40 anos de idade, seis filhos, cinco netos, estou prestes a me aposentar, graças primeiramente a Deus e segundo a vocês da Tia Ciata!

Infelizmente, o quadro do ensino público pouco mudou desde então: o professor, sem qualificação e supervisão, ainda segue a velha "cartilha" para o ensino fundamental, e as redes de ensino continuam excluindo esses invencíveis, que não conseguem aprender dentro das regras.

Importante destacar a fala do economista Carlos Lessa em 1990: "Além da questão ética, existe uma dimensão estratégica, porque tudo o que representar em degradação dessas faixas etárias irá ser devolvido, com juros acrescidos, ao corpo social do futuro."[3] O que vemos hoje no Brasil é o aumento da criminalidade juvenil pela ausência de outras opções.

A Experiência da Escola Tia Ciata[4] foi importante por ser um projeto primordialmente de escolaridade, e pelo fato de ainda hoje não existirem propostas similares, com a dimensão e abrangência dela, desenvolvidas pelas redes de ensino públicas. Ela recebeu reconhecimento público e vários prêmios de merecimento pelo tipo de trabalho realizado. Mas o valor maior veio dos próprios alunos.

O que diferencia o Brasil dos demais países do mundo é a riqueza da diversidade cultural de seu povo em um território de dimensões continentais. Isso abre perspectivas para derrubar crises e criar alternativas econômicas para o futuro. No entanto, é preciso que haja respeito pelas diferenças culturais e que as oportunidades sociais beneficiem toda a população. Só assim nosso país poderá se constituir como uma nação.

Notas:

1. RIBEIRO, D. *Nossa escola é uma calamidade*. Rio de Janeiro: Salamandra, 1984.
2. *Ibidem*. 1984.
3. LESSA, C. "Questões da pobreza e da miséria". In: LEITE, L. C. (org.). *Brasil*: nação sequestrada. Petrópolis: Vozes; 1990.
4. LEITE, L. C. *Meninos de rua*: a infância excluída no Brasil. 5 ed. São Paulo: Atual, 2012.

Indústrias criativas x economia criativa: compreendendo a disputa entre modelos de desenvolvimento com base em Celso Furtado

*Cláudia Leitão**

Todos os povos lutam para ter acesso ao patrimônio cultural comum da humanidade, o qual se enriquece permanentemente. Resta saber quais serão os povos que continuarão a contribuir para esse enriquecimento e quais aqueles que serão relegados ao papel passivo de simples consumidores de bens culturais adquiridos nos mercados. Ter ou não ter direito à criatividade, eis a questão.

Celso Furtado

"O desenvolvimento é uma viagem com mais náufragos do que navegantes." Essa afirmação abre a segunda parte do clássico *As veias abertas da América Latina*,[1] de Eduardo Galeano. Na Comissão Econômica para a América Latina e o Caribe (CEPAL), o economista Celso Furtado foi, ao longo da segunda metade do século XX, um timoneiro sensível e sensato dessa "longa viagem" em busca de um desenvolvimento mais justo e includente. Furtado, como Galeano, estava ciente de que as visões de desenvolvimento, que atravessaram o século passado, eram especialmente daninhas para os países latino-americanos:

> A ideia de desenvolvimento apenas tem sido de utilidade para mobilizar os povos da periferia e levá-los a aceitar enormes sacrifícios, para legitimar a destruição de formas culturais "arcaicas", para "explicar"e fazer "compreender a necessidade" de destruir o meio físico, para justificar formas de dependência que reforçam o caráter predatório do sistema produtivo.[2]

---

* Professora e pesquisadora do Centro de Estudos Sociais Aplicados da Universidade Estadual do Ceará (UFC) e consultora em economia criativa.

No pensamento de Furtado, encontramos, ainda, a influência intelectual de Amartya Sen, seu colega em Cambridge, nos anos 1950, especialmente, no que se refere à compreensão do desenvolvimento como ampliação das liberdades humanas. Dessa forma, a política cultural para Furtado, teria por finalidade "liberar as forças criativas da sociedade".[3] Liberdade de criar é, portanto, essencial ao conceito de desenvolvimento e insumo maior para a transformação social. Adverte-nos, enfim, sobre o deslocamento, na civilização industrial, da lógica dos fins (voltados ao bem-estar, à liberdade e à solidariedade) para a lógica dos meios (a serviço da acumulação capitalista). A lógica dos meios, observa, trará grandes impactos negativos às liberdades criativas, aos recursos naturais, enfim, à própria humanidade dos indivíduos.[4]

Embora seja uma referência no âmbito dos estudos econômicos, o legado de Celso Furtado no campo da cultura ainda é insatisfatoriamente conhecido. E, mesmo que sua passagem pelo Ministério da Cultura (MinC) tenha sido breve (1986–88), "sua presença foi decisiva para a experimentação e a fixação de caminhos seguros pelos quais evoluiu a necessária participação do poder público na vida cultural do país".[5] Por isso, o pensamento de Furtado sobre os significados da cultura e da criatividade sobre o desenvolvimento continua de extrema atualidade, sobretudo no início do novo século, quando a Organização das Nações Unidas (ONU), por meio da sua Organização para a Educação, Ciência e Cultura (Unesco), passa a ratificar o papel estratégico da cultura como quarto pilar de desenvolvimento dos povos:

> Vitalidade cultural é sinônimo de inovação e diversidade. Cultura cria emprego, gera renda e estimula a criatividade. É um vetor multifacetado de valores e identidade. Mais que isso, a cultura é uma alavanca que promove a inclusão social e o diálogo.[6]

É surpreendente encontrarmos na Declaração de Florença, produzida em outubro de 2014, no Fórum Mundial da Unesco sobre Cultura e Indústrias Culturais, as bases das políticas culturais formuladas por Furtado três décadas antes! Seu discurso com os secretários da Cultura dos estados brasileiros em 1986 foi lapidar: "Sou da opinião de que a reflexão sobre a cultura deve ser o ponto de partida para o debate sobre as opções do desenvolvimento."[7] É admirável que, já na década de 1980, o ministro não só considerasse a cultura como fundamento maior da realização humana, mas também a percebesse como instrumento de transformação da matriz econômica do país.

Vale constatar que as reflexões de Furtado sobre cultura, criatividade e desenvolvimento são anteriores às dos teóricos das chamadas "indústrias criativas", a exemplo do inglês John Hawkins, que escreveu, em 2001, o livro *The Creative Economy – How People Can Make Money From Ideas*.[8] Se Hawkins observou que os bens e serviços culturais ganhariam cada vez mais prestígio na sociedade do conhecimento do século XXI, Furtado, por sua vez, já havia alertado décadas antes sobre as contradições dos processos de industrialização no campo da cultura e do conhecimento, assim como sobre o papel do Estado na definição e priorização de um modelo de desenvolvimento desconcentrador e independente. Portanto, para refletirmos sobre a economia dos bens simbólicos no século XXI, necessitamos mais do que nunca (re)ler os textos de Furtado acerca da dimensão cultural do desenvolvimento, especialmente aqueles relativos à formulação e à implantação de políticas públicas para o desenvolvimento local e regional, assim como às políticas para o fomento e financiamento da cultura. Ambas as temáticas continuam a afligir o campo cultural brasileiro e a desafiar o Ministério da Cultura.

Consciente dos processos industriais, produtores da concentração de riquezas dos países chamados "subdesenvolvidos", Furtado trouxe para si, na sua breve passagem pelo MinC, a responsabilidade de liderar a formulação de políticas para o financiamento da cultura, por meio de uma primeira legislação de incentivo que seria conhecida como Lei Sarney.

A Lei Sarney instituiu benefícios fiscais federais para empresas patrocinadoras de projetos realizados por produtores culturais, previamente cadastrados junto ao Ministério da Cultura [...]. O cadastro concedido indicava que o produtor estava apto a receber verbas de patrocínio que, por sua vez, estariam automaticamente incentivadas com o benefício fiscal federal. [...] o patrocinador que disponibilizava verba para realização de projetos por produtores culturais cadastrados, recebia incentivos que garantiam a possibilidade de descontar até 70% do total aplicado de seu Imposto de Renda.[9]

Devemos a essa legislação uma primeira aproximação do empresariado com o campo cultural brasileiro. Embora com dificuldade de monitoramento dos projetos incentivados, a Lei Sarney efetivou, por exemplo, inúmeras parcerias entre Estado e empresas no financiamento das artes, especialmente, dos seus corpos estáveis: companhias de dança, orquestras, entre outros. Essa "pedagogia cultural" junto às empresas foi, sem dúvida, uma das grandes contribuições de Furtado em sua passagem pelo MinC.

No governo Collor, em 1990, a legislação de incentivo fiscal à cultura seria revogada, sendo retomada somente em 1995, com a regulamentação da Lei Rouanet. Aos poucos, a nova legislação foi se tornando cada vez mais burocrática, ao mesmo tempo que permitiu para algumas atividades culturais 100% de incentivos, o que já acontecia no incentivo à indústria audiovisual. A Lei Rouanet acabará por dissolver o engajamento da iniciativa privada no desenvolvimento cultural do país. O impacto dessa transfiguração é o deslocamento das responsabilidades do Estado na formulação de políticas de fomento e financiamento da cultura para os departamentos de marketing das empresas que, por sua vez, passarão a financiar, de forma cada vez mais expressiva, as indústrias culturais. Furtado estava atento ao risco de privatização dos bens públicos, especialmente, da hegemonia das indústrias culturais diante da diversidade cultural brasileira. São suas palavras:

A criatividade artística — expressão da liberdade em uma de suas formas mais nobres — transforma-se em instrumento de ativação do processo de acumulação [...]. Quanto mais avança a acumulação, mais o sistema necessita de criatividade e mais a liberdade se subordina à lógica da acumulação [...].[10]

162 | NOVAS FORMAS DE VIVER

Crítico inclemente das sociedades capitalistas e de sua forma sofisticada de controle da criatividade e de manipulação da informação, embora fosse um grande defensor da inovação, não deixou de observar a necessidade de que o progresso tecnológico caminhasse pari passu com o acesso desses produtos às camadas mais amplas da sociedade brasileira. Como a inovação, também as indústrias culturais reproduzem a lógica industrial da acumulação e da dependência, em vez de produzirem redistribuição, colaboração ou solidariedade entre povos e nações. Tinha, enfim, consciência da fragilidade dos bens culturais, especialmente, diante dos rumos que já tomava a indústria cultural nos processos de globalização econômica.

O Brasil será marcado por toda uma gama de "sistemas de símbolos importados que com frequência ressecam nossas raízes culturais" "com a produção de bens culturais que buscam a uniformização dos padrões de comportamento, base da criação de grandes mercados".[11]

Como previu Furtado, nos países ricos as chamadas indústrias culturais e criativas passaram a ser cada vez mais festejadas e acolhidas, exatamente, por serem percebidas como etapas mais sofisticadas do sistema capitalista. Não é de se estranhar que, nesses países, não se fale sobre economia criativa, mas sim sobre indústrias criativas, aquelas caracterizadas pelo valor agregado da cultura e da ciência e tecnologia na produção de seus bens e serviços, assim como pelo *copyright*, ou seja, pela proteção dos direitos do autor/criador. Essas indústrias vêm sendo valorizadas pela sua *performance* econômica, embora não venham demonstrando capacidade de produzir inclusão social. Mas em que medida latino-americanos, caribenhos e africanos podem dividir com os países ricos os dividendos produzidos pelas indústrias criativas?

Em 2012, 25 anos depois da gestão de Celso Furtado no MinC, foi institucionalizada, no Ministério, a Secretaria da Economia Criativa (SEC), para retomar, reavivar e ressignificar as conexões entre cultura, criatividade e desenvolvimento. À sua institucionalização, precedeu um debate importante sobre a diferenciação entre "indústrias" e "economias" criativas. Na perspectiva de um conteúdo próprio às economias criativas dos países latino-americanos, a criação da SEC

BRASIL, SOCIEDADE EM MOVIMENTO | 163

constituiu uma notícia alvissareira. Sua tarefa era a de formular políticas públicas para a produção de estudos e pesquisas, o fomento e o financiamento dos micro e pequenos empreendimentos criativos, uma nova educação voltada às competências criativas, assim como a produção de marcos regulatórios que permitissem o desenvolvimento das dinâmicas econômicas dos setores culturais e criativos brasileiros.[12] Com a extinção da SEC em 2015, corremos o risco de ver a economia criativa brasileira sucumbir diante da hegemonia das indústrias criativas globais. Esse fato é preocupante, pois é responsabilidade do Estado formular políticas públicas para uma economia política da cultura e da criatividade brasileiras. O cumprimento dessa tarefa seria o maior tributo à memória de Celso Furtado.

Notas:

1. GALEANO, Eduardo. *As veias abertas da América Latina*. Rio de Janeiro: Paz e Terra, s/d.

2. FURTADO, Celso. *O mito do desenvolvimento econômico*. São Paulo: Paz e Terra, 1974.

3. FREIRE D'AGUIAR, Rosa. (org.). *Celso Furtado e a dimensão cultural do desenvolvimento*. Rio de Janeiro: Centro Internacional Celso Furtado, 2013. (E-papers). Disponível em: <http://goo.gl/N0mF33>. Acesso em: 10 jun. 2015.

4. FURTADO, Celso. *O capitalismo global*. Rio de Janeiro: Paz e Terra, 1998.

5. FURTADO, Celso. *Ensaios sobre cultura e o Ministério da Cultura*. Coautoria de Fábio Magalhães. Organização de Rosa Freire d'Aguiar. Rio de Janeiro: Contraponto e Centro Internacional Celso Furtado, 2012. (Coleção "Arquivos Celso Furtado", v. 5).

6. UNESCO. A cultura é vital na agenda global de desenvolvimento pós-2015, enfatiza a Declaração de Florença. Site da Organização das Nações Unidas para a Educação, a Ciência e a Cultura. Trecho da fala de Irina Bokova por ocasião do Terceiro Fórum Mundial da Unesco. Disponível em: <http://www.unesco.org/new/pt/brasilia/about-this-office/single-view/news/culture_is_vital_in_the_global_development_agenda_emphasizes florence_declaration/#>. Acesso em: mar. 2015.

7. FREIRE D'AGUIAR, Rosa. (org.). *Celso Furtado e a dimensão cultural do desenvolvimento*. Rio de Janeiro: Centro Internacional Celso Furtado, 2013. (E-papers). Disponível em: <http://goo.gl/N0mF33> . Acesso em: 10 jun. 2015.

8. HAWKINS, John. *The Creative Economy – How People Can Make Money From Ideas*. Londres: Penguin, 2002.

9. OLIVIERI, Cristiane Garcia. *Cultura neoliberal*: leis de incentivo como política pública de cultura. São Paulo: Instituto Pensarte, 2004.

10. FURTADO, Celso. *Criatividade e dependência na civilização industrial*. São Paulo: Companhia das Letras, 2008, p.208.

11. FURTADO, Celso. *Cultura e desenvolvimento em época de crise*. Rio de Janeiro: Paz e Terra, 1984. Citado por Carlos Brandão em "Celso Furtado: subdesenvolvimento, dependência, cultura e criatividade", *Revista de Economia Politica de las Tecnologias de la Información y de la Comunicación*, v. 14, n.1, jan-abr, 2012. Disponível em: <www.eptic.com.br>.

12. BRASIL. Ministério da Cultura. Plano da Secretaria da Economia Criativa: Políticas, Diretrizes e Ações (2011–14). Brasília: Ministério da Cultura, 2011.

Ensino superior: as escolhas difíceis para uma reforma progressista

Reginaldo C. Moraes*

Ensino superior não é apenas universidade. E universidade não é apenas ensino superior. Mas o debate brasileiro sobre o tema é hipnotizado pela figura da "universidade" ou de um modelo único no qual, hipoteticamente, se fundiriam ensino, pesquisa e extensão. Enquanto isso, na vida real, "universidades" se valorizam de outro modo, constituindo impérios comerciais.

Os anos 1990 não foram afáveis para as universidades públicas, as federais, sobretudo. Elas viam seus recursos minguarem e seus docentes se aposentarem sem serem substituídos. E, de outro lado, seus colegiados docentes recusavam-se a ampliar a oferta de vagas noturnas, fechando o acesso à maior parte dos candidatos ao ensino superior. A conjunção da atitude do governo central e dos docentes garantia, para as escolas privadas, a existência de um amplo mercado cativo, mesmo com a alta rotatividade: nos anos 1990, cerca de 40% dos ingressantes abandonavam o curso no final do primeiro ano. Daí, novo recrutamento massivo tinha de ser feito (e era viável) para manter a estrutura de custos fixos e o fluxo de lucros. A estrutura fixa, por outro lado, tinha seu custo barateado pela ação estatal, não apenas pela renúncia fiscal, que é imposta pela Constituição desde longa data, mas também pelo barateamento do capital constante por meio de uma generosa política de financiamento do Banco Nacional do Desenvolvimento Econômico e Social (BNDES). A partir de 1996, o banco viabilizou a construção de verdadeiras

---

* Professor do Departamento de Ciência Política da Universidade Estadual de Campinas (Unicamp) e pesquisador do Instituto Nacional de Ciência e Tecnologia para Estudos sobre os Estados Unidos (INCT-Ineu).•

pirâmides pelas instituições privadas, pois as universidades públicas não podiam oferecer seus imóveis como caução de empréstimos.

As escolas com fins lucrativos, ou declaradamente lucrativas, decolaram. A proporção privado/público se consolidou e, dentro do privado, o setor lucrativo cresceu bem mais do que o confessional e/ou comunitário. Paralelamente, foi se acentuando uma concentração da propriedade. Uma era de fusões e aquisições levou a uma situação em que, hoje, cinco grandes grupos, fortemente ligados ao capital financeiro, reúnem mais estudantes do que todo o sistema federal somado.

Muda o governo. Nova política para o ensino superior?

É dentro dessa trajetória que se deve examinar a mudança de governo, em 2003. Ao lado do alarmismo em relação à situação econômica — o chamado "fator Lula", que teria afundado a bolsa e catapultado o dólar —, viam-se sinais também preocupantes em focos específicos. Por exemplo, o programa de financiamento estudantil (Fundo de Financiamento Estudantil — Fies) com inadimplência recorde: aparentemente, um cenário tenebroso de escolas e clientela endividadas. As "fundações mantenedoras" — que por vezes pareciam mais propriamente "manteúdas" — apressaram-se a apresentar ao novo ministro um cenário de quebradeira iminente. Exagerada ou não, assim se fez — e, parece, assim se acreditou. O Fies foi reformado, aliviando o custo para os estudantes. E se criou o Programa Universidade para Todos (Prouni), que concede bolsas de estudo em escolas privadas. Bolsas que deveriam ser encaradas como "contrapartidas" das isenções tributárias e, nesse sentido, regulamentadas pelo Estado, não por decisões dos proprietários das escolas, como se usava fazer. Há fatos e anedotas variadas a respeito dessas gestões ditas filantrópicas, como a inclusão das bolsas para filhos de professores e funcionários em negociações de contratos coletivos ou a criação de "bolsistas parciais". Ou ainda a escola aumentava as mensalidades, dava descontos generalizados, classificados como bolsas, e, assim, supostamente demonstrava seu caráter filantrópico.

De qualquer modo, para o ramo de negócios, estas duas políticas — Fies e Prouni — tornaram mais estável o planejamento de médio e longo prazo das escolas, o que viabilizava, de fato, sua expansão ou a utilização de sua capacidade física instalada. O programa "criou isenções e imunidades", como muitos de seus críticos de esquerda alegaram? Não é bem assim. A legislação garantidora de isenções e imunidades é muito mais antiga — desde a Constituição de 1946, pelo menos. E foi confirmada na Carta de 1988. Há outro elemento a considerar quando se apontam as circunstâncias de criação do Programa Universidade para Todos. Entre 2003 e 2006, o governo federal fez várias tentativas de expandir a oferta nas federais, inclusive a de cursos noturnos, muitíssimo baixa nessas instituições. Sem efeito. Buscou-se, ainda, "capilarizar" mais a oferta fora do *campus* principal — também sem efeito. Ficava evidente um limite: a expansão dos gastos nas federais (ampliação, contratações), *per se*, não iria resolver, pelo menos em curto ou médio prazo, o problema da demanda maior; a dos estudantes noturnos, por exemplo. O governo federal ensaiou, então, duas linhas principais de intervenção nesse quadro: a) Prouni — regular as contrapartidas de isenções e imunidades, ampliando o acesso de estudantes trabalhadores, oriundos de escolas públicas, de minorias excluídas e com dificuldades de acesso aos *campi* públicos; b) Programa de Apoio a Planos de Reestruturação e Expansão das Universidades Federais (Reuni) — expansão condicionada (criar *campi* auxiliares, cursos com novo desenho e nova pedagogia, em período noturno etc.).

O Prouni sofreu ataques pela esquerda e pela direita. A esquerda denunciava a "criação" de isenções fiscais que, se impedidas, supostamente trariam recurso para a escola pública. A tese da "criação" de isenções resulta em polêmica infindável, já que é constitucional e vem de muito longe. A rigor, o setor privado convive com essa presunção constitucional, evitando que seja regulamentada em lei ordinária — de modo que resulte, como aconteceu por décadas, em terreno que tudo permite, inclusive o uso das bolsas como instrumento de manipulação política.

Mas a polêmica também gerou mal-entendidos contábeis algo caricatos. Mais de um crítico acenou com o argumento fantasma: se suspensa a renúncia fiscal, o Estado teria mais recursos para expandir as universidades federais e incorporar estudantes. Fora o mistério de aplicar recursos que deixariam de ser gerados, restava um problema prático. Os estudantes "atendidos" por essas escolas privadas não teriam como ser acolhidos pelas escolas públicas, já que 73% deles eram estudantes do noturno (censo Instituto Nacional de Estudos e Pesquisas Educacionais Anísio Teixeira — INEP, 2013). A rede federal, mesmo em 2013, tinha 30% de suas matrículas à noite. E esse número já foi muito menor. Só subiu depois de 2008, com as novas regras do REUNI. Em outras palavras, se esse dinheiro mencionado pelos autores existisse (o que é uma suposição duvidosa) e fosse aplicado nas escolas públicas então existentes, não cumpriria o papel previsto. Pode-se dizer até que seria esterilizado rapidamente. Os estudantes que vão para as escolas privadas, mesmo que quisessem, não poderiam ir para as públicas. Iriam para lugar algum.

E, por fim, seria necessário mostrar como se conseguiria obter a reversão das imunidades e isenções, garantidas pela Constituição e pela lei ordinária. Será um "déficit de vontade política", como se diagnostica? Por que razão nenhuma tentativa, mesmo tímida, de regular o setor e suas isenções chegou sequer a ser votada em plenário no Congresso? E como superar essa dificuldade?

E o REUNI? Esse programa, de 2007, encontrou resistência de segmentos muito mobilizados das comunidades acadêmicas. E, silenciosamente, empresários do setor torceram pelo seu fracasso, já que diminuiria o "mercado" de estudantes em que pescam. Alguns empresários do setor chegaram a enunciar um argumento agressivo: com o crescimento das instituições públicas, as escolas privadas enfrentariam uma concorrência desleal, pois aquelas não cobram taxas... Uma das metas das campanhas para a cobrança de mensalidade nas escolas públicas seria assegurar e mesmo ampliar o mercado das escolas privadas.

Mesmo combatido, o programa foi adiante e possibilitou a realização de milhares de concursos e contratações de professores e funcionários. Promoveu a ampliação e a construção de novos *campi* (fora das sedes), mais do que triplicando o número de municípios atendidos. O programa resultou em crescimento significativo da oferta pública — quase dobrou o número de matrículas entre 2007 e 2012. Aumentou a oferta de vagas no período noturno e o ingresso de mais estudantes de escolas públicas e de baixa renda, mais integração de minorias étnicas tradicionalmente excluídas.

Contudo, ainda assim, é claramente insuficiente para equilibrar a expansão do setor privado, que continua sendo o destino prioritário do aluno mais velho, trabalhador, frequentador do noturno. Esse, em grande medida, segue sendo usuário do FIES ou beneficiário do PROUNI.

O que esperar do futuro? E o que fazer para prepará-lo?

Cabe uma observação mais sobre o ensino superior de "massa" e sua qualidade, seu conteúdo pedagógico, cognitivo etc. Arrisco dizer que nosso sistema escolar tem se demonstrado incapaz de fornecer ao estudante conhecimentos mínimos necessários à vida como cidadão e profissional. Estima-se, por exemplo, que pelo menos 70% das ocupações existentes exijam conhecimentos que, hipoteticamente, fazem parte do que se concretiza (mal) nos oito anos de escola fundamental. Nem precisamos considerar o ensino médio. Quais conhecimentos? Redigir e ler adequadamente, fazer as quatro operações e resolver problemas simples como percentagens, regras de três, equações de primeiro grau, geometria elementar; ter noções básicas de ciências naturais e humanas (geografia, história). Hoje, rigorosamente, estamos mantendo um nível superior que, talvez (talvez!) chegue perto dessa tarefa civilizatória.

Em certo sentido, temos um problema "norte-americano" pela frente. Diante da escola média frágil (a *high school* pública), os americanos inventaram um primeiro ciclo da graduação (os dois primeiros anos do *college*) que é, basicamente, ensino médio. Nos conteúdos, esses dois anos iniciais da graduação são algo comparável ao liceu francês e ao *gymnasium* alemão. É a chamada "educação geral". Grande parte (estima-se 40%) dos americanos que têm diploma superior estaciona nesse nível, com um diploma, o *associate degree*, provido por *community colleges*. Temos um quadro algo similar? Qualquer política para o ensino superior tem de considerar a possibilidade de caracterizar desse modo aquilo que temos, de fato, no ensino superior brasileiro. Afinal: é mais do que isso que descrevemos para o caso americano? É menos? Podemos não gostar, mas, no mínimo, não é mais do que isso: não mais do que a recuperação (nem sempre bem-sucedida) do que não se fez e deveria ter sido feito nos ciclos anteriores. Talvez menos.

Há quem comece a análise de nossos problemas e saídas com um cenário "zero": trata-se de reconstruir inteiramente o edifício, com uma educação integralmente reformada desde o ventre da mãe. Esse exercício é útil e necessário para construir a escola daqueles que estão chegando e daqueles que virão. Mas... e o que fazemos com aqueles que já estão aqui e não tiveram nada disso? São milhões. Devemos ignorá-los? Será aceitável do ponto de vista ético e político? E será possível — ainda mais se pensamos que são eles que colocam para operar as engrenagens do país? E se é com eles que começaremos a construir o edifício novo?

A política para reformar o ensino deve ser sistêmica; uma política integrada, para o conjunto, da creche à pós-graduação, além de ser calcada naquilo que se quer atingir, mas levando em conta o que se tem — as instituições e as práticas, as pessoas e as competências. Muitas das soluções da reforma serão "gambiarras" provisórias, feitas para a passagem. Terão duração limitada. Outras serão mais duráveis. Sem essa modéstia no planejamento e nas metas, será difícil cultivar a ambição imprescindível dos sonhos.

Essa engenharia da inovação institucional e das políticas públicas tem de ser profundamente nacional, enraizada nas aspirações, nos comportamentos e nas inclinações dos brasileiros. Mas, ao mesmo tempo, deve ser sábia para apreender com outras sociedades, outras experiências. O samba, a modinha e o chorinho são coisa nossa e, no entanto, sabemos que foram criados a partir do que trouxemos de outros lugares. Nosso futebol, aliás, parece ter sido inventado pelos ingleses — caso contrário, talvez fosse chamado de pé na bola ou, até, de ludopédio.

Conviver com a Terra

A nova trindade do século XXI

José Graziano da Silva *

Um patrimônio inestimável, construído pela ciência na passagem do século XX para o XXI, incorporou-se à agenda política do nosso tempo para reinventar a bússola do desenvolvimento. Evidências exaustivas, colhidas em décadas de pesquisas, comprovam a interdependência entre as formas de viver e de produzir da humanidade e os sistemas ecológicos que a sustentam. O destino de um e de outro estão inexoravelmente entrelaçados. Mais que isso, sob o domínio da globalização dos mercados, qualquer instabilidade ambiental que afete um único país pode desestabilizar os preços dos alimentos em todo o planeta.

O compromisso político com a segurança alimentar emerge como um dos pilares obrigatórios na construção do chão firme que pode subtrair espaços à incerteza econômica e climática, exacerbada pela dominância financeira atual. A correlação entre a lógica do desenvolvimento e o manejo sustentável dos recursos ambientais integrou-se, assim, à pauta das nações e da cooperação internacional — como uma segunda pele inelutável.

A "condicionalidade ambiental" — expressão que sintetiza essa aderência — não deve ser encarada, no entanto, como sinônimo de um engessamento capaz de incentivar a negligência ou a paralisia. O que se descortina é um poderoso chamado ecumênico à reconciliação entre a sociedade e a natureza, e a uma cooperação internacional urgente e estratégica. Ele não rebaixa projetos, agendas ou ideologias, mas agrega a esse mosaico um denominador de empenho

---

* Diretor-geral da FAO (Organização das Nações Unidas para Agricultura e Alimentação), ex-professor da Universidade Estadual de Campinas (Unicamp), ex-ministro extraordinário de Segurança Alimentar e Combate à Fome (2003–04), responsável pela implementação do Programa Fome Zero.•

obrigatório na construção das novas referências do desenvolvimento, cuja postergação dispara sirenes cada vez mais alarmantes.

As tarefas de um futuro comum não podem ignorar graduações de responsabilidade no percurso das nações. Não admitem, entretanto, mais exceções, sejam elas ancoradas em privilégios, fronteiras, poder bélico ou estágio de desenvolvimento.

O consenso da comunidade científica internacional confere à espiral ascendente de eventos climáticos extremos um sentido de urgência que não deixa mais espaço à inércia protelatória. Qualquer que seja o relógio consultado, a resposta será sempre a mesma: uma época se despede, é forçoso cuidar do passo seguinte da história. Contribuir para erguer as linhas de passagem dessa travessia é o fundamento da ação da Organização das Nações Unidas para a Alimentação e a Agricultura (FAO).

Por conta dos laços permanentes que vinculam a agricultura aos recursos naturais e aos ciclos da natureza, a condicionalidade ambiental incide sobre todos os aspectos da segurança alimentar, desde as formas de produção, passando pelo acesso ao alimento até a composição da dieta moderna. A busca de um maior equilíbrio entre a economia e a natureza, desse ponto de vista, é análoga à aspiração por maior igualdade e oportunidade social.

Essa é a grande transformação que o século XXI nos impõe.

Na Rio+20, durante a Conferência das Nações Unidas sobre Desenvolvimento Sustentável (Cnuds), realizada em 2012, no Brasil, a FAO advertiu que não haverá desenvolvimento que possa ser chamado de sustentável, enquanto centenas de milhões de pessoas continuarem submetidas à rotina aviltante da fome. O equilíbrio entre a sociedade e a natureza não será mais que uma miragem enquanto a própria dinâmica social mantiver 800 milhões de pessoas ainda padecendo de fome. O mesmo se pode dizer em relação a 1,1 bilhão de habitantes do planeta que sobrevivem com menos de 1 dólar/dia, e aos 2,8 bilhões, com menos de 2 dólares/dia.

Metade da infância mundial — 1 bilhão de menores — é prisioneira dessa herança perversa, que se agrava pela supremacia do trabalho precário, num mundo no qual só 25% dos empregos são formalizados, mostra a Organização Internacional do Trabalho (OIT). Quatro em cada dez trabalhadores do planeta são pobres e, desde 2008, a crise mundial adicionou mais de 30 milhões de desempregados empobrecidos a esse contingente, somando um total superior a 200 milhões de pessoas fora do mercado de trabalho atualmente.

O conjunto nos coloca diante da tarefa de produzir mais, repartir melhor e de fazê-lo de forma sustentável. Seria apenas uma trindade de boas intenções se o desenvolvimento tecnológico já não permitisse equacionar as restrições de oferta, cuja superação agora depende muito mais da cooperação política para se traduzir em um futuro de maiores convergências econômica e social entre as nações e dentro de cada nação.

O Painel de Alto Nível de Especialistas em Segurança Alimentar e Nutricional, reunido em 2012, no Comitê de Segurança Alimentar Mundial, elencou cinco recomendações principais para estender um fio de coerência entre o potencial econômico, as políticas de segurança alimentar e as salvaguardas climáticas: 1) integrar as agendas da segurança alimentar e das alterações climáticas; 2) aumentar a resiliência dos sistemas alimentares para enfrentar o novo padrão do clima; 3) desenvolver estratégias de baixa emissão agrícola que não comprometam a segurança alimentar global; 4) coletar experiências locais e compartilhar esse conhecimento no âmbito mundial; 5) democratizar ao máximo a participação de todos os interessados no processo de tomada de decisão e implementação dessas agendas. Enfrentar o "paradoxo da abundância" é uma espécie de recomendação-síntese dessa lista, na medida em que incide sobre a segurança alimentar, pode poupar recursos e distribuir melhor a oferta disponível.

Na segunda Conferência Internacional de Nutrição da FAO (ICN2), em 2014, o papa Francisco lembrou que, em 1992, na reunião pioneira, o então papa João Paulo II já falava no "paradoxo da abundância" — alimentos suficientes, de um lado; a persistência da fome, de outro. Nos últimos setenta anos, a humanidade conseguiu desafiar o maltusianismo: a população mundial triplicou; a oferta *per capita* de comida aumentou em 40%, a área plantada se ampliou, a custo declinante e retorno crescente por hectare. O número de pessoas com fome caiu em 200 milhões desde 1990, e a proporção dos que passam fome recuou cerca de 40%.

A lição é clara: em que pesem todos os obstáculos conhecidos, os avanços foram consideráveis. Para ir além deles, no entanto, impõe-se agora uma redefinição das formas de produzir e do que produzir, sob o impacto das novas balizas sociais e ambientais. O modelo dos anos 1970 caducou.

Impulsionada pelo uso intensivo de insumos agrícolas e dos recursos naturais requeridos pelas variedades de alto rendimento de trigo e arroz, desenvolvidas sob a liderança de Norman Borlaug, a Revolução Verde agigantaria, então, a oferta, salvando a vida de centenas de milhões de pessoas.

A fome no sudeste asiático era uma calamidade análoga à diáspora dos imigrantes que agora se lançam nas águas do Mediterrâneo em busca de sobrevivência e frequentemente encontram a morte. O modelo intensivo mostrou inequívoca eficiência no resgate de amplos contingentes humanos à deriva no mar da fome. Ao mesmo tempo, a curva ascendente da oferta impulsionaria a tendência declinante dos preços, só interrompida com a ascensão do consumo chinês, mas que retornaria ao leito histórico agora, com a nova dianteira da oferta em relação à demanda mundial.

O modelo de intercâmbio entre abundância e degradação de recursos naturais, porém, não encontra mais sustentação em nosso tempo. Cada vez mais, será necessário não apenas aumentar a produção, mas fazê-lo com elevada eficiência ambiental e com inclusão social. Esse é o passo seguinte da luta pelo desenvolvimento, e qualquer negligência com seus fatores redundará apenas em acúmulo temporário de oferta desprovido de sustentação histórica.

A agricultura do futuro terá de se apoiar em um tripé básico. Sustentabilidade, inclusão e resiliência climática convergem para fazer da "adaptação" a palavra-chave e o denominador comum das ações e parcerias em torno das quais a FAO concentra sua contribuição para renovar o horizonte do desenvolvimento. Não se confunda adaptação com cerceamento à produção de alimentos. Não é disso que se trata num mundo que demandará um aumento de 60% da oferta para prover nove bilhões de bocas em 2050. Mas, definitivamente, será preciso fazê-lo em novas bases e incorporar protagonistas até aqui negligenciados.

A boa notícia é que há tecnologia, práticas de plantio e controle sanitário, testados e aprovados, cuja escala deve ganhar fôlego inédito pela indução de políticas públicas e da cooperação internacional. A microirrigação, que demanda menos água com maior eficiência, é um exemplo; o plantio direto, que preserva os nutrientes dos solos tropicais, outro; sementes foram melhoradas para resistir à seca; manejos agroecológicos e diferentes tipos de biotecnologia amplificam o acervo das opções para aumentar a produtividade, sem marcar de morte o meio ambiente.

A busca pela segurança alimentar e a erradicação da fome, em bases agrícolas sustentáveis, é um imperativo mandatório. A FAO definiu um protagonista, a agricultura familiar, e uma fronteira, a África, como prioridades. Tais escolhas não são aleatórias. Cerca de 70% da miséria e da insegurança alimentar no século XXI concentram-se na área rural dos países em desenvolvimento. Em 93 países, segundo levantamento feito pela FAO, esse universo representa, em média, mais de 80% das propriedades agrícolas.

Reside aí um dos principais cenários da luta em curso para ampliar a produtividade, o acesso e o manejo agroecológico sustentável. Não se trata de um nicho exótico, mas de uma estrutura capilar, que reúne mais de 500 milhões de pequenas propriedades no mundo; 16 milhões só na América Latina e no Caribe, onde geram entre 55% a 77% do emprego rural e produzem boa parte dos alimentos que chegam à mesa dos consumidores.

Mas é na África que esse protagonismo adquire dimensões históricas superlativas. Embora a taxa de urbanização cresça velozmente no continente, 60% da força de trabalho africana ainda vive junto à terra; mais de 40% da população tem menos de 15 anos, só 4% estão acima de 65 anos. Nos próximos 35 anos, a demografia continental continuará sendo predominantemente rural, o que faz da agricultura o principal atalho na construção de uma resposta inclusiva e sustentável na única região do mundo onde a fome ainda resiste em ceder. Hoje, a subnutrição penaliza um em cada quatro habitantes dos 53 países que compõem o gigante africano: a insegurança alimentar ali arrebanha um contingente que cresceu de 175 milhões de pessoas, em meados dos anos 1990, para cerca de 240 milhões atualmente.

A mensagem que esses números carregam é categórica: não existe outra hipótese de futuro para a África que não venha associada à conquista da segurança alimentar. E não será com a devastação de sua natureza exuberante, na maior fronteira de terras férteis do planeta, que esse objetivo será alcançado.

A estratégia da FAO aí se desdobra em ações e parcerias movidas por dupla velocidade: de um lado, acudir a emergência da fome; de outro, construir a resiliência para prevenir recidivas e criar anteparos a desastres climáticos recorrentes. Erguer pontes entre as duas margens é o esforço contemplado em programas de melhoramento de sementes, remuneração do trabalho na própria terra, interação entre a pequena escala, cooperativas e redes de proteção social, bem como distintas salvaguardas para impedir que arrastões climáticos impulsionem a venda de ativos e o abandono da terra para fugir da fome.

Reforçar a governança mundial, criar estoques para garantir a segurança alimentar, promover um salto sustentável de produtividade na agroecologia familiar e adensar e expandir redes de proteção dos pequenos produtores estão entre as ferramentas cruciais, do ponto de vista da FAO, para gerar maior estabilidade e novos avanços na transição econômica e ambiental do século XXI.

A globalização financeira continuará a exercer seu poder devastador de irradiar crises e potencializar os efeitos de eventos climáticos extremos em qualquer ponto do planeta. Construir contrapesos a esse carrossel insano implica subtrair espaços à incerteza. Contra a lógica errática dos mercados desregulados, é preciso dobrar a aposta na força coordenadora da cooperação internacional. Essa é a bússola da nossa Organização.

Conflitos no campo:
mudanças e permanências

*Leonilde Servolo de Medeiros**

Após trinta anos de restauração da democracia, dados recentes sobre os conflitos fundiários mostram que continuam a ocorrer enfrentamentos violentos em torno da posse da terra — expulsões, despejos e assassinatos de lideranças —, indicando a persistência da conflitualidade que marca por décadas o campo brasileiro. A título de ilustração, segundo dados da Comissão Pastoral da Terra (CPT), em 2014, foram despejadas cerca de 12 mil famílias, a grande maioria nas regiões Nordeste e Norte. Há registros de destruição de casas, roças e pertences, evidenciando a permanência de formas de violência tradicional lado a lado com a utilização de instrumentos legais. No mesmo ano, em conflitos de terra, foram assassinadas 35 pessoas, 56 sofreram ameaças de morte e 249 sofreram agressões físicas.[1]

Se nos últimos trinta anos, a figura do sem-terra tornou-se símbolo da luta por terra, novos personagens surgiram e, cada vez mais, ganham visibilidade política: quilombolas, ribeirinhos, camponeses de fundo de pasto, faxinalenses etc. Afirmando as particularidades de seus modos de vida, deram outros significados à questão fundiária. Não se trata apenas de novas identidades, mas de defesa de formas de uso da terra que colidem com as vigentes, na legislação e nas práticas estatais. As tentativas de retomadas das terras ancestrais por grupos indígenas, bem como as ameaças à demarcação de novas

---

* Professora do Programa de Pós-graduação de ciências sociais em agricultura, desenvolvimento e sociedade (CPDA)/Instituto de Ciências Humanas e Sociais (ICHS)/Universidade Federal Rural do Rio de Janeiro (UFRRJ), pesquisadora do Conselho Nacional de Desenvolvimento Científico e Tecnológico (CNPq) e da Fundação de Amparo à Pesquisa do Estado do Rio de Janeiro (FAPERJ).

reservas e aos limites das existentes, também contribuem para que a questão fundiária mantenha-se na ordem do dia. Afinal, o que está em jogo nessas disputas?

Transformações no campo e a questão fundiária

A disputa por terra e a concentração fundiária não são fenômenos novos: vêm do período colonial e correspondem, num primeiro momento, a um progressivo e violento processo de expropriação de povos indígenas e populações caboclas que viviam à sombra das grandes unidades produtivas. A independência do Brasil em 1822 só reforçou esse quadro com a introdução da noção de propriedade como direito absoluto na Constituição de 1824. A regulamentação desse direito, por meio da Lei de Terras de 1850, transformou a terra em equivalente de mercadoria e criou barreiras econômicas para o acesso a ela por parte das populações mais pobres. Não por acaso, essa lei foi aprovada no momento em que se anunciava o fim da escravidão (o fim do tráfico de escravos foi aprovado no mesmo ano) e em que já havia iniciativas de cafeicultores paulistas de trazer imigrantes europeus para trabalhar nas lavouras. Em que pese a restrição, o acesso à terra por meio do apossamento por famílias pobres continuou a ocorrer, em especial em áreas fora do interesse dos grandes fazendeiros. À medida que as lavouras de exportação expandiam-se, reinstalava-se o ciclo perverso de expropriação quer de posseiros, quer de povos indígenas.

Os conflitos por terra recrudesceram e ganharam visibilidade a partir dos anos 1950, momento em que movimentos isolados, com apoio num primeiro momento do Partido Comunista, depois das Ligas Camponesas e de setores da Igreja, passaram a se articular e se desdobrar em associações e sindicatos que lutavam por "terra para quem nela vive e trabalha". Desde então, a expressão "reforma agrária" passou a traduzir essa demanda.

O regime implantado em 1964 reprimiu fortemente as organizações camponesas, mas nem por isso o tema saiu da berlinda. O Estatuto da Terra, promulgado logo após o golpe, era mostra do reconhecimento da necessidade de regular a questão. Instituiu o princípio de que a propriedade da terra deveria cumprir uma função social, o que significava favorecer o bem-estar dos trabalhadores que nela viviam e de suas famílias; manter níveis satisfatórios de produtividade; assegurar a conservação dos recursos naturais e observar as disposições legais que regulavam as relações de trabalho. O não cumprimento da função social tornaria a propriedade passível de desapropriação. Estabeleceu ainda que os latifúndios por dimensão (maiores que 600 módulos) também poderiam ser desapropriados. Embora fosse explicitado que as desapropriações ocorreriam em áreas de conflito, estavam dados os parâmetros legais para uma reforma agrária.

Ao mesmo tempo, o novo regime estimulou a modernização tecnológica da agricultura. Crédito subsidiado, incentivos fiscais para projetos agropecuários, concessões de terras a grandes empresas nas regiões Centro-Oeste e Norte e apoio à pesquisa agropecuária foram os fatores que possibilitaram profundas transformações no campo. Imensas áreas nos cerrados e partes importantes da Amazônia, onde viviam posseiros e povos indígenas, foram progressivamente desmatadas e ocupadas por novos cultivos (como é o caso da soja) ou pela pecuária, ampliando a geografia dos conflitos por terra. Nas áreas de ocupação mais antigas, a modernização agrícola expropriou trabalhadores que viviam no interior das fazendas e gerou uma massa de migrantes, com vínculo empregatício temporário, sem acesso a direitos trabalhistas. Em outras regiões, de predomínio de pequenas propriedades, a modernização trouxe o debate em torno das alternativas de sobrevivência num contexto em que a intensificação da produção exigia também concentração da terra.

Os conflitos se multiplicaram enquanto a modernização tecnológica da agricultura caminhava a passos largos, constituindo as bases do que hoje chamamos de agronegócio. Lutas por terra, por direitos trabalhistas, por melhores preços por produtos, e por crédito barato para os pequenos agricultores foram elementos constitutivos do processo de democratização. As primeiras ocupações de terra ilustram esse fato: a partir do final da década de 1970; as greves, em especial dos canavieiros do Nordeste, Minas e São Paulo, ao longo dos anos 1980; as mobilizações dos pequenos agricultores do sul do país demandando condições para permanecer na terra; as lutas contra o deslocamento forçado para construção de projetos hidrelétricos; os enfrentamentos dos seringueiros contra a derrubada das florestas acreanas e sua substituição por pastagens.

Nesse quadro, a questão fundiária foi, mais uma vez, colocada no centro do debate político e ganhou destaque nos embates da Constituinte. A Constituição de 1988 abrigou a tese da função social da propriedade, com definição próxima à contida no Estatuto da Terra. No entanto, também afirmou que a propriedade produtiva é insuscetível de desapropriação. Isso fez com que esse princípio se impusesse sobre o anterior na interpretação da maior parte dos juízes. Por meio dessa brecha, em nome da defesa da produtividade, milhares de trabalhadores continuaram à margem dos direitos sociais e trabalhistas (o grande contingente que vem sendo denunciado como vivendo em situação de trabalho análoga à escravidão) e mantém-se a ameaça permanente de expropriação de trabalhadores das terras em que vivem e trabalham, mas da qual não tem um título considerado legal.

Nos anos 1990, as mobilizações dos trabalhadores do campo atingiram seu auge: houve os Gritos da Terra, envolvendo em especial o público sindical; a Marcha do Movimento dos Trabalhadores Rurais Sem-Terra, no ano que se seguiu a um massacre de trabalhadores em Eldorado dos Carajás, no Pará; e as sucessivas Jornadas de Abril, marcadas por protestos dos sem-terra, com ocupações em diversos pontos do país.

Como resultado dessas mobilizações e do acirramento da conflitualidade, ainda no governo Fernando Henrique Cardoso foi acelerado o ritmo dos assentamentos de trabalhadores. Foi criado também o Programa Nacional de Apoio à Agricultura Familiar (Pronaf), oferecendo crédito com juros diferenciados para agricultores de base familiar. Nos governos Lula e Dilma, ao mesmo tempo que os recursos do Pronaf cresceram, favorecendo a agricultura familiar, houve, a partir de 2007, uma redução do ritmo dos assentamentos, indicando dificuldades políticas de realização de uma reforma agrária, mesmo que limitada.

A força da propriedade da terra

Em que pese o número de famílias assentadas desde a Nova República (em torno de um milhão), o coeficiente de Gini da concentração fundiária, um dos maiores do mundo, pouco se alterou. As razões para isso são profundas, estruturais: a expansão da agricultura tecnologicamente moderna, produtora de *commodities* para os mercados internacionais, exige o controle sobre crescentes quantidades de terras, quer se apropriando de áreas ainda tomadas por matas, quer dando nova função econômica àquelas antes abandonadas pelo capital, mas onde vivem agricultores, como posseiros, agregados etc. Isso faz com que o processo de expropriação e violência seja continuado. Mesmo áreas demarcadas e regularizadas como assentamentos, reservas extrativistas ou indígenas continuam sendo objeto de disputa tanto pela ação direta de empresas, quanto por meio de pressões por mudanças legais que permitam a flexibilização do acesso a elas.

Nesse contexto, novas frentes de conflito se explicitam, em especial pela resistência das "comunidades tradicionais". Há uma enorme diversidade de situações cujo traço comum é a vinculação com a terra a partir de princípios distintos daqueles que regem a defesa da produtividade ou mesmo daqueles nos quais se ancora a ideia de desapropriação e distribuição de lotes individuais. Para tanto, essas comunidades se valem da noção de território, espaço não passível de avaliação mercantil e compensação monetária e, portanto, de venda ou indenização, posto que lugar de tradições. Paralelamente, cresce a crítica social a um padrão de produção marcado por determinado tipo de tecnologia, controlada por grandes grupos empresariais, o que torna a produção refém do patenteamento, inclusive de sementes, ameaçando as bases da biodiversidade. Essa crítica se enraíza nos riscos ambientais à saúde humana e animal, na defesa não só da segurança, mas também da soberania alimentar. Aos poucos, ganha forma a bandeira da agroecologia como modelo produtivo e princípio capaz de reorganizar as relações sociais.

Para complexificar o quadro, atualmente a disputa fundiária não se reduz ao controle sobre terras para agricultura, pecuária ou plantios florestais, mas se estende sobre as águas e o subsolo, onde estão riquezas minerais. No que diz respeito à água, ela é hoje uma das principais fontes de produção de energia, condição para a agricultura moderna, que necessita de irrigação, e para diferentes formas de aquicultura. Quanto ao subsolo, o acesso aos recursos que ele guarda é raiz de disputas que afetam diretamente grupos que, muitas vezes, vivem em terras já demarcadas como reservas indígenas extrativistas ou mesmo unidades de conservação.

Há ainda que se considerar a articulação de interesses que têm no acesso à terra o seu eixo: já não estamos apenas lidando com proprietários individuais, mas, cada vez mais, com empresas e sociedades anônimas, com capital nacional e internacional, cujo poder se impõe pela capacidade de investimentos em diferentes setores da economia, em especial nesse emaranhado de interesses que vem sendo chamado de agronegócio, e pela força política que amealharam. São grandes conglomerados internacionais, produtores de insumos químicos, maquinário agrícola e pesquisa genética, que controlam a produção, a comercialização e a transformação dos produtos e que impõem a dinâmica do processo de apropriação de terras no Brasil contemporâneo.

Com isso, famílias de sem-terra continuam acampadas; o trabalho precário nas atividades agrícolas permanece, bem como as migrações e a saturação das periferias, reiterando formas perversas de urbanização. O desgaste ambiental e a ameaça a biomas são cada vez mais visíveis. A violência no campo é uma constante, bem como a ameaça a direitos já constitucionalizados, evidenciando que a questão agrária no Brasil contemporâneo vai além da desapropriação de terras e realização de uma política de assentamentos, expondo as mazelas de um modelo de desenvolvimento extremamente concentrador e excludente.

Nota:

1. Desde 1985 a Comissão Pastoral da Terra (CPT) sistematiza e divulga dados sobre violência no campo. Disponível em: <http://goo.gl/YsyvY1>.

A sustentabilidade dos sistemas produtivos agropecuários[1]

*Ademar Ribeiro Romeiro**
*Junior Ruiz Garcia***
*Lucília Maria Parron****

Introdução

As inovações na agropecuária estavam associadas às demandas dos produtores relativas à melhoria do rendimento da terra e do trabalho e à redução dos custos de produção. No período recente, tanto o processo de produção como a própria inovação na agropecuária têm sido alterados em função de distintos interesses socioeconômicos, rurais ou não, com destaque para a questão ambiental.

O surgimento do paradigma do desenvolvimento sustentável e a intensificação dos problemas ambientais têm aumentado a capacidade de pressão dos setores preocupados com essa problemática. A crescente sensibilidade ecológica diante dos chamados "desertos verdes", encontrados nas regiões onde a monocultura foi levada ao extremo — paisagem com ausência quase completa de fauna e flora nativas, contaminação da água subterrânea e demais aspectos narrados por Rachel Carson em *Primavera silenciosa*[2] —, aumentou também a pressão por mudanças nos sistemas produtivos.

---

* Professor do Instituto de Economia da Universidade Estadual de Campinas (Unicamp). Agradece o apoio recebido do Conselho Nacional de Desenvolvimento Científico e Tecnológico (CNPq).•

** Professor do Departamento de Economia da Universidade Federal do Paraná (UFPR).

*** Pesquisadora da Empresa Brasileira de Pesquisa Agropecuária (Embrapa–Florestas).

A pesquisa agropecuária tem ampliado seu escopo, incorporando a dimensão ecológica nos sistemas produtivos, na tentativa de reduzir os impactos ambientais e sociais negativos da produção agropecuária. No Brasil, esse processo tem sido conduzido principalmente pela Empresa Brasileira de Pesquisa Agropecuária (Embrapa), que criou unidades de referência na avaliação de impactos ambientais, como a Embrapa Meio Ambiente, e na pesquisa agroecológica, a Embrapa Agrobiologia. Essa trajetória tem sido influenciada pela discussão sobre a operacionalização do desenvolvimento sustentável. Este artigo tem por objetivo discutir as mudanças ocorridas e em curso nos sistemas produtivos agropecuários.

A ecologia dos sistemas produtivos na agricultura

Ao longo da história da agricultura, a conservação do agroecossistema tinha sido condição necessária para a sua sobrevivência. Os agricultores reconheciam a importância da manutenção da resiliência dos agroecossistemas para a sustentabilidade e viabilidade da produção agrícola. A resiliência é uma importante propriedade dos ecossistemas, porque permite que resistam a impactos negativos, reequilibrando-se sem perder sua integridade. Essa resistência natural pode ser considerada um serviço ecossistêmico — provido pelo ecossistema, que afeta positivamente o grau de bem-estar da sociedade. Tal propriedade está presente nos agroecossistemas e garante a sustentabilidade dos sistemas produtivos.

Em função dessa capacidade de resistência é que as consequências degradantes das atividades humanas não se expressam linearmente no tempo e no espaço. Por exemplo, o aumento da temperatura média global não é linearmente proporcional à elevação da concentração de carbono na atmosfera. Como não há linearidade em ecossistemas complexos, há uma incerteza sobre quando ocorrem rupturas a partir de determinado ponto — limiar de resiliência, levando o sistema ao colapso. O mesmo pode suceder em agroecossistemas caso não seja respeitada a sua capacidade de suporte.

Nesse sentido, para a adoção de práticas agrícolas mais sustentáveis, é fundamental que a produção agropecuária seja entendida como um serviço ecossistêmico, mas provido por um agroecossistema modificado pela sociedade. Entretanto, a modernização agrícola ocorreu baseada num programa idealizado para ampliar a produção por meio do melhoramento genético de sementes, uso intensivo de insumos industriais (fertilizantes e agrotóxicos), mecanização (no plantio, na irrigação e na colheita) e redução do custo de manejo, uma visão reducionista e desconectada da realidade dos ecossistemas que suportam a atividade. Esse conjunto de técnicas promoveu aumentos estrondosos das produtividades agrícolas. Por exemplo, o solo era visto como um reservatório de nutrientes e de suporte físico para as plantas, cuja fertilidade poderia ser mantida apenas pelo aporte de agroquímicos. Esse é um exemplo clássico de substituição da natureza por capital, citado por economistas tecnológicos otimistas.

Mas com o avanço da ciência, o solo passou a ser compreendido como um complexo ecossistema com dinâmica própria, que deve ser respeitada e manejada, e que também provê uma série de serviços ecossistêmicos. Desse modo, a erosão não somente reduz a fertilidade e danifica a estrutura do solo, mas também afeta negativamente o fluxo de serviços ecossistêmicos, como a taxa de infiltração de água da chuva no solo, a capacidade de estocagem de água, entre outros. Nesse sentido, a adoção de práticas agrícolas conservacionistas representa a possibilidade de manutenção da estabilidade do ecossistema agrícola.

A modernização agrícola ecologicamente desequilibrada

A modernização da agricultura pode ser caracterizada pela generalização do uso da monocultura. Contudo, as consequências ecológicas desse sistema têm condicionado boa parte do esforço técnico-científico vinculado a esse processo modernizador. Assim, esta seção mostra por que a continuidade da prática da monocultura levará a uma degradação inexorável do agroecossistema. Destaca, também, quais providências devem ser adotadas para que os sistemas produtivos sejam de fato sustentáveis.

A monocultura significa, para o produtor, cultivar apenas as culturas que oferecem maior expectativa de retorno, decisão estritamente econômica. Ademais, esse modelo tem simplificado o processo produtivo ao reduzir as opções de cultivo, as necessidades de mão de obra e outros insumos e equipamentos. Esse sistema somente foi possível com a produção em larga escala dos agroquímicos, porque o grande desafio para a sua adoção era manter a fertilidade do solo e o controle de pragas e doenças.

Em sistemas produtivos simplificados, os fatores desestabilizadores ganham força, obrigando o produtor rural a recorrer a técnicas intensivas em energia para manter sua produção. Todavia, as soluções não atacam as causas do desequilíbrio, mas apenas "remedeiam" seus efeitos sobre a produção. Dessa maneira, os desequilíbrios nos agroecossistemas, em particular no solo, têm provocado uma contradição do ponto de vista das intervenções para recuperar ou manter as condições favoráveis para a realização da produção. A degradação do agroecossistema tem estimulado a dinâmica de inovações na agricultura, seja no segmento de agroquímicos, seja no uso de novos equipamentos.

Agronegócio ecológico?
A sustentabilidade dos sistemas produtivos

O agronegócio, preocupado com a redução da produtividade e com eventuais embargos internacionais a seus produtos, tem investido em tecnologias que harmonizam o sistema produtivo com os princípios da sustentabilidade. Soma-se a isso uma resposta à sociedade que exige a compatibilização da produção agrícola com a preservação e a conservação dos ecossistemas. Diversas práticas agropecuárias, como a fixação biológica de nitrogênio, o plantio direto, o sistema de integração lavoura-pecuária-floresta, a recuperação florestal de áreas degradadas e o manejo de resíduos animais, elevam a acumulação de carbono no solo, ou seja, contribuem para o sequestro desse elemento. Entre 2011 e 2015, o Brasil investiu R$ 9 bilhões[3] na política de promoção da agricultura de baixo carbono — Programa para Redução de Emissão de Gases de Efeito Estufa na Agricultura (Programa ABC).[4]

O nitrogênio é um dos nutrientes que mais limitam o crescimento das plantas nos trópicos. Por isso, a Fixação Biológica de Nitrogênio (FBN) representa uma contribuição considerável à viabilidade econômica pelo aumento da produtividade, avaliado pelo número de nódulos nas raízes das plantas e pela produção de grãos em nitrogênio acumulado nas plantas inoculadas. Os ganhos ambientais se traduzem pela redução da necessidade de aplicação de adubação química nitrogenada e pela diminuição da poluição dos recursos hídricos por nitrato. No que se refere às emissões de gases de efeito estufa (GEEs), o uso de 1 kg de fertilizante nitrogenado emite, em média, o equivalente a 10 kg de dióxido de carbono (CO_2). Uma das metas do Programa ABC é incrementar a FBN na produção de 5,5 milhões de hectares, reduzindo as emissões em 10 milhões de toneladas de CO_2 equivalente até 2020.

A erosão tem sido considerada um grave problema de degradação a ser enfrentado na monocultura. A solução encontrada tem sido a adoção de práticas como a incorporação superficial de palha, conhecida como plantio direto. É uma prática que não revolve o solo, fundamentada na presença de restos culturais sobre a superfície, na mobilização mínima do solo, no controle químico de plantas invasoras e em sistemas de sucessão e rotação de culturas. A influência do manejo do solo na absorção e disponibilidade de água está relacionada ao desenvolvimento e à produtividade das culturas, pois o estado em que se encontra a superfície do solo influencia a infiltração, a drenagem e o escorrimento superficial. Resultados de pesquisa[5] mostram que a aplicação de resíduos culturais em solo com declividade de até 5% reduz a zero o escoamento superficial e a sua perda, e a infiltração de água atinge 100%.

A Integração Lavoura-Pecuária-Floresta (ILPF) ou Agrossilvipastoril é um sistema de produção que integra na mesma área agricultura, pecuária e floresta, em cultivo consorciado, em sucessão ou rotação. Esse sistema busca associar a adequação ambiental e a viabilidade econômica da atividade agropecuária; aumentar a produtividade de bovinos, grãos, fibras e bioenergia; reincorporar pastagens degradadas ao sistema produtivo; promover o manejo adequado do solo e da água. Além disso, comparado com pastagens em plantio convencional, o sistema ILPF compensa o carbono liberado por quatro vacas por hectare, sendo que, em pastagem convencional, a compensação é de meio animal por hectare.

Outra técnica estimulada é a recuperação florestal de áreas deterioradas, que busca recuperar a funcionalidade ambiental com base na seleção e na introdução de leguminosas arbóreas e arbustivas capazes de crescer em condições adversas. Resultados de pesquisa[6] mostram o aumento da quantidade de matéria orgânica disponível no solo e da sua atividade biológica por meio do aporte de material vegetal via serapilheira. Estima-se que o Brasil possua um déficit de cerca de 43 milhões de hectares de Áreas de Preservação Permanente (APPs) e de 42 milhões de hectares de Reserva Legal (RL).[7]

Outra ação tem sido o manejo de resíduos animais, que consiste em um sistema que harmoniza as atividades das cadeias produtivas de suinocultura, o uso racional dos recursos naturais e a conservação ambiental. Dentre as ações, pode ser destacado o uso de rações balanceadas. O tratamento de resíduos animais é uma alternativa para minimizar a emissão dos GEEs e mitigar mudanças climáticas.

Por último, os recentes problemas com o aumento da resistência de agentes patogênicos e pragas em geral têm estimulado a busca por novos agroquímicos, o que tem se revelado inviável pelos custos cada vez mais elevados das pesquisas e pela crescente consciência ambiental da sociedade, estimulando a busca por soluções menos impactantes no ambiente.

Apesar de o agronegócio brasileiro ter obtido avanços no que se refere à adoção de tecnologias que associam produção agrícola e conservação ambiental, principalmente do solo, da água e da atmosfera, ainda há muito o que avançar, especialmente na definição de indicadores nacionais que mostrem a dinâmica da sustentabilidade dos processos produtivos, em função dos manejos da terra, nos diferentes biomas brasileiros.

Considerações finais

A trajetória de inovações que tem caracterizado as práticas agrícolas vem sendo condicionada pela necessidade de "contornar" os impactos negativos da monocultura sobre os ecossistemas, especialmente sobre o solo. Todavia, essa estratégia tem mostrado sinais de esgotamento, tornando-se necessária a adoção de técnicas pautadas por alguns princípios ecológicos básicos nas práticas agrícolas. Nesse sentido, a busca pela sustentabilidade dos sistemas produtivos agropecuários tem sido resultado de um processo de modernização ecologicamente desequilibrado.

Nesse aspecto, a recomendação essencial dos cientistas tem sido a recuperação da racionalidade das práticas agrícolas camponesas tradicionais, mas baseada em novos conhecimentos técnico-científicos. Os avanços na informática, na biotecnologia e no campo das geociências — geotecnologias — têm permitido organizar e gerir sistemas agrícolas mais complexos, sem reduzir significativamente a produtividade do trabalho e da terra.

Por fim, o conhecimento que gerações de camponeses praticaram de modo intuitivo e empírico revela-se, agora com base na ciência — veja o exemplo do plantio direto e as inovações conduzidas pela Embrapa e outras instituições de pesquisa agropecuária do país — como um importante conjunto de técnicas ecologicamente mais balanceadas, que usam a dinâmica dos ecossistemas em benefício dos agricultores. Desse modo, recuperar tal lógica é condição necessária para a sustentabilidade dos "modernos" sistemas produtivos na agricultura, revigorando a busca por um horizonte de sustentabilidade.

Notas:

1. As seções 2 e 3 deste trabalho foram baseadas em: ROMEIRO, A. R. "O agronegócio será ecológico". In: BAUINAIN, A.M. *et al* (orgs.). *O Mundo rural no Brasil do século XXI*. Campinas: IE/Unicamp e Embrapa, 2014.
2. CARSON, Rachel. *Primavera silenciosa*. São Paulo: Gaia, 2011.

3. FUNDAÇÃO GETULIO VARGAS. Centro de Estudos em Sustentabilidade. Programa ABC investe mais da metade do crédito disponível para 2014/2015. Disponível em: <http://goo.gl/KSaKyi>. Acesso em: 10 jun. 2015.

4. BRASIL. Ministério da Agricultura, Pecuária e Abastecimento. Plano setorial de mitigação e de adaptação às mudanças climáticas para a consolidação de uma economia de baixa emissão de carbono na agricultura. Brasília: MAPA/ACS, 2012. 173 p. Disponível em: <http://goo.gl/nGHGVP>. Acesso em: 10 jun. 2015.

5. CRUZ, J. C. *et al. Plantio direto e sustentabilidade do sistema agrícola.* Informe Agropecuário. Belo Horizonte, v. 22, n. 208, p.13-24, jan./fev. 2001. Disponível em: <http://goo.gl/a5o34h>. Acesso em: 10 jun. 2015.

6. MOREIRA, F. M. de S.; FARIA, S. M. de; BALIEIRO, F. de C.; FLORENTINO, L. A. *Bactérias fixadoras de N2 e fungos micorrízicos arbusculares em espécies florestais:* avanços e aplicações biotenológicas. FIGUEIREDO, M. do V. B.; BURITY, H. A.; OLIVEIRA, J. de P.; SANTOS, C. E. de R. e S.; STAMFORD, N. P. (Ed.). *Biotecnologia aplicada à agricultura:* textos de apoio e protocolos experimentais. Brasília, DF: Embrapa Informação Tecnológica; Recife: Instituto Agronômico de Pernambuco, 2010. 439-477.

7. Ver nota 6.

A competição por alimentos, agroenergia e florestas no Brasil

*Junior Ruiz Garcia**
*Ademar Ribeiro Romeiro***
*Antônio Marcio Buainain****

Introdução

A expansão da industrialização, motor do crescimento econômico e das transformações sociais positivas, promoveu mudanças no padrão de produção e consumo, tornando-os intensivos em energia. A demanda global por energia — cuja principal fonte é a fóssil — cresceu 2,1% ao ano entre 1971–2010, e a do Brasil, 3,4%. Segundo dados do Banco Mundial,[1] estima-se que o uso mundial *per capita* de energia primária esteja em 13,8 mil barris de petróleo equivalente, totalizando 92 bilhões de barris, e a emissão de gás carbônico (CO_2), 4,88 toneladas *per capita* por ano. No Brasil, o uso de energia *per capita* alcança 10 mil barris por ano, totalizando 2 bilhões de barris, e a emissão de CO_2 *per capita*, 2,15 toneladas.

Contudo, o aumento do preço do barril de petróleo no início do século XXI, as perspectivas e incertezas quanto à escassez do óleo e a intensificação das discussões sobre os impactos ambientais e sociais decorrentes do uso de combustíveis fósseis têm contribuído para reforçar a busca por fontes alternativas de energia. Nesse contexto, estão crescendo a pesquisa, a produção e o uso de fontes renováveis de energia, em particular o etanol de cana-de-açúcar e

---

* Professor do Departamento de Economia da Universidade Federal do Paraná (UFPR).

** Professor do Instituto de Economia da Universidade Estadual de Campinas (Unicamp). Agradece o apoio recebido do CNPq.●

*** Professor do Instituto de Economia da Unicamp.

o biodiesel produzido de oleaginosas, como soja, girassol, palma, canola e mamona.

Em razão das características naturais e das conquistas tecnológicas que possibilitaram um grande salto de produtividade da agricultura tropical e por ter sido pioneiro na produção e uso de biocombustível com o Programa Nacional de Álcool (Proálcool), criado em meados da década de 1970, o Brasil tem sido considerado a "potência" da bioenergia e possível exportador mundial de agroenergia. Em termos objetivos, o país possui de fato vantagens que amplificam essas perspectivas, como o elevado domínio técnico-científico na agricultura, a disponibilidade de terras e a atuação de um setor empresarial dinâmico. Ainda que teoricamente seja viável crescer sem ampliar a área desmatada e sem reduzir a produção de alimentos, a produção de bioenergia convive com fortes tensões associadas aos riscos de danos ambientais e ao *trade-off* entre produção de alimentos e biocombustíveis, entre segurança alimentar e segurança energética, entre economia e ambiente.

Este artigo procura responder à seguinte questão: como pode ser administrada a inevitável competição entre produção de alimentos e de agroenergia e a recuperação e/ou preservação dos ecossistemas no Brasil? Os autores consideram que essa competição pode representar uma oportunidade para promover o uso sustentável dos recursos naturais no país.

O papel da escala e da eficiência

A crescente preocupação com os efeitos da degradação ambiental no bem-estar da sociedade e a percepção da iminente escassez de recursos naturais contribuíram para o questionamento do padrão de desenvolvimento vigente no século XX. O resultado dessa preocupação foi apresentado pela Comissão do Meio Ambiente e Desenvolvimento das Nações Unidas em 1987, no Relatório Brundtland, na forma de um novo modelo de desenvolvimento, intitulado Desenvolvimento Sustentável.[2] Esse novo padrão é entendido como o desenvolvimento que permite às gerações presentes atender a suas necessidades sem comprometer a habilidade das gerações futuras em atender às delas.

Nesse relatório, destaca-se a importância da capacidade de carga do ecossistema global para manter ou mesmo ampliar o grau de bem-estar da sociedade. Isso significa que o desenvolvimento, para ser sustentável, deve considerar as restrições dadas pelo ambiente natural. No entanto, elas nem sempre se manifestam de maneira imediata e, comumente, só se revelam quando os danos já foram consumados. Por conseguinte, é preciso antecipar e evitar que ocorram perdas, em particular aquelas irreversíveis e potencialmente catastróficas.

Essa perspectiva foi reforçada a partir da ampliação do debate proposto pela perspectiva teórica econômico-ecológica, na qual a definição da escala ótima do sistema socioeconômico se sobrepõe ao papel da eficiência ótima dos modelos econômicos convencionais. Nessa ótica, a definição da escala, entendida como o limite máximo para o sistema socioeconômico utilizar os ecossistemas, precede a discussão sobre o papel da eficiência no uso dos recursos naturais. No caso da produção agropecuária, a escala representaria a disponibilidade real de terras para uso agropecuário sem comprometer o equilíbrio dos ecossistemas, e a eficiência seria dada pela tecnologia, incluindo os recursos humanos.

A consideração da escala na análise da competição entre a produção de alimentos, a agroenergia e a preservação das florestas determina duas perspectivas temporais: curto e longo prazo. No curto prazo, o aumento da eficiência, traduzido em maior rendimento por hectare (ha), pode viabilizar a expansão da produção de alimentos e de agroenergia sem a produção de alimentos e sem novos desmatamentos. Ainda há margens importantes para o aumento dos rendimentos por hectare com tecnologia disponível. Todavia, a expansão baseada na eficiência, sem incorporação de terra adicional, tem um limite entrópico e, no estado atual do desenvolvimento tecnológico, é restringida pela chamada Lei dos Rendimentos Decrescentes. A produção poderá aumentar com a introdução de novas variedades, agroquímicos e novas técnicas e máquinas, mas, se a quantidade de terras se mantiver constante, a partir de certo nível, a produção expandirá a uma taxa decrescente e, no limite, o aumento cessará.

Desse modo, mantidos os padrões tecnológicos, em dado momento, o aumento da produção exigirá o uso de novas terras e, em muitos casos, essa necessidade se traduzirá em competição entre os usos agropecuários e a preservação das florestas naturais. Porém, esse tipo de expansão também tem um limite, que é a própria disponibilidade de terras, ou seja, a escala. Logo, no curto prazo, a expansão via eficiência, sem incorporação de novas terras, é limitada pela tecnologia disponível e pela Lei dos Rendimentos Decrescentes. No longo prazo, a escala representa um limite absoluto para a expansão da produção via ocupação das terras, seja em áreas de fronteiras — novas áreas —, seja pela substituição de culturas. Claro que esses modelos assumem que o mercado sempre viabilizará a expansão, baseada seja na eficiência sem o uso adicional de terras, seja na incorporação, também eficiente, de novas terras.

O uso agrícola das terras no Brasil

O Brasil tem 851 milhões de hectares, e a área dos estabelecimentos agropecuários representava 39% desse território em 2006.[3] Isso significa 334 milhões de hectares, distribuídos em: pastagens naturais (17,3%) e plantadas (30,7%), totalizando 48%; matas naturais (28,6%); lavouras temporárias (14,7%); lavouras permanentes (3,5%); matas plantadas (1,4%); outros usos (3,9%). Portanto, em 2006, o uso das terras agropecuárias em produção ocupava 26% do território nacional.

No entanto, apenas sete culturas temporárias ocupavam 89,1% da área colhida: soja, 35,5%; milho, 23,1%; cana-de-açúcar, 11,3%; feijão, 8,4%; arroz, 4,8%; mandioca, 3,4%; trigo, 2,6%. *Stricto sensu*, apenas feijão, arroz, mandioca e trigo podem ser considerados alimentos para consumo humano, o restante (soja, milho e cana-de-açúcar) representa as culturas mistas, destinadas tanto para alimentos como insumos para outras atividades, por exemplo, ração animal e óleo vegetal, que se convertem em alimentos e agroenergia. Nas lavouras permanentes, o grau de concentração é ainda maior: 5 culturas responderam por 81,5% da área colhida: café, 42,4%; laranja, 15%; cacau, 13%; banana, 6,8%; caju, 4,8%. Nesse caso, todas alimentares.

Por sua vez, a área com pastagens alcançava 160 milhões de hectares em 2006, abrigando 176 milhões de animais (1,1 animal/ha). Embora a pecuária brasileira ainda apresente baixa produtividade, a taxa média anual do aumento desta foi de 2,5% entre 1975 e 2006. Um aspecto interessante é a transição das plantas naturais para pastagens plantadas, que, em 2006, representavam 64% da área total com pastos no país. Essa estrutura de uso das terras revela a oportunidade para a expansão da produção agrícola no médio e longo prazo, sem a incorporação de novas áreas, mas a partir apenas dos ganhos de produtividade na pecuária e do uso mais eficiente de terras hoje destinadas às lavouras temporárias.

A competição pelo uso das terras no Brasil

A agroenergia não substituirá plenamente os combustíveis fósseis nem será a mais importante fonte de energia, pois não há terras nem tecnologia suficientes para efetivar tal produção. Por outro lado, a natureza oferece muitas outras fontes de energia renovável que devem ser exploradas, da eólica à solar. Além disso, nem toda a produção de culturas agroenergéticas é concorrente direta de alimentos, e a perspectiva é que ambas sejam cada vez mais complementares. É o caso da produção de energia a partir do bagaço da cana-de-açúcar, de óleo a partir do sebo animal, de biodiesel a partir do excedente de soja, entre outros. Talvez a concorrência relevante esteja muito mais entre preservação dos ecossistemas e agropecuária como um todo do que entre alimentos e agroenergia.

Apesar dessas considerações, a competição pelo uso de terras existe e deve ser discutida. O Brasil tem um imenso potencial para a expansão da produção agropecuária, inclusive em agroenergia. Esse potencial pode ser usado com a liberação de áreas de pastagens e com ganhos de produtividade. A pecuária brasileira é caracterizada pela baixa intensidade tecnológica no uso de técnicas de recuperação/manutenção e manejo de pastagens e melhoramento genético, refletindo na baixa produtividade e na elevada incidência de pastagens degradadas.

Não existem dados oficiais sobre pastagens degradadas, porque a dificuldade está em definir o que as caracteriza. No Brasil, Dias-Filho indica que entre 50% e 70% das pastagens apresentam algum grau de degradação, isso equivale a algo em torno de 80 a 112 milhões de hectares. Uma importante causa de degradação tem sido o manejo inadequado, como o excesso de lotação no pasto, ausência de adubação periódica, falhas no estabelecimento da pastagem e problemas bióticos (ataque de pragas).[4]

A enorme área de pastagens degradadas representa um problema que ameaça a competitividade da pecuária, e ao mesmo tempo demonstra o grande potencial tanto para aumento da produtividade como para a expansão da produção agrícola. Isso poderia ser feito com investimento em manejo e recuperação de pastagens. A substituição de pastagens naturais por plantadas tem sido realizada, e poderia aumentar a produtividade da pecuária se acompanhada do manejo adequado. Essa substituição tem sido também por lavouras e outras atividades mais produtivas.

Se mantida a taxa anual de crescimento na lotação das pastagens com adequado manejo, em torno de 2,5%, em vinte anos seriam liberados em torno de 63 milhões de hectares para outros usos, dentre eles o agroenergético. Isso significa que, no curto e médio prazo, o enfrentamento da concorrência pode ser tranquilo. Todavia, ao considerar o aumento da demanda por alimentos, os ganhos em produtividade seriam suprimidos no longo prazo, o mesmo vale para a agroenergia e a necessidade de recuperação de áreas florestais para captura e armazenagem de carbono. Por conseguinte, a discussão sobre a escala ótima ocupará um lugar central nas perspectivas da capacidade de o setor agrícola prover alimentos e agroenergia, além de manter as áreas florestais.

Considerações finais

Conclui-se que a recuperação das pastagens degradadas terá um papel decisivo na dinâmica produtiva de alimentos e agroenergia no país, pois torna possível a expansão da produção sem exigir a ocupação de áreas florestais. No entanto, a discussão e o futuro se travam em dois *fronts*. O primeiro é o da tecnologia e da inovação. É preciso incentivar e viabilizar investimentos em ciência e tecnologia para aumentar o uso sustentável da base natural disponível e, consequentemente, da produção agropecuária com preservação ambiental. Mas sem ciência não há tecnologia, muito menos inovação. No campo que envolve agricultura, ambiente e interação entre natureza e desenvolvimento humano, o Brasil ainda engatinha. Contudo, talvez o desenvolvimento da ciência e da tecnologia sejam as fases mais fáceis, difícil é transformar tecnologia em inovação e difundi-la na sociedade.

No segundo *front*, está a economia, que viabiliza a transformação da tecnologia em inovação, mas que não se resume a isso. Os sinais de mercado precisam ser coerentes com os objetivos de expandir a produção agroenergética e de alimentos sem pressionar a natureza. Energia e alimentos sempre foram preços políticos, no sentido de sofrerem fortes intervenções dos governos, seja para elevá-los ou contê-los. O volume de impostos que incidem sobre os produtos agropecuários e as fontes de energia potencializa ou inviabiliza a competitividade. O exemplo do etanol brasileiro é eloquente: em poucos anos, justamente quando o setor dava saltos de produtividade na cadeia, a produção passou do céu para o inferno, da competitividade para a beira da falência, devido às mudanças nas regras institucionais, da tributação à precificação da gasolina e do petrodiesel. Como conduzir os sinais de mercado em uma trajetória consistente com o uso eficiente dos recursos e conducentes à situação desejada? A ilusão de que o Estado pode tudo de acordo com seus objetivos, sem atentar para os efeitos sobre os incentivos e a eficiência, já se desfez. Também já se desfez a ilusão de que o mercado pode dar conta do recado. Encontrar o equilíbrio não é trivial, mas é necessário para que o Brasil se transforme em uma biopotência e no celeiro do mundo.

Notas:

1. WORLD BANK. World Development Indicators. Disponível em: <http://goo.gl/Pjlx1D>. Acesso em: 11 jun. 2015.

2. A demanda para o estudo resultou de um longo processo de reflexão e debate, que teve um grande impulso em 1972, com a primeira conferência mundial sobre meio ambiente e desenvolvimento em Estocolmo. Nela, o conceito de desenvolvimento sustentável surge pela primeira vez com o nome de ecodesenvolvimento.

3. Censo Agropecuário 2006.

4. DIAS-FILHO, M.B. Diagnóstico das pastagens no Brasil. Documentos, 402. Belém: Embrapa, maio de 2014. Disponível em: <http://goo.gl/c0F0W1>. Acesso em: 11 jun. 2015.

A emergência da abordagem de serviços ecossistêmicos: implicações teóricas e práticas para os economistas

*Daniel Caixeta Andrade**
*Ademar Ribeiro Romeiro***

Introdução

Em substituição à outrora popular expressão "amenidades ambientais", a terminologia "serviços ecossistêmicos" foi usada inicialmente na década de 1970 com o objetivo de despertar no público o interesse pela conservação da biodiversidade. A partir dos anos 1990, aumentou exponencialmente o número de pesquisas, publicações e iniciativas internacionais que utilizam esse conceito como eixo analítico central. Contudo, foi apenas após a Avaliação Ecossistêmica do Milênio (AEM), conduzida entre 2001 e 2005, que a abordagem de serviços ecossistêmicos consolidou-se nas esferas acadêmica e política.

A AEM não visava criar novos conhecimentos a respeito da situação dos ecossistemas globais. O seu objetivo era a sistematização e organização das informações disponíveis sobre o estado atual de todos os ecossistemas do planeta, chamando atenção para a relação intrínseca entre sua degradação e a perda de bem-estar humano. Além de confirmar que as últimas décadas testemunharam uma destruição inédita dos sistemas naturais da Terra, a AEM reforçou o que a autora Gretchen Daily[1] já afirmava alguns anos antes: os

---

* Professor adjunto do Instituto de Economia da Universidade Federal de Uberlândia (IEUFU). (caixetaandrade@ie.ufu.br).

** Professor titular do Instituto de Economia da Universidade Estadual de Campinas (Unicamp). Agradece o apoio recebido do Conselho Nacional de Desenvolvimento Científico e Tecnológico (CNPq). (ademar@eco.unicamp.br).•

benefícios tangíveis e intangíveis provenientes dos ecossistemas são fundamentais para a manutenção e elevação do bem-estar da humanidade, ao mesmo tempo que garantem as condições de vida de todas as espécies.

Diante da emergência da abordagem de serviços ecossistêmicos, algumas perguntas são pertinentes: a) qual a relação deste debate com o campo de atuação dos economistas? b) quais são as implicações teóricas e práticas para as ciências econômicas da disseminação e estudo sistemático dos serviços ecossistêmicos? c) qual o papel e contribuição esperados do Brasil enquanto possuidor de um dos maiores patrimônios naturais da Terra?

Este artigo oferece reflexões iniciais sobre essas questões, enfatizando a relação entre serviços ecossistêmicos e o debate econômico. A nossa premissa é que o tema dos serviços ecossistêmicos é indissociável da ideia de sustentabilidade. Como as ciências econômicas devem se esforçar para compreender os meios para se atingir a elevação contínua e sustentável do bem-estar humano, e este depende da trajetória dos serviços ecossistêmicos, torna-se clara a conexão entre a problemática dos serviços ecossistêmicos e a economia.

Todavia, não é suficiente apenas aceitar essa relação, é imprescindível avançar na compreensão de suas interfaces, conhecer as implicações teóricas e práticas para os economistas, trazidas pela emergência da abordagem dos serviços ecossistêmicos.

O que são serviços ecossistêmicos?

Segundo a definição da AEM, "serviços ecossistêmicos são os benefícios que as pessoas obtêm dos ecossistemas",[2] a interface básica entre capital natural, sistema econômico e bem-estar humano. Tanto os ecossistemas naturais (florestas, por exemplo) quanto os ecossistemas manejados com base em princípios ecológicos (paisagens agrícolas) são provedores de serviços ecossistêmicos: serviço de produção, serviços de regulação (manutenção da qualidade do ar, regulação climática, controle de erosão etc.), serviços de suporte (produção primária

206 | Conviver com a Terra

de matéria orgânica, de oxigênio atmosférico, produção de solo, ciclagem de nutriente, entre outros) e serviços culturais.

Estes últimos incluem a diversidade cultural, na medida em que a própria diversidade dos ecossistemas influencia a multiplicidade das culturas, valores religiosos e espirituais, geração de conhecimento (formal e tradicional), valores educacionais e estéticos etc. Os serviços culturais estão intimamente ligados a valores e comportamentos humanos, bem como às instituições e aos padrões sociais, o que implica que a percepção dos mesmos seja contingente a diferentes grupos de indivíduos, dificultando sobremaneira a avaliação de sua oferta.

Independentemente da categoria a que pertencem, os serviços ecossistêmicos são oriundos de complexas relações entre os componentes estruturais dos ecossistemas, formados pelos seus elementos bióticos (diversidade biológica) e abióticos. Embora o homem não possa afetar diretamente a oferta desses serviços — já que é a natureza que os fornece por meio das funções ecossistêmicas —, as atividades econômicas podem comprometer negativamente sua provisão, uma vez que retiram recursos e energia do meio ambiente e os devolvem na forma de rejeitos, alterando as configurações estruturais dos ecossistemas. Esses impactos são difíceis de serem avaliados, dados certos atributos específicos e peculiares de tais serviços, como não linearidade, irreversibilidade e capacidade de resiliência.

Serviços ecossistêmicos e teoria econômica

A teoria econômica é definida por grande parte dos manuais como a ciência que estuda os meios de se alocar eficientemente recursos escassos para produções alternativas. Não há dúvida de que uma alocação eficiente dos recursos é importante para elevar o bem-estar da sociedade. Todavia o foco exclusivo na alocação é problemático por, pelo menos, dois motivos: 1) o atributo de escassez invoca a ideia de finitude e caráter transitório dos recursos; 2) o padrão de escassez dos recursos é dinâmico e pode se alterar ao longo do tempo.

Esses pontos sugerem que a alocação dos recursos deve ser sempre condicionada pelo objetivo máximo de preservação.

A ideia de que a preservação precede a alocação está presente nos princípios fundamentais da economia ecológica. Segundo essa corrente, a imposição de uma escala de uso dos recursos — uma clara alusão à necessidade de preservação — antecede a compreensão dos mecanismos pelos quais tais recursos devem ser alocados. Essa inversão de prioridades é ainda mais necessária quando se tem em conta que os serviços ecossistêmicos representam o novo e atual padrão de escassez dos recursos,[3] já que os benefícios provenientes da natureza são em sua grande maioria de essencialidade absoluta e não substituíveis, além de não admitirem alocações por meio de mecanismos puramente mercadológicos.

A interpretação usual de que a escassez do capital natural não impõe riscos ao crescimento econômico decorre fundamentalmente da excessiva ênfase na visão de que aquele seja constituído apenas por um conjunto de ativos naturais tangíveis e na desconsideração da complexidade dos processos ecológicos e do risco de perdas irreversíveis e potencialmente catastróficas. A ausência de uma compreensão holística do papel do capital natural enquanto suporte das atividades humanas reduz a análise a um problema de degradação de estoque. Esta concepção de inspiração mecanicista fundamenta epistemologicamente a teoria econômica convencional, e lhe permite evitar a complexidade envolvida em fenômenos não reversíveis.[4] Numa visão econômico-ecológica mais ampla, a depleção do capital natural deve ser vista como um processo duplamente maléfico para a sociedade: a perda de fluxos materiais tangíveis (recursos naturais) e a perda — potencialmente irreversível — de elementos que geram fluxos de benefícios intangíveis (serviços ecossistêmicos).

O tratamento do capital natural como fundo de serviços e a emergência da abordagem de serviços ecossistêmicos resultaram em uma alteração na ênfase dada às origens dos problemas ambientais. Até a década de 1970, a tônica das preocupações com a sustentabilidade estava na dimensão do meio ambiente de fornecedor de recursos naturais e energéticos (bens tangíveis). Entretanto, a emergência do

208 | CONVIVER COM A TERRA

conceito de serviços ecossistêmicos fez com que maior realce fosse destinado à oferta de benefícios intangíveis de suporte às atividades socioeconômicas, especialmente aos serviços de absorção dos resíduos gerados pela produção de bens e serviços. Nessa perspectiva, fenômenos indesejáveis como as mudanças climáticas, por exemplo, são o resultado da degradação contínua de serviços básicos oferecidos pelos sistemas naturais. A abordagem de serviços ecossistêmicos oferece, portanto, novas formas de enquadramento dos problemas ambientais de modo a facilitar o seu diagnóstico e enfrentamento.

Implicações práticas decorrentes da abordagem de serviços ecossistêmicos

Tradicionalmente, as recomendações de política para lidar com a problemática ambiental estão ancoradas no conceito de externalidades. Isto é, a degradação dos ecossistemas é tida como uma falha de mercado que seria solucionada a partir do momento em que o agente causador da externalidade negativa fosse obrigado a internalizá-la em sua estrutura de custos. Fundamentalmente, essa é a base teórica do princípio poluidor-pagador usado para a formulação de políticas ambientais.

Essa linha de raciocínio tem seus méritos apesar das dificuldades de valoração dos recursos naturais e das questões éticas aí envolvidas. Todavia, a abordagem com base na concepção dos serviços ecossistêmicos implica inverter essa lógica, no sentido de compensar os agentes econômicos que prestam o serviço (ambiental) de proteger e/ou recuperar ecossistemas de modo que voltem a fornecer serviços ecossistêmicos (e.g., proprietários rurais que conservam florestas em suas propriedades).

As políticas de compensação baseadas em Pagamentos por Serviços Ambientais (PSA), que reconhecem os custos (de oportunidade) da proteção, alteram a visão sobre o agente: se antes ele era visto como um potencial poluidor e destruidor ambiental, sendo necessário puni-lo por suas ações "antiambientalistas", as políticas de compensação consideram-no um "guardião" potencial do capital natural, caso em que se justificaria a sua premiação. No Brasil, existem diversas iniciativas de implementação de políticas desse tipo, aventando-se, inclusive, a adoção de uma Política Nacional de PSA, ainda em tramitação. Para o economista ecológico Robert Costanza,[5] a maior contribuição da abordagem dos serviços ecossistêmicos está no fato de que ela redefine o relacionamento entre a natureza e o resto da humanidade. O seu alicerce básico está na tentativa de se estabelecer uma conexão entre ciências naturais e sociais. Em decorrência disso, serviços ecossistêmicos são vistos como um *bridging concept*, cuja função precípua é reforçar e consolidar o conhecimento sobre a dependência humana em relação ao capital natural.

Considerações finais

Este artigo é um breve ensaio a respeito das implicações teóricas e práticas da emergência da abordagem de serviços ecossistêmicos para as ciências econômicas. Do ponto de vista analítico e metodológico, a utilização do conceito de serviços ecossistêmicos destaca o papel dos ecossistemas e sua biodiversidade na condição de contribuintes originais para a geração do bem-estar humano. Essa abordagem pode ser considerada um instrumento concreto para a operacionalização do conhecimento gerado por uma abordagem sistêmica e integradora das interações entre sociedade e natureza. De maneira ampla, ela tem o potencial de direcionar o foco das análises que visam à compreensão das interfaces entre natureza e meio ambiente.

Enquanto possuidor de grande patrimônio natural, o Brasil deve assumir um papel de protagonista nas discussões sobre as formas mais eficientes e justas para se preservar os fluxos de serviços ecossistêmicos. É premente, portanto, que pesquisadores brasileiros — tanto cientistas naturais quanto sociais — avancem no conhecimento sobre as conexões entre natureza, economia e sociedade a partir de uma ótica multidisciplinar. É inadmissível que esforços para a compreensão da dinâmica do sistema econômico sejam feitos sem o reconhecimento de que a natureza e suas contribuições são o suporte vital para todas as relações socioeconômicas da humanidade.

Notas:

1. DAILY, G. *Nature's Services*: Societal Dependence on Natural Ecosystem. Washington, D.C.: Island Press, 1997.

2. MILLENNIUM ECOSYSTEM ASSESSMENT. *Ecosystem and Human Well-Being*: Synthesis. Washington, D.C.: Island Press, 2005.

3. ANDRADE, D.C.; ROMEIRO, A. R.; Simões, M.S. "From an Empty to a Full World: a nova natureza, a escassez e suas implicações". *Economia e Sociedade*, Campinas, v. 21, p. 695-722, dez., 2012.

4. Neste ponto, sugerimos aos leitores o resgate da crítica pioneira de Nicholas Georgescu-Roegen à teoria econômica convencional. Para o autor, o *mainstream* econômico é uma metáfora da mecânica clássica que desconsidera solenemente a natureza entrópica do sistema econômico. Cf. GEORGESCU-ROEGEN, N. *The Entropy Law and the Economic Process*. Cambridge: Harvard University Press, 1971.

5. COSTANZA, R. Changing the Way We View Humanity and the Rest of Nature. *Solutions*, v. 2, n. 6, p. 1, nov., 2011.

Extrativismo: a pedra no caminho do desenvolvimento

*Manuela L. Picq**

É ao menos irônico que a América Latina lute contra a desigualdade usando modelos de desenvolvimento que, frequentemente, reproduzem as desigualdades coloniais. As fortes assimetrias na região são objeto de preocupação constante. Apesar da eleição de governos de esquerda no começo do milênio e do *mainstreaming* de programas de redistribuição de renda do tipo Bolsa Família, a América Latina mantém os mais altos índices de desigualdade no mundo, com coeficiente de Gini de 0,50 em 2010. A contradição reside em querer enfrentar as iniquidades com modelos de desenvolvimento extrativistas que são, eles mesmos, geradores de desigualdades.

Ideias acerca do desenvolvimento devem expandir seus enfoques predominantemente econômicos para adotar perspectivas sociais. Hoje, medidas de desenvolvimento consideram redistribuição de renda e participação para além da perspectiva restrita ao Produto Interno Bruto (PIB). No entanto, as estratégias de produzir desenvolvimento mudaram pouco. Os projetos continuam fundamentalmente extrativistas e buscam a inserção da América Latina nos mercados globais pela exportação de produtos primários. O paradigma do desenvolvimento latino-americano continua sendo a transformação da periferia em centro. Seus cálculos econômicos, não ecológicos, focalizam o aumento da produtividade e a acumulação de capital. O problema desse modelo reside no fato de que projetos extrativistas não se fazem em qualquer lugar, mas principalmente em territórios indígenas como a Amazônia. O desenvolvimento de hoje continua exibindo a mesma cara extrativista da época colonial e oligárquica,

---

* Universidad San Francisco de Quito (USFQ).

atado a uma ontologia política eurocêntrica de instrumentalização da natureza e expropriação indígena.

O sistema extrativista na América Latina não só exacerba dependências históricas, como também revela a colonialidade enraizada de conceitos desenvolvimentistas. Ainda são os povos indígenas que pagam o preço do desenvolvimento nacional, para eles sinônimo de exploração e destruição. Suas demandas de livre determinação são mais que lutas por territórios ancestrais: elas oferecem alternativas para repensar os meios e os fins do desenvolvimento. Desenvolver significa descolonizar.

Dependência extrativista

O extrativismo se confunde com as origens do Estado na América Latina. Muita coisa mudou desde a extração colonial nas minas de Potosí, mas a dependência à exportação de *commodities* não foi alterada. O extrativismo mineiro foi complementado com petróleo; a produção de soja suplantou a borracha. Entretanto, a economia regional ainda se caracteriza por padrões de exploração intensiva de recursos naturais. Longe de reverter a tendência histórica, alguns países até acentuaram sua dependência de recursos naturais e capital externo. Apesar de o extrativismo gerar baixas taxas de produtividade e escasso bem-estar, ainda assim muitos países apostam nas indústrias extrativas como motor do desenvolvimento.

O *boom* extrativista perpassa toda a região. O Peru aumentou em dez vezes suas despesas com mineração em uma década. Em 2002, 7,5 milhões de hectares foram concedidos a companhias mineiras; em 2012, esse número saltou para quase 26 milhões, o equivalente a 20% da superfície nacional. Hualgayoc é um caso extremo, com 91% do distrito cedido a companhias mineiras. A metade das exportações peruanas é de minérios destinados para a China. Não surpreende que novas leis tenham diminuído as regulações ambientais e os requerimentos de consulta prévia para satisfazer a demanda internacional. O presidente colombiano Juan Manuel Santos prometeu tornar o país *powerhouse* mineira para atrair investimentos estrangeiros. Quase 40% do território está licenciado ou sendo licenciado a companhias multinacionais para extrativismo mineiro ou petroleiro.[1] No Chile, 25% do território estava em processo de exploração extrativista em 2010. O México abriu o setor energético antes controlado pelo Estado a investimentos estrangeiros: a nova legislação autoriza multinacionais a extrair petróleo e gás natural pela primeira vez desde 1938. Em 2013, a principal exportação da Nicarágua era ouro. Até o carismático ex-presidente José Mujica louvou publicamente o extrativismo mineiro para melhorar a qualidade de vida no Uruguai.

Nesse cenário extrativista, a dependência a capitais estrangeiros tem se diversificado mais do que declinado. O novo ator regional agora é a China, que oferece empréstimos quase imediatos, mas também mais caros que o Banco Mundial. Frequentemente, os empréstimos chineses exigem acordos cruzados de venda de recursos naturais como petróleo, caso da Venezuela, que recebeu a metade dos empréstimos chineses na região desde 2005. A China compra cerca de 40% do cobre peruano e 60% do petróleo equatoriano.

O extrativismo também implica altos custos socioambientais. Indústrias extrativas desalojam comunidades, geram lixo tóxico e escassez de recursos, provocando conflitos sociopolíticos por água, solo e subsolo. O pior é a mineração a céu aberto que usa quantidades insustentáveis de água. A infame mina Marlin, na Guatemala, originalmente financiada pelo Banco Mundial e hoje propriedade da Goldcorp do Canadá, consome em uma hora a mesma quantidade de água que uma família camponesa local usa em 22 anos.[2] No Chile, a mineração consome 37% da eletricidade produzida, comparado a 28% no setor industrial e 16% no residencial. À medida que o Estado chileno expande suas fontes energéticas, também acelera desalojamentos e a transformação de terras agrícolas em projetos hidroelétricos.

BRASIL, SOCIEDADE EM MOVIMENTO | 215

Desenvolvimento em detrimento dos povos indígenas

A economia extrativista não tem uma geografia democrática: ela avança principalmente em territórios indígenas. Os povos amazônicos continuam pagando o preço desse suposto desenvolvimento à medida que a fronteira extrativa se expande na Amazônia. Desde 1970, 84% da Amazônia peruana esteve sob concessões de petróleo ou gás natural em algum momento; em 2009, mais de 40% seguiam sob concessões ativas ou em processo de negociação.[3] Cerca de 55% desse extrativismo estava localizado em territórios indígenas. Esse padrão afeta toda a Amazônia ocidental. Em 2010, o Fórum Permanente sobre Questões Indígenas das Nações Unidas reportou que 80% dos territórios legalmente reconhecidos como indígenas na Colômbia haviam sido concessionados. Isso significa quase 9 milhões de hectares de reservas indígenas designadas como áreas petroleiras. Na Amazônia oriental, estima-se que 91% da destruição da floresta tropical amazônica é consequência da agricultura animal. Na América Latina, o gado tem um custo ambiental 18 vezes maior que toda a renda que produz.

A hidroelétrica Belo Monte mostra como a Amazônia paga o preço do desenvolvimento brasileiro. Apesar da oposição popular e da resistência ativa dos povos do Xingu contra a terceira maior barragem no mundo, a presidente Dilma Rousseff insistiu em avançar com um projeto que viola direitos à livre determinação indígena. Belo Monte promete ser outra Balbina, a hidroelétrica construída pela ditadura militar em nome do desenvolvimento e que inundou uma área equivalente a sete vezes a baía de Guanabara. Como Balbina, Belo Monte já tem um impacto devastador sobre os povos e ecossistemas; como Balbina, seu *output* energético para zonas urbanas distantes não justifica a extensa destruição. Como nos anos 1970, o governo justifica megaprojetos como meio necessário para erradicar a pobreza e sustentar o crescimento econômico. De novo, os povos indígenas não foram consultados e suas demandas foram reprimidas pelo Estado. O Brasil mantém um desenvolvimentismo fundado na expropriação dos povos amazônicos. De fato, a maioria dos quinhentos megaprojetos de infraestrutura da Iniciativa para Integração da Infraestrutura Regional da América do Sul financiada pelo Brasil, está localizada na Amazônia.

A economia política extrativista se funda em desigualdades globais de exploração, entre e dentro de países, muitas vezes acompanhadas de conflitos sociais. O Observatório de Conflitos Mineiros na América Latina (OCMAL) estima haver 195 conflitos ativos atribuídos à grande mineração. Peru e Chile lideram com 34 e 33 conflitos respectivamente, seguidos do México com 28, Argentina com 26, e Brasil com 20. A megamineração afeta cerca de 300 comunidades, muitas localizadas em territórios indígenas.

Além de reproduzir a dependência histórica, o problema com tais modelos é tratar as terras indígenas como *terra nullius*, ignorando a livre determinação indígena, para adquirir seus territórios e vendê-los a indústrias extrativas alimentadas pela voracidade do capitalismo global. Os conflitos extrativistas não são meros temas secundários ou problemas indígenas. Eles invocam grandes debates sobre um modelo de desenvolvimento baseado na comercialização da natureza, nos quais a indústria extrativa é estratégica para financiar a construção do Estado.

Cosmovisão indígena para des-desenvolver

Os povos indígenas representam apenas 5% da população mundial, mas seus territórios ancestrais, que cobrem perto de 22% da superfície do planeta, resguardam 80% da biodiversidade. Apesar de a economia política extrativista que ameaça os povos indígenas ser a mesma que provoca a crise climática, esse dado fundamental parece irrelevante na América Latina. Nem as agendas sociais, nem os governos de centro ou de esquerda redefiniram o modelo regional de desenvolvimento, que tem como vítimas imediatas os povos indígenas. No longo prazo, porém, todos pagaremos o preço desse "desenvolvimento".

A livre determinação desses povos é mais que uma questão de direito internacional, como definidos pela Convenção 169 da Organização Internacional do Trabalho — OIT (1989) ou pela Declaração das Nações Unidas sobre os Povos Indígenas (2007). É um tema fundamentalmente vinculado à relação da humanidade com o meio ambiente. As culturas indígenas têm uma dimensão de responsabilidade e reciprocidade com a natureza, devolvem mais do que tomam, como a própria Amazônia evidencia. Sabemos, por exemplo, que territórios indígenas são tão ou mais eficientes em reduzir o desmatamento que zonas protegidas. Além de um direito humano, a livre determinação é uma forma de restauração ecológica. Portanto, as resistências indígenas contra megaprojetos extrativistas são formas de resistência cultural, ecológica e política.

O desenvolvimentismo indiferente à dinâmica extrativista perpetua a mercantilização da natureza — reproduzindo o paradigma de uma modernidade eurocêntrica que a subjuga ao progresso do ser humano. Os conceitos indígenas de interdependência entre homem e meio ambiente não são pré-capitalistas, mas anticapitalistas. Não são o passado político de uma América Latina moderna, mas outra forma de fazer política para uma outra América.

A usurpação unilateral de terras com fins desenvolvimentistas evoca a Doutrina da Descoberta do século XV. Bulas papais como a *Dum Diversas* (1452) promoviam a conquista de terras de infiéis por meio da escravidão de povos não cristãos, da apropriação de seus bens e ocupação de suas terras. A Europa reconheceu essa doutrina internacionalmente, legitimando assim a conquista de um continente e criando um precedente político que ainda hoje justifica a apropriação de terras indígenas na Amazônia. A geografia não cristã de ontem é a indígena de hoje. Desde que a Doutrina da Descoberta definiu a América como *terra nullius*, a violenta apropriação de terras se justifica com uma retórica de civilização, progresso e desenvolvimento. A aquisição de territórios indígenas continua sem consulta livre prévia e informada, servindo-se da mesma argumentação dada por Sepúlveda, no Debate de Valladolid, em 1551: de proteger os nativos de sua própria barbárie.

A prática da conquista, mais frequente do que se pretende, pode ser repensada como um desafio político global que diz respeito

218 | CONVIVER COM A TERRA

a todos nós indistintamente — não sendo, portanto, uma questão a ser tratada exclusivamente em fóruns indígenas. Desenvolvimento não pode ser imposto, tampouco revestido de uma aura singular. É uma prática eminentemente coletiva, caótica e diversa. Quiçá as concomitantes crises atuais — climática, social, econômica, política — sejam a oportunidade para apostar no *des-desenvolvimento* e para aprender com as cosmovivências coletivas que têm protegido o planeta e a humanidade.

Notas:

1. PEACE BRIGADE INTERNACIONAL (PBI — Colombia). Colombia — Mining in Colombia: at what cost? [s.l.]: Editorial Códice, n. 18, nov. 2011. Disponível em: <http://goo.gl/DRNmFa>. Acesso: 9 mai. 2015.
2. SANDT, J. van de. Mining Conflits Indigenous in Guatemala. The Hague: Cordaid, 2009. Disponível em: <https://www.cordaid.org/media/publications/Mining_Conflicts_and_Indigenous_Peoples_in_Guatemala.pdf>. Acesso em: 9 mai. 2015.
3. ORTA-MARTÍNEZ, M; FINER, M. Oil frontiers and indigenous resistance in the Peruvian Amazon. *Ecological Economics*, [s.l.], v.70, p. 207-218, 2010.

Alianças e conflitos

A reemergência da China

*Michael Dunford**

Introdução: a China em perspectiva histórica

A China é uma das mais antigas civilizações do mundo. Ao longo de cerca de 5.000 anos de civilização contínua, assistimos à propagação dos traços sociais, políticos e culturais chineses. A existência de um Estado forte e o exercício do poder por parte de funcionários públicos são características profundas de uma sociedade permeada por uma tradição de 2.500 anos de confucionismo e taoismo, para os quais o bem comum conta muito mais do que as aspirações individuais. Dessa tradição, advêm traços sociais especificamente chineses, incluindo conceitos de *status* e hierarquia administrativa, forte lealdade ao grupo e à nação, obediência à autoridade, respeito pelos compromissos, *guanxi* (conexões pessoais) e benevolência, que criaram características próprias nos modelos institucionais e de comportamento econômico.

Até o século XVIII e o começo da Revolução Industrial, a China não era apenas uma grande civilização, mas também líder mundial em ciência e tecnologia, e produzia 32,8% dos manufaturados no mundo. Por volta de 1860, no entanto, essa parcela se reduzira a 19,7% e, em 1913, a meros 3,6%.[1] As causas internas do declínio da China foram ainda agravadas, entre 1840 e 1949, pela penetração do comércio colonial e a tentativa de conquista por parte do Japão. Durante mais de cem anos de humilhação, a China foi invadida, forçada a assinar tratados iníquos, a ceder soberania e direitos territoriais a 19 países estrangeiros e a pagar consideráveis indenizações financeiras.

---

* Professor emérito da School of Global Studies, University of Sussex, trabalha atualmente no Instituto de Ciências Geográficas e Pesquisa de Recursos Naturais, Academia de Ciências Chinesa, em Pequim.

De 1820 a 1950, o Produto Interno Bruto (PIB) *per capita* da China caiu de US$ 600 para US$ 439 (em dólares de 1990). Em 1949, a nova China era o país mais pobre do mundo, com um PIB *per capita* bem inferior ao da Índia (US$ 619) e ao da África (US$ 852).[2] No período de 1950 a 2012, a sua participação no PIB mundial aumentou de 3,7% para 20,4%. Em 2012, a China era um país de renda média alta, um ator comercial dos mais importantes e, talvez, a maior economia do mundo. Com apenas 10% da terra arável do globo e 25% da média dos recursos hídricos por habitante, não só alimentava 20% da população mundial, mas tinha também aumentado significativamente os índices de nutrição. (O problema de escassez de recursos torna a proteção das propriedades rurais, dos recursos naturais e o uso intensivo da terra questões nacionais vitais.)

O crescimento da China, desde a criação da República Popular da China em 1949, juntamente com o de outras economias emergentes, conseguiu nos últimos anos dar início à reversão da tendência para uma crescente desigualdade de riqueza entre países criada pela Revolução Industrial e pela subsequente vaga de expansão colonial e imperial.

A sua ascensão provocou também uma extraordinária redução da pobreza mundial. De 1981 a 2005, a quase totalidade do decréscimo da pobreza na faixa dos que ganham até US$ 1 por dia ocorreu na China. Sem essa diminuição de 627,4 milhões de chineses pobres, o número de pessoas que vivem com até US$ 1,25 por dia no mundo teria aumentado.[3] O rápido crescimento econômico chinês elevou a renda de todas as faixas, mas a velocidades diferentes, ampliando a desigualdade social.

À emergência da China como um potentado econômico corresponde um maior protagonismo no palco global. Até o século XIX, a China Imperial ocupou uma posição central nas redes de relações diplomáticas, comerciais e de investimento, optando por não dominar os países vizinhos e fazendo concessões para conseguir relações mutuamente aceitáveis. Durante os seus trinta primeiros anos, a nova China adotou uma política de isolamento. Desde 1979, num mundo de Estados soberanos e intensa interação globalizada, no

224 | ALIANÇAS E CONFLITOS

qual a sua importância estratégica vem aumentando rapidamente, a China continua favorecendo a não ingerência e enfatizando o benefício mútuo. O país empenha-se em fazer amigos, mais que aliados, reconhecendo "os limites da situação de preponderância e a necessidade de manter relações assimétricas, mas serenas".[4] Em 2104, em Davos, o primeiro-ministro chinês, Li Keqiang, afirmou:

> Num mundo de civilizações diferentes, devemos procurar viver em harmonia. A diversidade cultural [...] é um tesouro precioso [...]. Diferentes culturas e religiões precisam se respeitar e viver em harmonia mútua. Mantendo estreitos laços com aqueles com que concordamos, temos de respeitar simultaneamente aqueles de quem discordamos [...]. Os membros da comunidade internacional devem trabalhar juntos na expansão das convergências, aceitando as diferenças, e perseguir o benefício mútuo através da cooperação inclusiva e da aprendizagem recíproca.[5]

A notável transformação da China, de país pobre, vítima da dominação de potências estrangeiras, para maior economia do mundo e ator de importância crescente no globo, implicou a transformação simultânea de estruturas econômicas e instituições políticas. Até 1978, essas transformações socioeconômicas eram guiadas pelo *establishment* de um Estado socialista unificado por meio de campanhas políticas, que alternavam com fases de reajustamento econômico e político. Em 1978, a Terceira Sessão Plenária do Décimo Primeiro Comitê Central do Partido Comunista Chinês (PCC) confirmou a opção pela reforma e abertura, reestruturando a economia planificada e construindo uma economia socialista de mercado (um só sistema) com vários modelos. Subsequentemente, considerando o futuro papel de Hong Kong e Macau, Deng Xiaoping avançou a ideia que predomina hoje: um país, dois sistemas.

O extraordinário sucesso da China é largamente tributável à reforma e à abertura, embora isso tenha sido possível pelo progresso social dos trinta primeiros anos da Nova China. De modo mais geral, tratava-se de torná-la um poder econômico unificado e moderno, capaz de alcançar e talvez ultrapassar o mundo ocidental, e de aumentar o nível de vida da população, preservando a estabilidade social e política. A estratégia foi centrada em dois princípios fundamentais. O primeiro era a preservação da integridade do país e da liderança do PCC. O método consistiu em alinhar os interesses burocrático-administrativos ao bem comum, aumentar a renda e melhorar o nível de vida do povo chinês, além de prevenir a emergência de centros rivais de poder político. O segundo princípio consistiu em estabelecer uma economia socialista de mercado com características chinesas (refletindo os valores tradicionais).

A ordem política chinesa, a sua estrutura administrativa e o seu sistema de governança são todos fortemente influenciados pelos ensinamentos de Confúcio. O PCC é o partido que dirige a China, mas não é o governo chinês. Depois da reforma e da abertura, o PCC se empenhou num processo de "separação do partido e do governo" e reestabeleceu o Congresso Nacional Popular como principal órgão legislativo.

A pertinência do sistema de governança deriva em parte da utilização de um sistema para avaliar e nomear funcionários, similar ao sistema tradicional dos mandarins.[6] Os funcionários são recrutados para o serviço público, empresas estatais, e carreiras do sistema social, começando pelo nível mais baixo (ke yuan). O Departamento de Organização do Comitê Central do PCC pode promovê-los depois de avaliar a sua competência, numa escala de seis níveis de progressiva responsabilidade (fu ke, ke, fu chu, chu, fu ju e ju). Fu ju e ju são funcionários de alto nível. Em 2012, havia 900 mil fu ke e ke, 600 mil fu chu e chu, e apenas 40 mil fu ju e ju. Ao fim das várias décadas, necessárias para que se atinja o nível ju, alguns poucos conseguem entrar para o Comitê Central.

A capacidade de adaptação do governo e do PCC é uma segunda vantagem do sistema de governança vigente. Na China contemporânea, a aptidão para alcançar um crescimento econômico sustentado, a capacidade de resposta, de adaptação e de reforma interna para enfrentar problemas (como a corrupção, a desigualdade e a degradação do meio ambiente) são a causa primeira da resiliência da autoridade e legitimidade do PCC e do governo.[7] Esse sistema evolutivo de governança desempenha, paralelamente, um papel de relevo na compreensão do desenvolvimento chinês.

Os progressos da China têm implicado sucessivas transformações das instituições econômicas e públicas e a adoção de programas destinados a estimular o país economicamente, em conjunção com o tratamento das contradições geradas em fases anteriores do desenvolvimento. Auxiliado pela combinação da continuidade na liderança política do partido com a capacidade de adaptação do PCC, o processo de transformação tem sido de longo prazo, estratégico, gradual ("a melhor maneira de atravessar um rio é passo a passo, sentindo as pedras à medida que se avança", disse Deng Xiaoping), experimental, pragmático ("não me importa que seja um gato preto ou branco; desde que cace ratos é um bom gato", afirmou), e não teleológico (já que não tem um ponto final definido).

Em consequência, a transição da China difere radicalmente no seu método e no objetivo almejado, embora não especificado, do tipo de transição rápida, como ocorreu em muitos países da Europa Central e Leste, o que conduziu a um dramático declínio econômico. Como Lau *et al.*[8] demonstram, a via de mão dupla da reforma de mercado na China é um mecanismo de melhoria "paretiana" para implementar a reforma. Na China, os progressos constantes das condições de existência e a simultânea introdução de uma parcial, mas progressiva liberalização do mercado, são meios para efetuar transferências implícitas e compensar, desse modo, potenciais perdedores. Assim, a reforma chinesa traz prosperidade sem criar perdedores, embora os proveitos sejam muito desiguais.

A China se define como uma economia socialista de mercado com características próprias. Hoje, os mecanismos de mercado governam a produção e a venda de bens e serviços não coletivos. Os mercados são, porém, estritamente regulados, embora em diferentes graus. Não existe propriedade privada da terra. Desde a criação do Sistema de Contrato de Responsabilidade para os Lares, a organização da agricultura baseia-se em pequenas propriedades, em geral, fazendas familiares que cultivam produtos primários e em vínculos estruturados de *marketing* e processamento. O Sistema de Registro dos Lares divide a população em unidades agrícolas e não agrícolas. O sistema financeiro repousa firmemente nos bancos, em especial em quatro bancos públicos, responsáveis por cerca de 80% dos depósitos. Muitas das mais importantes indústrias são estatais. O desenvolvimento de um vasto setor capitalista doméstico e estrangeiro é encorajado, contudo, esse é apenas um dos componentes de uma economia mista de mercado, com um forte setor público, sistema de planejamento e Estado.

O fato de o governo chinês dispor de significativos ativos econômicos é uma diferença fundamental em relação ao capitalismo ocidental. Como Meade[9] observou, o fato de o Estado possuir ativos públicos e poder usá-los eficientemente para gerar receita é uma vantagem, pois reduz a importância dos impostos e da dívida pública.

Essas singularidades econômicas, políticas e culturais fazem da ordem social da China e da sua estratégia de desenvolvimento uma realidade *sui generis*: o crescimento chinês deriva da industrialização e da urbanização de uma sociedade predominantemente rural, por vias que refletem a especificidade das suas instituições.

Figura 1 – Crescimento e transição rural-urbana na China

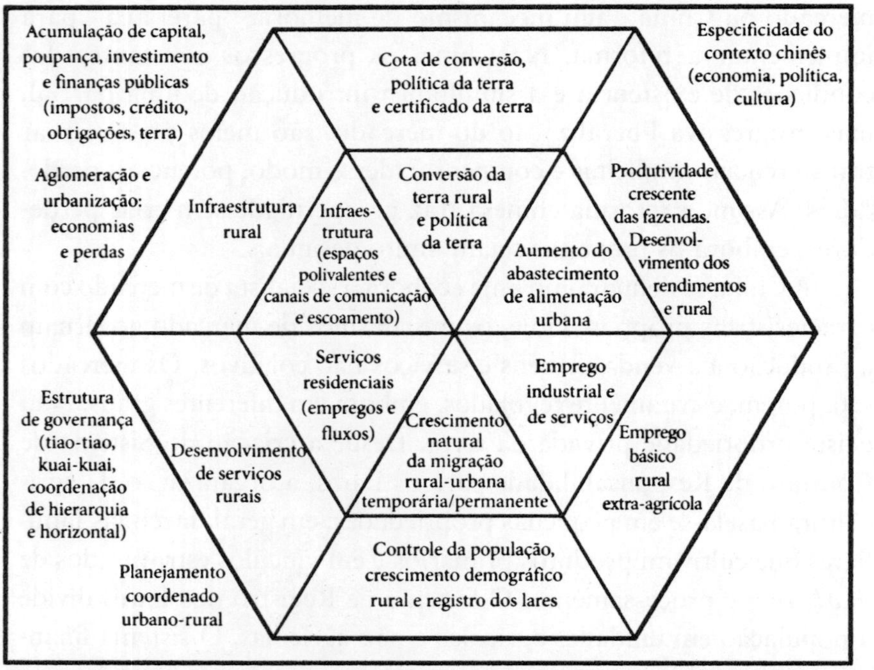

Fonte: DUNFORD, M.; LIU, W. (orgs.). *The Geographical Transformation of China. op.cit.*

O crescimento econômico da China, recursos e população

De 1949 até 1978, o PBI cresceu 4,9% em média (Figura 2), mas ocorreram flutuações severas. Ao longo desses anos, no entanto, a China mobilizou a mão de obra, aumentou a produtividade agrícola e fundou indústrias modernas, essencialmente no nordeste do país e, mais tarde, em 1964, com o início do Movimento de Terceira Frente — uma iniciativa de caráter geoestratégico —, em áreas distantes das zonas onde os conflitos dos Estados Unidos, no Vietnã, e com a União Soviética se intensificavam.

Figura 2 – PIB e crescimento do PIB da China 1950–2013

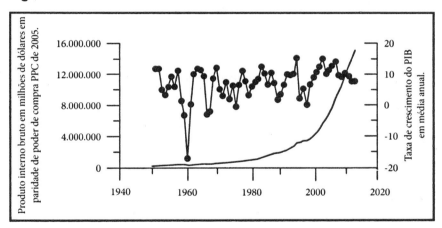

Fonte: Conference Board (2014), The Conference Board Total Economy Database™, janeiro 2014. Disponível em: <http://www.conference-board.org/data/economydatabase/>. Acesso em: 11 jun. 2015.

As medidas tomadas nesse período "socialista" tiveram um papel importante, lançando as bases para o crescimento sustentado que viria a seguir. A primeira foi o reestabelecimento de um Estado forte e unificado. A segunda foi a transformação no campo, destinada a fornecer trabalho e alimentação, embora a oferta de alimentos tenha permanecido um problema até à "revolução verde" dos anos 1970. A habilidade da China no tratamento do problema de segurança alimentar e no aumento significativo dos índices de nutrição foi também uma consequência de sua agricultura ser organizada para responder às necessidades de alimentação da própria população (em vez de, por exemplo, produzir culturas de rendimento para exportação). A difusão das estratégias e das políticas de produção agrícola foi facilitada pela existência de um completo sistema de pesquisa e administração, de serviços capilares que atingem o conjunto das povoações e lares individuais, e de um sistema de residência hierarquizado. O resultado foi que o rendimento das colheitas dos produtos de base subiu fortemente nos anos que se seguiram à Grande Fome (Figura 3). Essa produtividade, muito superior àquela que se registra, por exemplo, na África, explica em parte a discrepância na redução da pobreza, ainda que recentemente o uso excessivo de fertilizantes e pesticidas tenha contribuído para o agravamento dos problemas ambientais.

Figura 3 – Produção dos principais gêneros alimentares

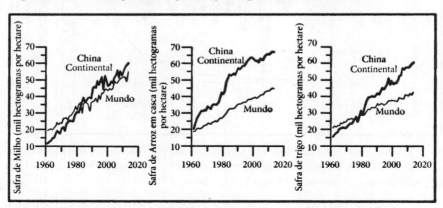

Fonte: Food and Agriculture Organization of The United Nations — FAOSTAT. Disponível em: <http://faostat.org/>.

As outras bases fundamentais estabelecidas durante essa fase dizem respeito ao tamanho e à qualificação da população. Na China, a expectativa de vida saltou de 42,2 anos para os homens, e 45,6 para as mulheres em 1950, para respectivamente 66,4 e 69,4 anos em 1982. De 1952 a 1978, a porcentagem da população analfabeta caiu de 80% para 16,4%. Consequentemente, assistiu-se a um forte crescimento da população, de 552 milhões, em 1952, para 1.017 milhões, em 1982 (Figura 4). Quando as crianças dos anos 1950 tornaram-se adultos, a faixa de jovens em idade de trabalhar também explodiu, dotando a China do final dos anos 1970 de uma enorme população jovem e educada.

Figura 4 – Crescimento da população na China, 1950–2050

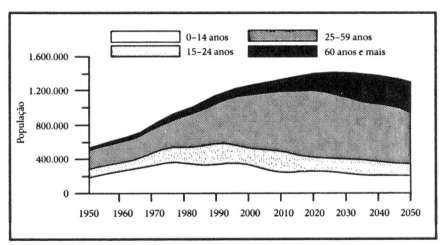

Fonte: Organização das Nações Unidas, Divisão de população, Departamento de Assuntos Econômicos e Sociais. World Population Prospects: the 2010 revision, CD-ROM edition, 2011.

3. A primeira fase da reforma e abertura

A primeira fase da reforma estendeu-se de 1978 até 1993 e envolveu o desenvolvimento da autonomia de gestão e a gradual reforma de preços. Contudo, desencadeou uma crise inflacionária e de agitação social, no final dos anos 1980, uma recessão e, em 1993, um novo surto de inflação. Em 1979, o preço de compra da produção de cereais aumentou 20%. Em 1981 foi criado o Sistema de Contrato de Responsabilidade para os Lares. Essas medidas, entre outras, ajudaram a alcançar um significativo crescimento da produção (33% entre 1978–84) e da renda.

Nas pequenas cidades, as Empresas de Distrito e Município, a nova denominação, a partir de 1984, das empresas geridas pelas comunidades e brigadas, proliferaram e absorveram o excedente de mão de obra. Em 1996, elas empregavam 135,1 milhões de pessoas.

Figura 5 – Partilha da receita fiscal e gasto na China (1959-2013)

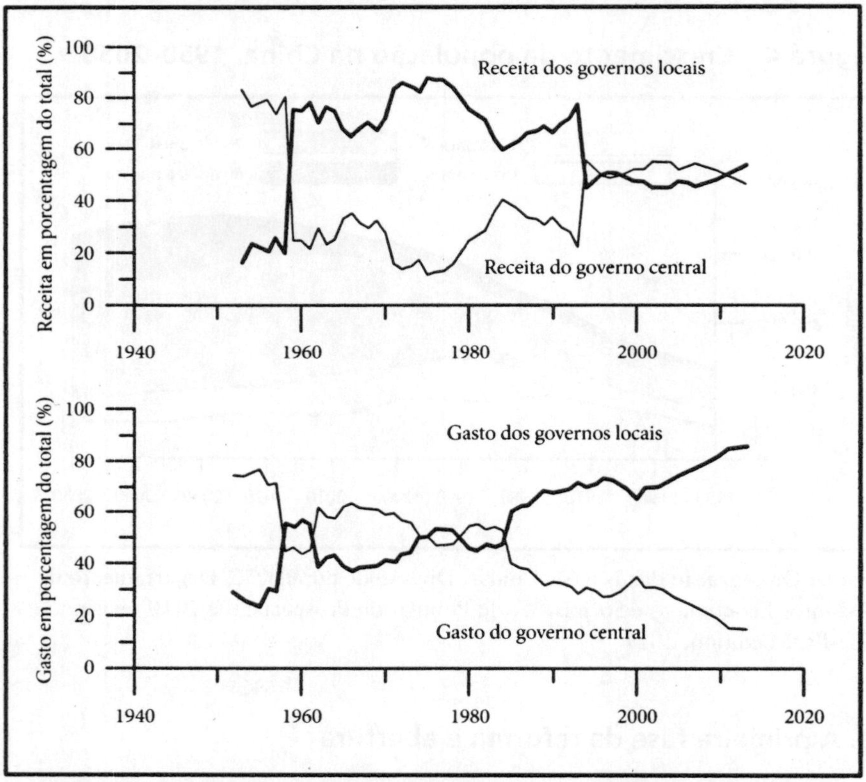

Fonte: National Bureau of Statistics, 2015. Disponível em: <http://data.stats.gov. cn/>. Acesso em: 11 jun. 2015.

Em 1984, a direção das empresas urbanas foi entregue a gestores. Em 1979 e de novo em 1984, o sistema bancário também foi reestruturado. As reformas nas empresas estatais provocaram um aumento dos salários e das receitas, mas não de produtividade, acarretando prejuízos e o crescimento das dívidas. A despesa pública expandiu consideravelmente em razão dos subsídios direcionados para as empresas estatais e para a alimentação, o que implicou a necessidade de encontrar novas fontes de renda. A situação se agravou pelo decréscimo da receita fiscal global, em consequência da adoção de um sistema de partilha da receita que levou os governos regionais a "se alimentarem em diferentes cozinhas" (a descentralização encorajando os funcionários a promoverem o desenvolvimento econômico local) (Figura 5), e ao decréscimo do total da receita orçamentária em porcentagem do PIB, de 31% em 1979, para 12,2% em 1993.

A combinação de uma maior demanda em relação à produtividade com a necessidade de mais crédito para empresas estatais e mais liquidez aumentou a inflação, que, em 1988, chegou a 18%. Os preços ao consumidor saltaram de um índice 100 em 1978, para 131,1 em 1985, 216,4 em 1990, e 396,9 em 1995. O crescente descontentamento com a erosão da segurança econômica urbana foi a principal causa da crise política de 1989.

A segunda fase da reforma e abertura

Para responder à crise, o governo tomou um conjunto de iniciativas e abriu uma segunda fase de reformas, de 1994 até 2008. O 14º Congresso do PCC, em 1992, tinha adotado o "modelo de economia de mercado socialista", métodos de gestão empresariais e uma Lei das Sociedades criando as empresas de responsabilidade limitada e por ações.

Um dos primeiros e mais importantes passos da segunda fase das reformas foi de âmbito fiscal, destinado a reforçar o poder do estado central. Esta reforma envolveu três mudanças: um papel central para os impostos, um novo sistema de partilha dos impostos; e a criação de uma administração fiscal. A receita fiscal do governo aumentou de 12,2% do PIB em 1993, para 22% em 2013. A responsabilidade pela criação de despesas não foi regulada. A diferença entre as receitas e os gastos públicos locais foi coberta por transferências (Figura 6). Os governos também passaram a sacar da terra receitas extraorçamentárias, em particular para financiar despesas dessa ordem ou para ampliar o orçamento fiscal.

BRASIL, SOCIEDADE EM MOVIMENTO | 233

Figura 6 – Transferência fiscais e receita fiscal dos governos provinciais, 2006

Fonte: National Bureau of Statistics, *op.cit.*

Para proteger a sua situação fiscal, dado o déficit das empresas estatais e o peso dos encargos sociais, a Lei das Sociedades transformou essas empresas estatais em empresas de capital aberto. De 1993 a 1997, o governo acabou com o *iron rice bowl* — a "tigela de arroz em ferro", expressão que na China designa a estabilidade de servidores de empresas públicas —, autorizou as falências, permitiu demissões e, em 1997, adotou a política de apoiar as grandes empresas, abandonando as pequenas e abrindo a porta às privatizações. Até 2004, mais de 37 milhões de trabalhadores foram despedidos; de 1907 a 2004, o emprego nas empresas públicas caiu de 107,7 para 43,4 milhões — o generoso programa Xia Gang, o rápido crescimento econômico e a rede de entreajuda familiar evitaram os possíveis conflitos.

O Estado manteve, no entanto, um papel econômico muito significativo, que lhe permitiu investir mesmo após a crise asiática de 1998–2003 e a crise financeira ocidental e mundial de 2007–08. O governo chinês conseguiu assim elevar a demanda efetiva sem acionar um sistema de planejamento administrativo.

Abertura e globalização

Paralelamente à reforma interna, a China iniciou a abertura da sua economia, anteriormente fechada ao resto do mundo. Em trinta anos, o país transformou-se em uma grande potência comercial. Em 1978, as exportações e as importações representavam, respectivamente, 4,6% e 5,1% do PIB. Em 2007, esses índices eram de extraordinários 35,7% e 29,1%, caindo para 23,3% e 20,6%, em 2013.

Figura 7 – Comércio da China continental, 1992-2013

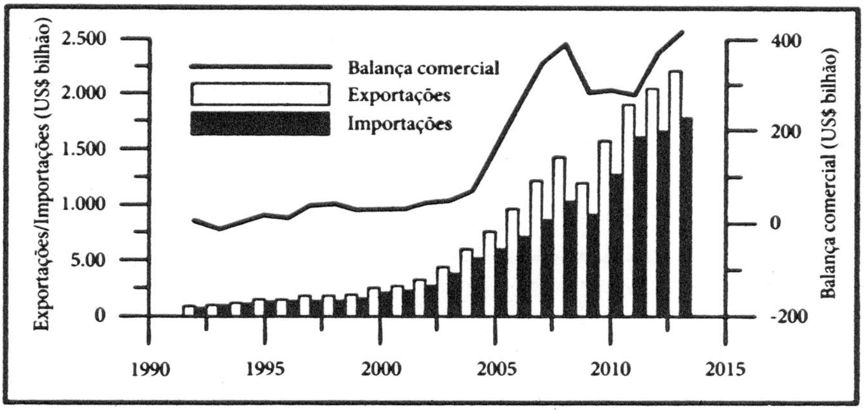

Fonte: World Integrated Trade Solution. (WTRS), 2014 UN Comtrade. Disponível em: <http://wits.worldbank.org/default.aspx> Acesso em: 11 jun. 2015.

A abertura tornou-se possível graças a uma mudança no clima internacional. Em 1979, foram autorizadas as *joint-ventures* para encorajar o investimento em setores em que as empresas chinesas não estavam presentes. Criadas as Zonas Econômicas Especiais, uma larga série de setores foi aberta para atrair investimento e adquirir numerário estrangeiros, importar tecnologia e técnicas de gestão, abrir canais comerciais para os produtos e serviços chineses e promover o desenvolvimento. Nessas zonas, os contratos eram geridos pelos governos locais. A competição entre eles era feroz, oferecendo aos investidores terra, energia e fiscalidade a preços vantajosos.

A implantação dessas Zonas Especiais foi associada a uma abordagem em duas vias: o governo encorajava a assinatura de contratos entre investidores diretos estrangeiros e subcontratantes chineses, ou parcerias em *joint-venture*. No entanto, assegurava-se de que o comércio local seria relativamente protegido e mantinha numerosos controles sobre os capitais, para evitar que as indústrias nacionais, servindo ao mercado interno, fossem destruídas pela competição estrangeira.

Figura 8 – Investimento direto estrangeiro e reservas

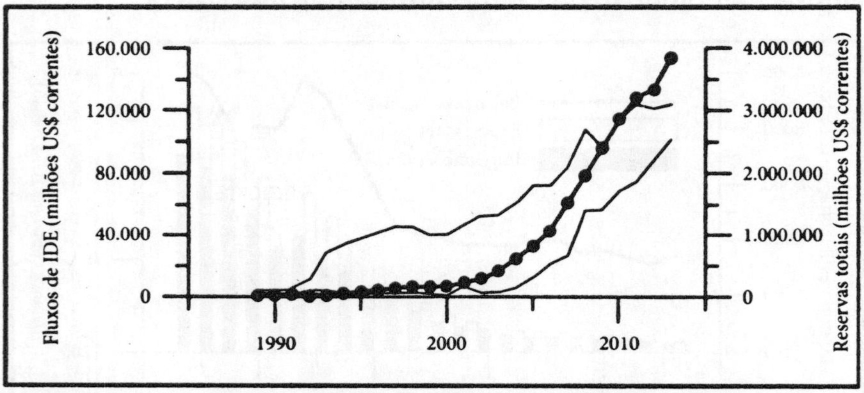

Fonte: Asia Pacific Economic Cooperation (APEC), 2014. StatsAPEC Key indicators database. Disponível em: <http://statistics.apec.org/>. Acesso em: 11 jun. 2015.

De 1992 a 1998, depois da viagem ao sul de Deng Xiaoping — quando a reforma e a abertura se acentuaram — o investimento direto estrangeiro cresceu fortemente (Figura 8), transformando a região costeira e a China num pilar da divisão internacional do trabalho, aumentando a produtividade e ajudando a reduzir a inflação. Durante a década de 1990, o país se modernizou e se qualificou, introduzindo indústrias de novas tecnologias. De 1996 a 2012, o excedente comercial relativo a máquinas de processamento de dados, por exemplo, aumentou de US$ 3,5 bilhões para US$ 185,9 bilhões. Depois da adesão da China à Organização Mundial de Comércio, o comércio se desenvolveu mais ainda, e assistiu-se a uma rápida expansão dos excedentes do comércio internacional (Figura 7), e

236 | ALIANÇAS E CONFLITOS

das reservas em moeda estrangeira, estimulada pela demanda internacional, sustentada pelo crédito nos países desenvolvidos, e pela substituição de importações das empresas chinesas.

Em direção a uma terceira fase de reforma e a um novo modelo de desenvolvimento sustentável

O modelo de desenvolvimento orientado para a exportação da segunda fase da reforma e abertura criou novas contradições. Em 2008, a crise financeira levou a uma queda severa da demanda externa. A China ainda depende largamente da exportação de produtos de massa baratos. Muito do valor é agregado fora do país, e uma boa parte desses produtos são fabricados por empresas estrangeiras radicadas em território chinês. As empresas nacionais investiram em indústrias de capital — e máquinas — intensivos e nos setores voltados para a exportação, a infraestrutura e a construção. Estas indústrias são intensivas em gastos de capital, energia e poluição e não pagam o custo social e ambiental decorrente das suas atividades. A consequência é uma degradação ambiental séria, que está sendo equacionada no novo milênio.

As indústrias nacionais estão também associadas a altas taxas de investimento, que refletem elevados índices de poupança e uma parcela relativamente baixa de consumo da parte da demanda final. E, no entanto, a China registrou os mais rápidos índices de crescimento de consumo total e doméstico do mundo, considerando os países para os quais existem dados. Entre 1978 e 2013, o consumo aumentou, em média, 8,3% por ano, e o doméstico 7,5%, com notável melhoria do nível de vida.

A formação do capital bruto tem respondido por uma larga parte do PIB, 37,8%, em 1978, 48,3%, em 2011, e 48,8%, em 2012. Porém um índice de investimento alto não indica por si só uma ênfase exagerada no investimento, em detrimento do consumo. Em 2010, o capital *per capita* na China mal atingia os 8% do capital *per capita* nos Estados Unidos e 17% do capital *per capita* na Coreia

BRASIL, SOCIEDADE EM MOVIMENTO | 237

do Sul. Como uma grande parte da população é ainda rural, porcentagens altas de investimento *per capita* são e serão necessárias para elevar a produtividade e a renda *per capita*.

A conjunção de uma grande disponibilidade de capital barato e de índices de investimento altos levaram a uma enorme expansão da indústria de manufaturados. O crescimento industrial chamou para as cidades da costa leste numerosos trabalhadores migrantes, jovens e relativamente pouco qualificados. Em 2010, eles eram 260 milhões (Figura 9). O investimento aumentou a produtividade mais rapidamente do que os salários, elevando os lucros e contribuindo para uma redução da parte dos salários no PIB, de 51,8%, em 1996, para 42,9%, em 2007, e do consumo doméstico de 45,8%, para 36,1%.

Figura 9 – Perfil etário da população urbana, rural e flutuante, 2010

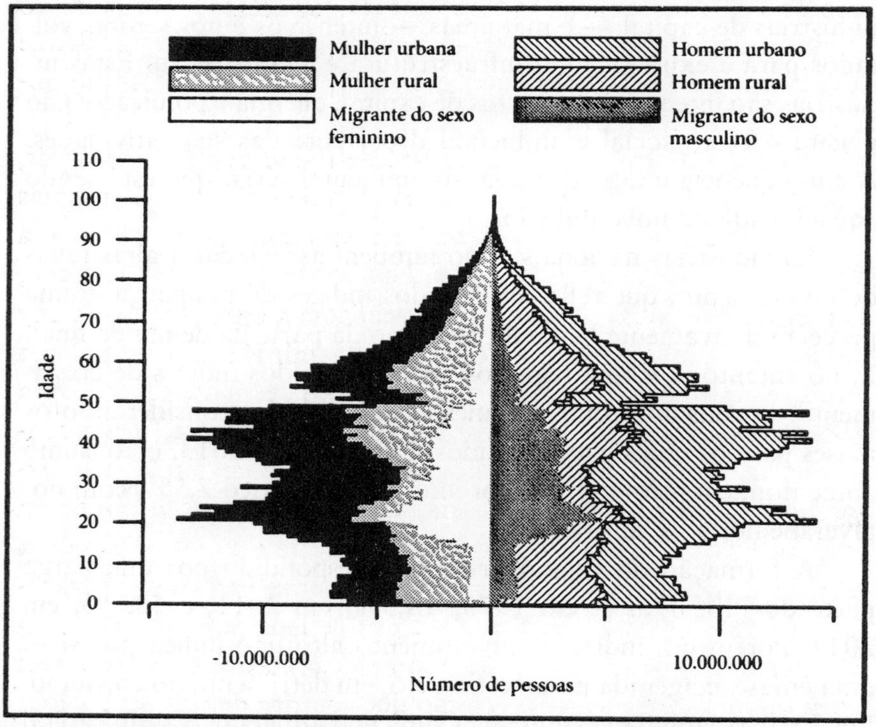

Fonte: National Bureau of Statistics, 2015. Disponível em: <http://data.stats.gov.cn/>. Acesso em: 11 jun. 2015.

Por volta do final da década de 2000, a queda da parte de salários no PIB estancou. Uma redução no tamanho relativo do potencial da mão de obra rural (Figura 4) levou ao aumento do poder de negociação dos trabalhadores. Salários mais altos obrigaram as empresas na costa leste a se modernizarem e a qualificarem a sua produção, ou a se mudarem para áreas onde eles fossem mais baixos, fora da China ou na China central ou ocidental.

Como resultado dessas tendências que vigoraram até 2008, aumentou a desigualdade de renda entre as populações urbana e rural, entre a classe média urbana com propriedades e o restante da população e entre proprietários e não proprietários. Segundo o Banco Mundial, o coeficiente Gini aumentou extraordinariamente de 29,1, em 1981, para 29,9, em 1987, 35,7, em 1996 e 42,6, em 2008, embora os índices relativos à renda e às despesas de consumo omitam o fato de uma boa parte da população rural ter acesso a recursos não mercantis significativos. No entanto, é inegável que a desigualdade de renda refreia o crescimento do enorme mercado doméstico potencial da China.

Outro problema provinha do fato de que as autoridades locais, a quem cabe 70% do gasto, procuravam aumentar as suas receitas comprando direitos de uso da terra pelo valor agrícola e vendendo a terra para empresas de construção. Nas zonas de desenvolvimento, as autoridades locais ganhavam também com a apreciação do valor das terras, embora, em muitos casos, para atrair fábricas e recolher a receita dos impostos, os direitos dos terrenos destinados à indústria fossem vendidos a um preço inferior ao valor de mercado. Em consequência, apesar da procura de receitas encorajar uma oferta excessiva de terrenos para a indústria, as autoridades locais obtinham ganhos substanciais com a valorização da terra e a crescente receita fiscal gerada pelas novas atividades econômicas, enquanto os fazendeiros recebiam relativamente pouco pelos seus direitos de uso da terra. Essa questão foi importante fonte de protestos e de incidentes e deu origem a propostas de revisão dos acordos de compensação.

A disponibilidade do crédito e o aumento do endividamento levaram também a um alto índice de investimento (e de rápida inflação no preço das moradias). De acordo com a Entidade Nacional de Auditoria, no final de junho de 2013, os governos, em vários níveis, eram responsáveis por um débito direto total de 20,7 trilhões de yuans, contra 1,63 trilhão no final de 2012. Assim mesmo, a dívida pública está abaixo das linhas de alerta internacionais, e as estimativas do peso dos potenciais empréstimos de risco indicam que são controláveis. Além disso, a China é um país credor. Os créditos não são apenas um instrumento que poderá usar para proteger a sua economia, assegurar o provimento de matérias-primas e abastecimento, adquirir tecnologias e investir no exterior, mas também fornecem uma proteção significativa contra os riscos financeiros.

A procura incessante do aumento do PIB originou graves problemas ecológicos. O crescimento da China é intensivo no dispêndio de energia, decorrente da composição do parque industrial, exacerbado pelo fato de os combustíveis fósseis cobrirem 70% das necessidades energéticas, e ainda pelo rápido crescimento do parque automotivo. A escassez de água é um segundo grave problema. A solução encontrada pelo governo foi a construção de três canais para transportar 44,8 bilhões de metros cúbicos de água por ano, do sul para o norte. Poluição do ar, poluição do solo e poluição da água são também problemas sérios, tal como uma série de alterações no ecossistema.

Esses problemas econômicos, sociais e ambientais estão na raiz da busca de um novo modelo sustentável de crescimento, não com ênfase no crescimento do PIB, mas no aumento da riqueza e capital econômico, humano, social e natural. Um país com as dimensões da China deve antes de tudo procurar o impulso para o desenvolvimento econômico na integração e expansão do mercado doméstico. A oferta de infraestrutura tem um papel importante. Em menos de dez anos, a China construiu uma nova rede de trens de alta velocidade, que já conta com quase 12 mil quilômetros de extensão. O crescimento voltado para o mercado interno também implica mudança na distribuição de renda, de modo que a dos grupos mais desfavorecidos cresça mais rapidamente, e que os salários aumentem, o que já começou a ocorrer, especialmente em algumas zonas costeiras.

Figura 10 – Evolução da população rural e emprego no setor primário e produção

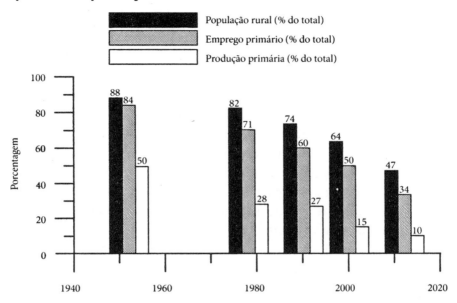

Fonte: National Bureau of Statistics, *op.cit.*

Nos próximos anos, a urbanização vai desempenhar um papel fundamental na transformação do modelo social da China e no seu crescimento econômico futuro. Em 2012, 47,4% da população era rural, em nítida queda em relação aos 82,1% de 1978. Nesse ano, 33,64% eram agricultores (ou outros trabalhadores do setor primário), embora a agricultura (e outros setores primários) só representasse 10,1% do PIB, o que explica os modestos salários rurais. No final de 2013, os residentes urbanos permanentes representavam 53,7% da população. No entanto, a parcela registrada como urbana (titular de um Hukou,[10] não agrícola) representava apenas 35,7% do total. Se em 2030 a população permanente residente alcançar 75%, a população urbana permanente aumentará cerca de 330 milhões.

A expansão da urbanização implica: aumento do poder de compra (visto que os rendimentos urbanos são mais altos que os rendimentos rurais); investimentos maciços em novas infraestruturas, em habitação, comércio e indústria, requerendo um alto índice de recursos; uma ampliação significativa do emprego e dos serviços urbanos; aumento de proteção social (saúde, pensões e seguridade social); redução da poupança; reforma do Hukou e transformação do campo para aumentar a produtividade e alimentar a população urbana.

A urbanização de tal massa de população, consequentemente o seu alto custo potencial em termos de poluição e dispêndio de recursos naturais, requer não só a criação de uma rede de cidades sustentáveis, mas também o desenvolvimento de um novo tipo de consumo e de um estilo de vida fértil em inovações que respeitem o ambiente e evitem que a expansão de renda implique o aumento de consumo de energia. Os custos devem ser controlados, de modo a pôr à disposição de um grande número de pessoas bens e serviços a preços razoáveis. O desafio envolve a criação de cidades compactas, de alta densidade e construções de grande altura, com utilização intensiva de transportes públicos, bicicletas e carros elétricos, conectadas por trens de alta velocidade, evitando os problemas criados pelas cidades horizontais, dispendiosas e ineficientes no uso da terra, em congestionamentos, e sistemas de esgoto e recolha de lixo inadequados, poluição do ar, do solo e da água. Um esforço dessa natureza requer um governo politicamente estável e exige um pensamento estratégico a longo prazo, instituições poderosas e uma sociedade participativa.

A reorientação do crescimento para a demanda interna também exigirá um desenvolvimento espacial mais igualitário. Desde 1986, a diferença entre a costa e o resto do país começou a estreitar, com as províncias centrais e ocidentais registrando índices de crescimento acima da média. Desde o ano 2000, essas regiões têm se beneficiado com investimentos de infraestrutura mais importantes, no contexto de políticas de desenvolvimento para as regiões ocidentais, centrais e do nordeste, e do programa de estímulo fiscal. Dispondo de uma população rural relativamente mais numerosa, essas regiões detêm vantagens em termos de mão de obra e salários, que são um estímulo para a transferência das indústrias de mão de obra intensiva situadas na costa leste.

Esse redirecionamento também envolve as relações internacionais da China. Desde que o país aderiu à Organização Internacional do Trabalho (OIT), a geografia do comércio internacional alterou-se significativamente no que diz respeito à Ásia (excetuando o Japão), a América Latina e a África como mercados e origem das importações (Tabela 1). As mudanças no contexto internacional e o aumento dos salários indicam que as indústrias de mão de obra intensiva se deslocarão para países de baixos salários, forçando aquelas orientadas para a exportação a se modernizarem, se qualificarem, se transferirem para a China central e ocidental ou se dirigirem ao mercado doméstico.

Tabela 1 – Exportações mais importações da China por zona, em porcentagem do total (%)

Exportações mais importações	1992	1996	2000	2004	2008	2013
Japão, Coreia, Taiwan	18,8	27,8	25,3	23,2	18,4	14,8
América do Norte	12,1	16,2	17,4	16,6	14,9	14,4
Europa Ocidental	12	14,4	15,6	15,8	16,5	14,3
ASEAN – Zona de Livre Comércio	5,5	7,3	8,5	9,5	9,4	11,1
CIS e Mongólia	4,1	2,9	2,3	2,8	4,1	4
Oriente Médio e Norte de África	2,1	2,5	4,1	4,2	6,9	7,6
América Latina, Caraíbas e Atlântico	1,8	2,3	2,7	3,6	5,8	6,5
Austrália, Nova Zelândia e Pacífico	1,7	2,1	2,1	2,2	2,7	3,8
Ásia do Sul	0,8	1,1	1,2	1,8	2,7	2,4
África subsaariana	0,7	1,1	1,8	2,1	3,5	4,3
Leste Europeu e e Europa do Sudeste	0,4	0,5	0,7	1	1,5	1,4

Fonte: WITS, 2014. *op.cit.*

Além disso, o investimento da China em outros países aumentou extraordinariamente (Figura 8) de 2004 a 2013, quando as empresas chinesas se deslocaram para o exterior ("zou chuqu"), por meio de aquisições ou crescimento orgânico. O governo chinês lançou simultaneamente ambiciosos projetos de integração econômica e política regional. Tais projetos incluem uma comunidade China–ASEAN (Associação de Nações do Sudeste Asiático, conhecida pelo acrônimo em inglês: ASEAN), um novo banco asiático de investimento em infraestrutura, uma nova Rota da Seda Marítima para o século XXI, uma Nova Cintura da Rota da Seda terrestre, a amplificação da Organização de Cooperação de Shanghai e a criação pelo BRICS (Brasil, Rússia, China e África do Sul) de um novo banco de desenvolvimento. Promovidas como *"win-win"*, essas iniciativas envolvem importantes investimentos em infraestrutura (especialmente linhas férreas e portos), facilitando transportes, assistência tecnológica e financeira, e uma rede de comércio aberto a vantagens competitivas e sinergias, o que levará a uma maior produção e a um comércio mais sofisticado.

Conclusões

Em apenas trinta anos de reforma e abertura a China progrediu de forma notável, e conseguiu uma importante redução da pobreza. Esses progressos só foram possíveis devido às melhorias na educação, na saúde, alcançadas durante os primeiros trinta anos da nova China. Esse processo envolveu uma série de estágios, em que se resolveram os problemas e as contradições resultantes dos estágios anteriores. Atualmente, a China defronta-se com novos desafios que requerem a criação de um novo modelo de consumo e de crescimento sustentável, menos intensivo em capital e energia, que inclua um novo contrato destinado a reduzir as desigualdades sociais e territoriais e garantir cobertura de saúde universal. Deve, sobretudo, procurar resolver a questão da sustentabilidade ambiental. No centro desses desafios domésticos, encontra-se o desenvolvimento de um novo modelo de urbanização sustentável, enquanto no cenário mundial a China reemerge como um ator global, desenvolve ativamente novas redes de relações internacionais e procura o seu lugar em um novo mundo multipolar, e provavelmente menos desigual.

Notas:

1. BAIROCH, P. *Victoires et déboires*. Histoire économique et sociale du XVI ème siècle à nos jours. Paris: Editions Gallimard, 1977. 860 p. (v. 3)

2. MADDISON, A. *The world economy*: A millennial perspective. Paris: OCDE, 2001. p. 264.

3. SHAOHUA, C.; MARTIN, R. The Developing World is Poorer than We Thought, But no Less Successful in the Fight Against Poverty. *Research Working Paper*, Washington, D.C., v. 1, 2010. Disponível em: <http://econ.worldbank.org/external/default/main?pagePK=64165259&piPK=64 165421&theSitePK=469>.

4. WOMACK, B. Assymmetry an China's Tributary System. *Chinese Journal of International Politics,* Oxford, Reino Unido, v. 5, 37-54, p. 2012.

5. KEQIANG, Li. "Report on the Work of the Government". Texto apresentado na Second Session of the Twelfth National People's Congress, mar. 2014. Disponível em: <http://goo.gl/VZe14L>. Acesso em: 11 jun. 2015.

6. LI, Eric. "China and the End of Meta-Narratives". *China. org. cn.* Pequim, 19 jul. 2013. China, [s.p.] Disponível em: <http://goo.gl/VIhxW9>. Acesso em: 11 de jun. 2015.

7. DUNFORD, M.; LIU, W. (org.) *The Geographical Transformation of China.* Londres/Nova York: Routledge, 2015.

8. LAU, J. *et al.* "Reform Without Losers: an Interpretation of China's Dual Track Approach to Transition". *Journal of Political Economy,* v. 108, n. 1, p.120-143, 2000.

9. MEADE, J. E. *Efficiency, equality, and the ownership of property.* Londres: Allen & Unwin, 1964. p. 62.

10. O Hukou é uma carteira de registro de residência, urbana ou rural, cujo objetivo é controlar a migração de populações e definir e permitir o acesso a outros serviços, de alojamento, educação, saúde etc. [N. E.]

Um dragão nos trópicos[1]

Marcos Costa Lima [*]

> *"La légitimité du régime impérial ne reposait pas sur les représentations politiques des grands acteurs sociaux, mais sur le bien être élémentaire de la population."*
>
> Michel Aglietta e Guo Baï[2]

1. A China superlativa

Passados quinze anos desde o início do século XXI, é fundamental reconhecer que a China preparou-se para o futuro. Seus feitos são superlativos em um largo espectro de atividades que cobre a economia, a infraestrutura e as políticas sociais, para além das impressionantes taxas de crescimento do Produto Interno Bruto (PIB) desde 1978; dos investimentos em infraestrutura, que cresceram muito mais rápido do que a economia como um todo, passando de 2% a 3% do PIB no início dos anos 1980, para 9% entre 1998–2002; da redução da taxa nacional de pobreza de 84,0% em 1981, para 13,1%, em 2008, retirando mais de meio bilhão de pessoas da extrema pobreza.[3] Houve uma fantástica reforma educacional, pois a China tinha em 1978 apenas 400 mil estudantes matriculados na universidade, mas depois que o país reintroduziu o vestibular, em 2007, o número de graduandos e de pós-graduandos regulares atingiu 11,4 milhões, o número de alunos secundários chegou a 20 milhões, e as escolas superiores vocacionais atingiram 8,61 milhões.[4] Também na saúde, antes de 1980, o país ainda não havia consolidado a sua base econômica e o nível de vida da população era baixo, segundo Wang,[5] mas o setor tornou--se referência para todo o mundo e ficou conhecido como "medici-

---

[*] Professor da Universidade Federal do Pernambuco (UFPE).•

na pé-descalço". Considerando dois indicadores que são comumente utilizados para aferir o nível de saúde de uma população, a saber, a expectativa de vida e a mortalidade infantil, diz Wang:

> Quando os comunistas chegaram ao poder, em 1949, os indicadores de saúde da China estavam entre os mais baixos do mundo. Por volta do final dos anos 1970, a China tinha se transformado numa nação com um dos mais abrangentes sistemas de redes de saúde, com 80% a 85% de sua população desfrutando de acesso aos cuidados básicos de saúde. Em menos de 30 anos, a expectativa de vida tinha saltado de aproximadamente 35 anos para 68 anos, e a taxa de mortalidade infantil tinha baixado de 200% para 42%.[6]

É importante citar a questão da saúde, pois a literatura ocidental atribui todo o sucesso chinês às políticas reformistas de Deng, a partir de 1978, buscando valorizar, sobretudo, a versão liberal e de abertura de mercado como o *cuius rei causa* do sucesso. É impressionante que o avanço obtido no setor durante o período Mao tenha se dado quando o país ainda era extremamente pobre.

De 1949 a 1952, durante a reconstrução do país, quando Mao Tsé-Tung falava de Frente unificada, guiada pela "ditadura democrática do povo" com o apoio dos nacionalistas, as empresas privadas que desejassem cooperar recebiam empréstimos do Banco Popular da China. Segundo Aglietta e Guo,[7] essa política foi um grande sucesso, pois, em proporção do PIB, a taxa de investimento aumentou 26%, um nível bastante elevado para um país pobre. Dos investimentos, 80% eram consagrados à indústria, de forma que a produção aumentou em 54%.

As políticas sociais a partir de Deng foram reduzidas. Entre 1978 e 1990, a China adotou, principalmente, políticas econômicas com forte intensidade nos investimentos de infraestrutura, no setor urbano e na indústria. Em 2002, quando assumiram Hu Jintao e Wen Jiabao, tais políticas retornaram e conformaram duas grandes categorias, a redução da desigualdade e a diminuição da insegurança humana. Foi estabelecido um programa de renda mínima urbana, abrandaram-se os impostos agrícolas, e foram introduzidos subsídios rurais. Em 2006, foram abolidos todos os impostos agrícolas,

Figura 1 – Os dez países que contêm a maior parcela de extrema pobreza no mundo (2010)

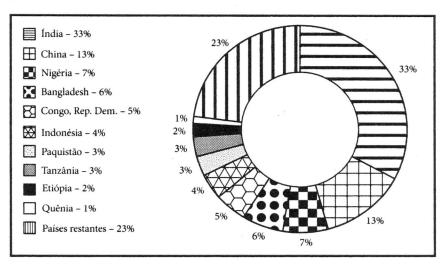

Fonte: Estimativa da PovcalNet database.

concedidos subsídios rurais abrangentes, educação compulsória gratuita no meio rural e habitação pública para os pobres no meio rural, ampliados em 2007.

A economia chinesa está assumindo um papel central na sustentação do crescimento mundial. Segundo Rosales e Kuwayama,[8] em 2009, o país, isoladamente, contribuiu com 61,6% para o crescimento do PIB mundial. Ao longo do período 2000–09, garantiu 28% do PIB mundial, medidos em valores de paridade de compra. A sua taxa de crescimento de 10,4%, em 2010, e 9,2%, em 2011, demonstrou a força dessa economia *vis-à-vis* ao mundo e às grandes potências, e permanecerá como o principal condutor do crescimento mundial. A tabela 1 mostra que o PIB/PPP em dólar da China já superou o dos EUA e a tendência é de aprofundamento nas duas décadas posteriores. É importante ainda assinalar o papel que o país está operando na redefinição do sistema financeiro internacional. A iniciativa chinesa de criar o Asian Infrastructure Investment Bank (AIIB), segundo Vadell e Ramos,[9] tornar-se-á a primeira organização multilateral que foge ao controle direto dos Estados Unidos ou de seus aliados. Também é relevante a participação chinesa no banco dos BRICS,[10] estabelecido na cúpula de 2014, em Fortaleza, Brasil. Finalmente, entre as tantas façanhas chinesas, uma que lhe tem dado grandes vantagens nas suas relações com os demais países é a extraordinária reserva internacional, estimada hoje em US$ 4 trilhões (£2.7tn), acumulada em vários fundos soberanos, que lhe dá uma capacidade de negociação invejável.

Figura 2 – A transformação estrutural das exportações chinesas 1990–2009

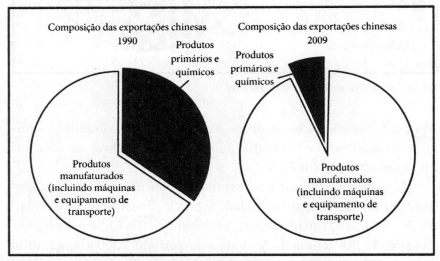

Fonte: Banco Mundial, Banco de dados WITS.

As reformas em curso hoje na China, e aquelas decorrentes da crise mundial, que têm sido sintetizadas no termo "reequilíbrio" de seu modelo de crescimento, já com mais de trinta anos, são uma guinada para o consumo e um arrefecimento dos investimentos em capital fixo e no *export drive*.

Para a Comissão Econômica para a América Latina e o Caribe — CEPAL (2015), esse *reequilíbrio* já começou e está ocorrendo a partir de um conjunto de mudanças, a exemplo do maior crescimento dos salários urbanos, de uma taxa de juros real positiva sobre os depósitos, do crescimento do investimento em imóveis residenciais em valor menor do que o PIB; de um aumento dos empréstimos a pequenas empresas maior do que ao conjunto, e de um crescimento do setor de serviços maior que do industrial.[11]

Essa também é a interpretação de Stephen Roach.[12] Ele afirma que a China está a caminho de uma "nova normalidade". O China Development Forum (CDF), que tem sido uma plataforma de debate entre os membros seniores do Partido Comunista para anunciar as mudanças, como ocorreu em 2009, quando a ênfase foi posta na estratégia "estímulo agressivo pós-crise", anunciou, em seu evento de 2014, a implementação do Third Plenum Reforms, que vem a ser a "nova normalidade" e a maior prioridade do governo·

Em seu pronunciamento no CDF, Zhang Gaoli, um dos sete membros do Comitê Permanente do Politburo (órgão máximo de decisão do Partido Comunista Chinês), afirmou que a economia chinesa entraria no estágio da "nova normalidade", ou seja, que a China estaria nos estágios iniciais do reequilíbrio de sua economia, fazendo com que os serviços e o consumo superassem a indústria. Mas, para Stephen Roach, o país ainda está longe do padrão de normalidade, pois se a melhor forma de medi-lo é considerar o desenvolvimento do setor de serviços, que representa a infraestrutura da demanda do consumidor em uma economia, no caso chinês, embora os serviços estejam crescendo mais rápido que os demais setores, tendo atingido 48% do PIB em 2014, ainda está muito longe dos 60% a 65% que é aquilo que o setor costuma apresentar em economias normais.

O crescimento do PIB chinês deverá abrandar para 7,7% entre 2014–18 (em comparação com os 10,5% entre 2000 e 2007), enquanto o país reequilibra seu modelo em direção ao crescimento impulsionado pelo consumo interno. A implementação de reformas estruturais será um fator crítico na condução da economia chinesa para uma aproximação com um modelo de desenvolvimento mais sustentável. A desaceleração do país, em particular, poderá enfraquecer o ritmo de crescimento das economias do Sudeste Asiático, pois são hoje mais dependentes da China como um parceiro comercial fundamental.[13]

Tabela 1 – Indicadores econômicos para a China e os Estados Unidos 2010–30

Indicador	Unidade	2010 EUA	2010 China	2020 EUA	2020 China	2030 EUA	2030 China
PIB (US$ atuais)	Bilhões	14.658	5.878	18.763	11.892	24.019	22.440
	Percentagem do total mundial	23,5	9,4	20,6	13,0	17,2	16,7
PIB (PPC* US$)	Bilhões	14.658	15.162	18.763	26.915	24.019	47.779
	Percentagem do total mundial	16,8	17,4	14,4	20,6	11,8	23,5
Exportação de mercadorias	Bilhões	1.289	1.578	1.734	3.171	2.333	6.368
	Percentagem do total mundial	8,5	10,5	7,1	12,9	5,9	16,0
Próximo déficit externo cumulativo	Bilhões	-5.792	1.993	-5.651	7.164	-4.309	3.382
	Percentagem do total mundial	-50,8	17,5	-31,6	40,1	-22,3	17,5
PIB per capita (PPC* US$)	US$	47.287	11.303	55.491	18.985	66.519	32.980
	Percentagem do total mundial	368,1	88,0	319,6	109,4	266,5	132,1
Emissões de CO_2	Milhões de toneladas métricas	5.644	8.262	5.777	10.128	6.108	12.626
	Percentagem do total mundial	18,0	26,4	16,4	28,8	15,0	31,1

* - Em paridade de poder de compra.
Fonte: Arvind Subramaniam, Petersen Institute for International Economics, "Policy Brief" Washington, EUA, n. PB13-16, jun. 2013, p.4. Disponível em: <www.iie.com/publications/pb13-16>.

Espera-se que, com o reequilíbrio de sua economia, o país apresente melhoras na desigualdade social, inclusive pelo aumento dos salários e a proteção muito mais intensiva do meio ambiente.

Este artigo tem por objetivo refletir sobre a presença da China na América Latina. Está dividido em três partes. A primeira trata dos avanços chineses, internos e externos, e as mudanças de rumo. A segunda parte introduz elementos que comprovam o crescimento das relações comerciais e de acordos realizados, sobretudo, no início do século atual com a América Latina. Finalmente, indicamos, na terceira seção, os elementos que comprovam o crescimento da presença da economia chinesa no Brasil e os problemas e as oportunidades que surgem a partir daí.

Mapa 1 – Alcance dos investimentos chineses no mundo

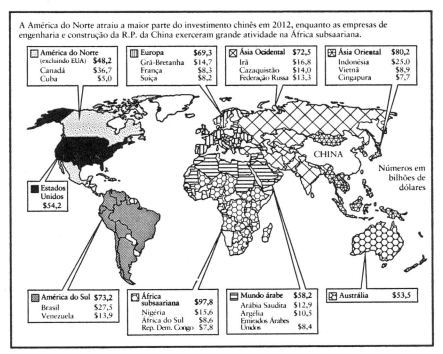

Fonte: The Heritage Foundation. SCISSORS, D. China's Global Investment Rises. The US Should Focus on Competition. Backgrounder, Washington DC., v. n. 2757, jan. 2013. Disponível em: < http://www.heritage.org/research/reports/2013/01/chinas-global-investment-rises-the-us-should-focus-on-competition>. Acesso em: 23 jun. 2015.

2. O dragão nos trópicos

De acordo com estudos recentes da CEPAL,[14] o comércio da China com a América Latina suplantará aquele da região com a União Europeia em 2016, que hoje ainda é o segundo parceiro comercial dos latino-americanos.[15] Os investimentos do dragão chinês em energia e infraestrutura são crescentes e já atingiram um patamar de US$ 550 bilhões no mercado latino-americano. O comércio chinês com a América Latina cresce 8% ao ano, tendo alcançado US$ 255,5 bilhões em 2012, portanto, mais rápido do que os 6,2% de crescimento do comércio do subcontinente com os EUA. A China já é o maior parceiro comercial do Brasil, Chile e Peru. Seu comércio com o Brasil expandiu 10% em 2014, atingindo o valor de US$ 83,3 bilhões.[16] O país comunista tem sido o segundo maior parceiro comercial do México, atrás dos EUA desde 2003. De 2002 a 2012, o comércio entre esses países cresceu 823%. No ano de 2012, o valor de comércio bilateral chegou a US$ 62,6 bilhões e indicando um crescimento de 7,6%. Nesse ano, o México importou US$ 56,9 bilhões de bens chineses e exportou apenas US$ 5,72 bilhões, gerando assim um déficit na balança comercial de US$ 51,22 bilhões, o que não é pouco.

O avanço da China tem sido uma crescente preocupação de muitos setores do governo brasileiro e de representantes da indústria brasileira, visto que vem ocupando espaço antes reservado às exportações de manufaturas nacionais, sobretudo, no âmbito da América do Sul. É esse mercado que recebe as nossas exportações de maior valor agregado, agora ameaçado. As exportações chinesas, se mantiverem tal padrão, poderão fazer encolher o setor industrial brasileiro.

O ano de 2010 representou uma virada nos investimentos chineses no Brasil, com mais de US$ 13 bilhões investidos por firmas chinesas nos setores de mineração e energia, vinte vezes a quantidade aplicada nos últimos três anos. Atualmente, espera-se uma nova onda de investimentos, direcionada ao setor de serviços, novo foco da China. São investimentos em obras de infraestrutura e de projetos de energia.

Em 2014, um consórcio internacional, que incluiu as maiores petroleiras do país, a China National Petroleum Corporation (CNPC) um fundo privado e a China National Offshore Oil Corporation (CNOOC) foi vencedor, ganhando o direito de desenvolver o campo de petróleo Libra, no Brasil, que tem estimativa de produzir entre 8 a 12 bilhões barris de petróleo. O megaempreendimento vai requerer investimentos orçados entre US$ 200 a 400 bilhões para exploração em 35 anos.

O presidente Xi Jinping esteve em visita à região no mês de julho de 2014, estabelecendo na ocasião um conjunto de contratos e empréstimos com os países sul-americanos e do Caribe. Minério, soja e energia foram os alvos principais dos interesses do presidente. A América

254 | ALIANÇAS E CONFLITOS

Latina passa a ter grande importância para a China, por sua riqueza em recursos naturais e pelo potencial de mercado para as manufaturas do país asiático. A Venezuela fornece 630 mil barris de petróleo por dia para a China. O governo de Nicolas Maduro recebeu cerca de US$ 50 bilhões em investimentos chineses, dos quais US$ 40 bilhões devem ser pagos com a venda de petróleo. Em 2013, a empresa chinesa Sinopec anunciou investimentos de US$ 14 bilhões para desenvolver um campo de petróleo na bacia do rio Orinoco, ao leste da Venezuela, com capacidade de produção de 200 mil barris de petróleo.

Com a Argentina, grande fornecedora de soja para o país, o comércio aumentou quatro vezes nos últimos anos, chegando a um valor de US$ 15 bilhões com a balança de pagamentos favorável aos asiáticos: a Argentina importa US$ 10 bilhões e exporta apenas US$ 5 bilhões. Nessas trocas, a soja representa 75% das exportações argentinas.

A evolução dos negócios da China com a região aponta para interesses que vão muito além das *commodities*. Todos os investimentos em infraestrutura realizados pelos chineses apontam para a garantia de trabalho para suas empreiteiras, como também ocorre na África. Do ponto de vista geopolítico, o último megaprojeto na região, que tem a marca do dragão, é o canal interoceânico a ser construído na Nicarágua, que irá competir com o Canal do Panamá, controlado pelos EUA. O contrato assinado em 2013 envolve a soma de US$ 40 bilhões com o grupo HKND, de propriedade do multibilhardário de Hong Kong, Wang Jing. Com o contrato, a China terá o direito de concessão por cinquenta anos por construir o canal e o mesmo período para administrá-lo. Lembra os contratos dos tempos coloniais entre empresas britânicas de ferrovias e energia na região.

Não temos aqui espaço para aprofundar as relações China–EUA, que estão no epicentro dos movimentos das duas potências no tabuleiro da América latina. Inclusive, a recente aproximação dos EUA com Cuba não está fora da disputa, uma vez que os EUA descobrem que devem voltar a se aproximar da região antes que sejam ultrapassados pelos chineses. Em 2010, a China assinou um acordo de cooperação com Cuba para financiar a expansão da refinaria Cienfuegos, no valor de US$ 6 bilhões.

Pode-se concluir que a China, alçando-se a principal produtor de manufaturas, consumidor de energia e alimentos, encontra uma parceria fundamental e estratégica para seus propósitos. As suas vantagens competitivas, alicerçadas em reservas cambiais superiores a US$ 3 trilhões, podem reproduzir na região o que Raúl Prebisch intitulou de *trocas desiguais*. Ao mesmo tempo, dadas a dimensão da crise mundial e a falta de perspectiva para sua superação, o relacionamento com a China pode abrir oportunidades também importantes para a América Latina, desde que bem-administradas politicamente.

As políticas protecionistas brasileiras têm surgido em alguns setores, notadamente com relação à compra de terras, o que ocorreu em 2010, e também com relação a uma recente taxação sobre importação de motores de veículos. O chefe do escritório de comércio e promoção de investimentos da embaixada brasileira em Beijing, Hayle Gadelha, afirmou que existem problemas relativos ao embargo chinês sobre a carne brasileira e à permissão para as construtoras de aviões brasileiras de manufaturar aviões na China.

No caso do Chile, os investimentos chineses, que eram pequenos, estão crescendo aceleradamente. O governo chileno recebeu investimentos no valor de US$ 200 milhões de companhias chinesas em 2012, posicionando o país asiático pela primeira vez como uma das dez maiores fontes de investimento no país. Em 2014, as aplicações da China aumentaram seis vezes, atingindo a soma de US$ 1,25 bilhão.

A China passou a ser membro-observador da Organização dos Estados Americanos (OEA) e, posteriormente, do Banco Interamericano de Desenvolvimento (BID). Em 1995, esse país não passava do 12° sócio da região em termos de trocas comerciais. Em 2007, já ocupava a segunda posição. De acordo com a CEPAL,[17] entre 2000 e 2010, o volume de comércio entre o dragão e os latinos teve um crescimento espetacular de 1,119%, passando de US$ 15 bilhões a US$ 118 bilhões. É, portanto, o parceiro de maior dinamismo comercial com a região, o que tem assustado os norte-americanos, que, em face disso, redesenham uma nova estratégia para a América Latina.

3. O dragão no Brasil

Como se sabe, em 2005, a China superou os Estados Unidos como o principal parceiro comercial do Brasil. Em 2009, o comércio bilateral atingiu US$ 42,4 bilhões, crescendo a uma taxa anual de 31% desde 2000. Em 2009, as importações chinesas do Brasil somaram US$ 28,28 bilhões e suas exportações para o Brasil, US$ 14,12 bilhões.[18] O Brasil tem exportado minérios, sementes, grãos, frutas, combustíveis, óleos minerais e produtos destilados. As importações, consistem basicamente em produtos de alto valor agregado, equipamentos eletrônicos e nucleares, aparelhos óticos, fotográficos e médicos.

Figura 3 – Comércio China–Brasil

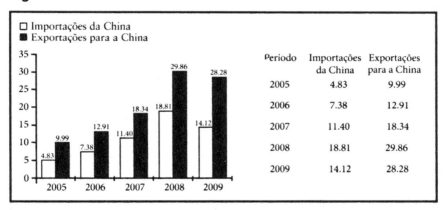

Fonte: http://www.chinatradegateway.com.br/Images/Content/grafico_china_brasil_trade.jpg

Com relação às empresas brasileiras na China, são poucas e não mais que quarenta, dentre elas a Empresa Brasileira de Aeronáutica S.A. (Embraer), a Petrobras, a Vale, a Iochpe-Maxion, a Marcopolo, a Weg, a Empresa Brasileira de Compressores (Embraco), a Fras-le, a Votorantim. Um relatório recente do Banco Mundial[19] mostra de que maneira o desenvolvimento mais lento da China, além do seu atual equilíbrio, pode também apresentar novas oportunidades para o Brasil, mesmo que a ascensão chinesa na cadeia de valor provavelmente venha a apresentar novos desafios. O Brasil poderia gerar maiores benefícios das suas interações com o país, e as mudanças ocorridas em território chinês poderiam oferecer uma nova janela de oportunidade para que o Brasil insistisse no avanço da sua agenda de reforma estrutural.

O economista Antonio Barros de Castro, que foi pioneiro nos estudos sobre a China no Brasil, realizou em 2011, uma conferência muito lúcida quando da abertura, no Centro Internacional Celso Furtado de Políticas de Desenvolvimento, de seminário sobre os BRICS. Ao analisar os pontos preocupantes da presença chinesa no mundo atual e em especial na América Latina e na África, indica a necessidade de uma estratégia brasileira, definindo o que o país quer e quais são as suas prioridades: "Para isso, temos de fazer um mapa corajoso [...]. Há um conjunto de políticas que vão desde as políticas setoriais até as políticas regionais", que seriam fundamentais para enfrentar o desafio chinês.[20]

Hoje, o Brasil exporta em torno de 1.200 produtos para a China e importa aproximadamente 3.500 itens. As exportações brasileiras são basicamente de *commodities*, enquanto importamos produtos manufaturados com alto grau de incorporação de Ciência&Tecnologia. Faz-se necessária uma ampla negociação com o país em torno desse *trade-off*. Nós poderíamos aproveitar da China a vantagem e *expertise* que construíram nas infraestruturas portuárias, mas também rodoviárias e, sobretudo, ferroviárias. Eles têm capacidade de investimento, e nós temos reservas em petróleo, o que lhes interessa fortemente. Melhorar o ambiente de comércio com o parceiro asiático poderia significar reduzir as tarifas impostas pelos chineses aos produtos brasileiros: "isso envolveria discutir tarifas, mais incentivos tributários para setores específicos e exigências de conteúdo local, baixar e eliminar subsídios".[21] As práticas comerciais desleais também deveriam ser abolidas.

A figura abaixo exemplifica de forma contundente o aumento de nossa dependência dos manufaturados chineses entre 2000 e 2010.

Concluindo, os países latino-americanos têm muito a aprender com a China, a destacar uma trajetória de desenvolvimento inclusivo e uma absorção de capital estrangeiro que não gerou submissão.

Figura 4 – Estrutura das exportações brasileiras segundo mercado de destino e grau de elaboração dos produtos 2000–010 (em porcentagem do total bilateral)

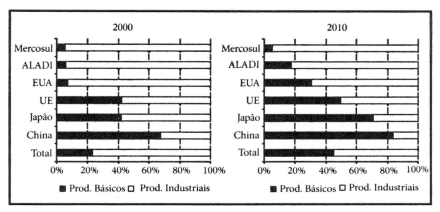

Fonte: SECEX. Elaboracão própria

Notas:

1. Agradeço a leitura atenta e os comentários de Pedro de Souza.
2. "A legitimidade do regime imperial não repousava nas representações políticas dos grandes atores sociais, mas no bem-estar elementar da população." AGLIETTA, M. BAI, G. *La Voie Chinoise, Capitalisme et Empire*. Paris: Odile Jacob, 2012. p. 38.
3. A redução da pobreza no meio rural foi possibilitada, em grande medida, graças às políticas agrícolas, fundiárias e sociais, implementadas desde 1949. Ver: WORLD BANK GROUP. *Ending Poverty and Sharing Prosperity – Global Monitoring Report 2014/2015*. Washington: International Bank for Reconstruction and Development /The World Bank, 2015. Disponível em: <http://goo.gl/JyIwzThttp://goo.gl/JyIwzT>. Acesso em: 19 jun. 2015.
4. WEIGUANG, W. "A reforma, a abertua e a rota do desenvolvimento chinês". In: PINHEIRO GUIMARÃES, S. et al. *China*. Brasília: Fundação Alexandre Gusmão, 2008. p. 187-212.
5. WANG, S. "China: desafios e perspectivas". In: PINHEIRO GUIMARÃES, S. et al., *China*. Brasília: Fundação Alexandre Gusmão, 2008. p. 425-457.
6. *Ibidem*, p. 435.

7. AGLIETTA, M.; BAI, G. *La Voie Chinose* – Capitalisme et Empire. Paris: Odile Jacob, 2012. p. 79.

8. ROSALES, O.; KUWAYAMA, M. *China and Latin America and the Caribbean Building a Strategic Economic and Trade Relationship*. Santiago de Chile: CEPAL, 2012.

9. VADELL, R.; RAMOS, L. "Sedutoras garras do dragão chinês: finanças e bifurcação do centro da economía global". In: *Grupo Emergentes*. Belo Horizonte: PUC–MG. (Site: https://goo.gl/if2qpo). Acesso em: 20 jun. 2015.

10. Sobre os BRICS ver: COSTA LIMA, Marcos. "O Brasil, os BRICS e a agenda internacional". In: PIMENTEL, J. V. de Sá.: *O Brasil e os BRICS e a Agenda Internacional*. Brasília: FUNAG/Itamaraty, 2013. p. 221:250. NEVES, R. C. B. de; FARIAS, T. G. de. (orgs.) *BRICS 6th Academic Forum*. Brasília: IPEA, 2014.

ROBINSON, W. I. "The Transnational State and the BRICS. A Global Capitalism Perspective". *Third World Quartely*, v. 36, n.1, p. 1-21, 22. jan. 2015. Disponível em: <http://goo.gl/8XIodi>. Acesso em: 20 jun. 2015.

11. Primer foro de la comunidad de estados latinoamericanos (CELAC) y CHINA: Explorando espacios de cooperación y inversión. Santiago de Chile: CEPAL, 2015.

12. ROACH, S. S. "China's New Normal and American's Old Habits." *Project Syndicate*. [s.l.], 30 mar. 2015. Economics, s/p. Disponível em: <http://goo.gl/x85AX2>. Acesso em: 20 jun. 2015.

13. Organização para a cooperação e desenvolvimento econômico (OCDE). *Economic Outlook for Southeast Asia, China and India 2014*. Beyond the Middle-Income Trap. Paris: OECD, 2014. p.3

14. CEPAL. *Chinese Foreign Direct Investment in Latin America and the Caribbean:* China-Latin America cross-council task force. Santiago de Chile: UN/CEPAL, 2013. (Working document, nov). *CEPAL China and Latin America and the Caribbean*: Building a Strategic Economic and Trade Relationship. Santiago de Chile: UN/CEPAL, 2012.

15. SHIH, T. H. "China's Trade with Latin American Set to Outpace EU Within Two Years". *South China Morning Post*, [s.l.], 16 jan. 2015. Business, s/p.

16. JILBERTO, A.; FERNANDEZ, E.; HOGENBOMM, B. "Latin America and China South-South Relations in a New Era". In: *Latin American Facing China South-South Relations beyond the Washington Consensus*. Nova York: Berghahn Books/CEDLA, 2010. p. 1-32.

17. CEPAL (*China e América Latina:* por uma nova fase do vínculo econômico comercial. Santiago do Chile: CEPAL/ONU, 2011.

18. CHINA-TRADE GATEWAY. "China-Brasil: o crescimento das Transações comerciais". *China-Trade Gateway.* [s.l.], 4. out. 2010. Mercado e Economia, s/p. Disponível em: <http://goo.gl/Cya9vW>. Acesso em: 20 jun. 2015.

19. BANCO MUNDIAL. *Implicações de uma China em transformação: oportunidades para o Brasil?* Relatório produzido pela Unidade de Política Econômica do Departamento para a América Latina e o Caribe (LCSPE) do Banco Mundial. Washington: Banco Mundial, 2014. Disponível em: <http://goo.gl/V1U6CE>. Acesso em: 10 abr. 2015.

20. CASTRO, A. B. de. "O Brasil e os desafios da China". *Cadernos do Desenvolvimento*, Rio de Janeiro, v. 7, n. 10, p. 203, jan-jul. 2012. (Centro Internacional Celso Furtado)

21. BANCO MUNDIAL. "Cinco formas de fazer o Brasil acelerar... enquanto a China freia". *Mundo Sustentável.* [S.l], 17 jul. 2014. Disponível em: < http://goo.gl/hee2Ia>. Acesso em: 20 abr. 2015.

BRICS: um novo fundo monetário e um novo banco de desenvolvimento[1]

Paulo Nogueira Batista Jr. *

A escassez de recursos para financiar o desenvolvimento e enfrentar surtos de instabilidade nos mercados internacionais confere importância crucial à criação de mecanismos de financiamento e autodefesa. As instituições multilaterais sediadas em Washington — o FMI e o Banco Mundial — mostram grande dificuldade de evoluir e se adaptar à nova realidade internacional, marcada pelo peso crescente das economias emergentes. O G20 está semiparalisado desde 2011. Diante disso, os emergentes vêm tomando, há algum tempo, as próprias providências em âmbito nacional e reforçando alianças entre si.

Os BRICS — Brasil, Rússia, China, Índia e África do Sul — têm se destacado nesse campo. Desde 2012, esses países vêm negociando cuidadosamente, passo a passo, o estabelecimento de mecanismos independentes de financiamento e estabilização. Refiro-me ao Arranjo Contingente de Reservas (Contingent Reserve Arrangement — CRA) e ao Novo Banco de Desenvolvimento (New Development Bank — NDB). O primeiro será um fundo de estabilização entre os cinco países; o segundo, um banco para financiamento de projetos de investimento nos BRICS e outros países em desenvolvimento.

O Brasil tem atribuído, desde o governo Lula, grande importância à atuação no âmbito dos BRICS. No governo Dilma, a atuação conjunta com os demais Brics tornou-se uma das principais vertentes da política externa brasileira. Isso se tornou mais claro na cúpula

---

* Paulo Nogueira Batista Jr. é economista, ex-diretor executivo pelo Brasil e mais dez países no Fundo Monetário Internacional; atual vice-presidente do Novo Banco de Desenvolvimento – NDB. O autor expressa seus pontos de vista em caráter pessoal.(paulonbjr@hotmail.com; twitter: @paulonbjr).•

dos Brics em Fortaleza, em julho de 2014, quando foram assinados os acordos que estabelecem o CRA e o NDB. Esses dois mecanismos são complementares às instituições multilaterais de Washington e podem inclusive cooperar com elas. Mas foram concebidos para serem autoadministrados e atuar de forma independente.

Como diretor executivo do Brasil no FMI, participei dessas negociações desde o início, em 2012. Este artigo é um breve depoimento sobre o que foi alcançado nesses anos e a tarefa pendente de implementação do fundo e do banco dos Brics.

Alternativa potencial às instituições de Bretton Woods

As instituições de Bretton Woods, o FMI e o Banco Mundial, existem há setenta anos. Em todo esse período, nada surgiu no campo multilateral ou plurilateral que possa ser caracterizado como alternativa a essas instituições, dominadas pelas potências tradicionais — os Estados Unidos e a União Europeia.

O CRA e o NDB, ainda embrionários, constituem a primeira alternativa potencial. A Iniciativa de Chiang Mai — na qual o CRA se inspira em parte — não desempenha esse papel, uma vez que a presença do Japão e da Coreia do Sul, aliados próximos dos Estados Unidos, funciona na prática como uma trava para o desenvolvimento independente da iniciativa. O Mecanismo de Estabilidade Europeu (European Stability Mechanism — ESM) tampouco representa uma alternativa ao FMI, uma vez que coopera estreitamente com o Fundo e chega a dominá-lo, no âmbito da chamada troika, na formulação, no financiamento e no acompanhamento dos programas para países da área do euro. A super-representação da Europa no FMI facilita a adaptação da instituição à estratégia traçada em Berlim, Bruxelas e Frankfurt.

Arranjo Contingente de Reservas

O valor inicial do CRA é US$ 100 bilhões. A China entra com US$ 41 bilhões; Brasil, Rússia e Índia com US$ 18 bilhões cada; e a África do Sul com US$ 5 bilhões. Trata-se de um *"pool"* virtual de reservas, em que os cinco participantes se comprometem a proporcionar apoio mútuo em caso de pressões de balanço de pagamentos. O termo "contingente" reflete o fato de que, no modelo adotado, os recursos comprometidos pelos cinco países continuarão nas suas reservas internacionais, só sendo acionados se algum deles precisar de apoio de balanço de pagamentos.

Os limites de acesso de cada país aos recursos do CRA são determinados por suas contribuições individuais vezes um multiplicador. A China tem um multiplicador de 0,5; o Brasil, a Índia e a Rússia, de 1; e a África do Sul, de 2. O apoio aos países pode ser concedido por meio de um instrumento de liquidez imediata ou de um instrumento precaucionário, este último para o caso de pressões potenciais de balanço de pagamentos.

O CRA tem um sistema de governança em dois níveis. As decisões mais importantes serão tomadas pelo Conselho de Governadores (Governing Council), com os assuntos de nível executivo e operacional ficando a cargo de um Comitê Permanente (Standing Committee). O consenso é a regra para quase todas as decisões. Somente as decisões do Comitê Permanente relacionadas a pedidos de apoio e de renovação de apoio serão tomadas por maioria simples de votos ponderados pelo tamanho relativo das contribuições individuais.

Cada país pode obter a qualquer tempo até 30% do seu limite de acesso, desde que observe os procedimentos e salvaguardas do Tratado. Um acesso acima desse percentual está condicionado à existência de um acordo com o FMI.

As condições para aprovação de um pedido de apoio incluem: 1) não ter dívidas em atraso com os outros BRICS ou suas instituições financeiras públicas nem com as instituições financeiras multilaterais; 2) cumprir as obrigações com o FMI referentes ao Artigo IV (supervisão) e ao Artigo VIII (provisão de informações) do Convênio Constitutivo do Fundo; e 3) assegurar que as obrigações assumidas pelo país que requisita apoio sejam não subordinadas, sendo classificadas, quanto ao direito de pagamento, ao menos *pari passu* com todas as outras obrigações externas.

Novo Banco de Desenvolvimento

O NDB financiará projetos de infraestrutura e desenvolvimento sustentável não só nos Brics como também em outros países em desenvolvimento. Há uma grande carência de recursos para financiar o desenvolvimento da infraestrutura no mundo. O Banco Mundial e os bancos regionais de desenvolvimento não têm capital suficiente e continuam dominados pelas potências tradicionais. Os EUA e outros países desenvolvidos relutam em aumentar o capital e a capacidade de emprestar do Banco Mundial, mas querem ao mesmo tempo preservar o controle da instituição.

É para ajudar a cobrir essa lacuna que os Brics resolveram criar o próprio banco de desenvolvimento. O novo banco terá um capital autorizado de US$ 100 bilhões e um capital subscrito de US$ 50 bilhões. Os cinco membros fundadores subscreverão cada um US$ 10 bilhões e terão assim o mesmo poder de voto. A sede será em Xangai. O primeiro escritório regional será em Johanesburgo e haverá também um escritório regional no Brasil.

O banco estará aberto à participação dos países-membros das Nações Unidas. Países desenvolvidos poderão ser sócios, porém não tomadores de empréstimos. Já países em desenvolvimento poderão ser sócios e captar recursos. Os Brics preservarão sempre pelo menos 55% do poder de voto total. Os países desenvolvidos terão no máximo 20% do poder de voto. Fora os países-membros, nenhum outro deterá mais do que 7% dos votos.

Mesmo que não se tornem sócios do banco, países em desenvolvimento poderão tomar empréstimos ou realizar outras operações com o banco, em condições que serão especificadas pelo Conselho de Governadores.

Percalços do processo de negociação em 2012–14

O processo de negociação do CRA e do NDB desde 2012 enfrentou alguns percalços do lado brasileiro. Vale a pena recapitulá-los brevemente, uma vez que podem se repetir na fase de implementação das duas iniciativas.

No caso do CRA, cuja coordenação esteve desde o início sob responsabilidade brasileira, o principal problema foi a relutância do Banco Central do Brasil, que temia comprometer reservas brasileiras em operações potencialmente arriscadas e atuou para retardar e esvaziar a iniciativa. Talvez a sua relutância tenha diminuído ao longo do tempo, em face da determinação da presidente da República de levar adiante a iniciativa e da consolidação do CRA como arranjo acompanhado de uma série de salvaguardas, inclusive vinculação com o FMI, como mencionado acima.

Apesar dos percalços, o Tratado que constitui o CRA é abrangente e detalhado, incluindo aspectos de natureza operacional. A Diretoria Executiva do Brasil no FMI, com apoio do Ministério da Fazenda, assumiu a tarefa de preparar as diferentes minutas do Tratado, representar as posições brasileiras, orientar e secretariar a negociação e fazer as simulações para definir os parâmetros do arranjo. Para esse trabalho, nos valemos da nossa experiência no próprio FMI, dos acordos bilaterais de *swap* existentes e da experiência da Iniciativa de Chiang Mai.

No caso do NDB, o problema foi de outra natureza: a insuficiência da equipe negociadora brasileira, que se resumiu basicamente a alguns integrantes da assessoria internacional da Fazenda. O Brasil acabou não sendo adequadamente contemplado em definições básicas e na distribuição de cargos-chave do NDB. A China ficou com a sede; a Índia com a primeira presidência do banco; a Rússia com a primeira presidência do Conselho de Governadores e o Brasil apenas com a primeira presidência da Diretoria ou Conselho de Administração. Corre-se o risco de que o NDB venha a ser um banco essencialmente asiático, dominado pela China e pela Índia, com os demais BRICS desempenhando papel caudatário.

O Brasil não chegou sequer a pleitear a sede do NDB, ficando sem fichas na negociação de alguns temas básicos. A Índia insistiu até o fim em sediar o banco e acabou conseguindo a primeira presidência.

Não devemos cometer o mesmo erro na definição da sede do CRA. Cabe entrar na disputa com cidade competitiva e atraente — quem sabe o Rio de Janeiro? — e travar essa disputa desde o início da discussão. A China deseja sediar o CRA também em Xangai. Se prevalecer essa proposta, Xangai se transformaria na nova Washington — sede do banco e do fundo monetário dos Brics. O Brasil e os outros membros apareceriam como mera linha auxiliar em duas iniciativas comandadas pela China.

O desafio da implementação

A assinatura, em Fortaleza, dos acordos que criaram um banco e um fundo monetário dos Brics alçou a cooperação entre os cinco países a um novo patamar. Agora, o grande desafio é a implementação das duas instituições. Essa fase de implementação vai definir o sucesso ou insucesso do CRA e do NDB, a sua maior ou menor importância prática e, em última análise, o êxito do próprio processo.

Há de cuidar para que as duas instituições se estabeleçam de maneira sólida e não venham a ser deformadas ou enfraquecidas ao longo do processo de sua concretização. Há de atentar também para que elas entrem em funcionamento num futuro não muito distante, se possível, no primeiro semestre de 2016. Demoras excessivas podem fazer com que sejam ultrapassadas pelos acontecimentos e os Brics percam credibilidade.

Nesse sentido, foi importante a reunião dos seus líderes na Austrália, em novembro de 2014, presidida pela presidente Dilma Rousseff. Na ocasião, eles resolveram fixar metas para a implementação do CRA e do NDB, a serem alcançadas até a próxima cúpula, que acontecerá na Rússia em julho de 2015.

Para o CRA, estabeleceu-se que o grupo negociador conclua as regras e procedimentos operacionais do Conselho de Governadores

268 | Alianças e conflitos

e do Comitê Permanente. Os bancos centrais ficaram encarregados de completar o detalhamento das operações de *swap* de moedas por meio das quais ocorrerá o aporte de recursos em caso de pressões de balanço de pagamentos.

Para o NDB, decidiu-se que o presidente e os vice-presidentes serão designados bem antes da cúpula da Rússia. Decidiu-se também designar um Conselho de Administração provisório, incumbido de conduzir o estabelecimento do banco.

Significado dessas iniciativas

Qual o significado dessas iniciativas? Se tivesse de resumir em uma frase, diria que estamos dando passo significativo na direção de um mundo mais multipolar. Há traços comuns entre os cinco BRICS, para além de todas as diferenças econômicas, políticas e históricas: são países de economia emergente, de grande porte econômico, territorial e populacional, que têm condições de atuar com autonomia. Esse não é o caso da maioria dos demais países em desenvolvimento.

Os BRICS não estão conformados com a atual governança internacional, que tem origem na estrutura de poder que emergiu depois da Segunda Guerra Mundial e consagra representação e papel exagerados para as potências tradicionais. O mundo está mudando rapidamente. É crescente o peso dos países de economia emergente e em desenvolvimento. Mas as organizações multilaterais continuam a refletir uma realidade política e econômica do século XX.

Cabe aos BRICS, entretanto, na prática do dia a dia no nosso trabalho no FMI, no Banco Mundial, no G20 e nas instituições que estamos em vias de criar, mostrar aos demais países, particularmente aos outros países em desenvolvimento, por que e para que queremos mais influência e poder decisório. Que diferença faz para o resto do mundo em desenvolvimento, inclusive os países menores, mais frágeis ou de baixa renda, que o poder decisório seja transferido das potências tradicionais para os BRICS? Se não o fizermos, nossa atuação conjunta será vista pelos demais como mera disputa de poder.

Nota:

1. Versão revista de texto publicado originalmente no portal *Carta Maior*, em 23 de fevereiro de 2015.

Fim de um ciclo no continente?

Gilberto Maringoni *

É possível que o ciclo de governos progressistas da América do Sul — iniciado em 1998 com a eleição de Hugo Chávez na Venezuela — e suas políticas de integração regional estejam enfrentando uma crise profunda. As causas são variadas e vão desde dificuldades econômicas até enfrentamentos políticos internos e externos.

O que se denomina *ciclo progressista, ciclo reformista* ou *onda antiliberal* envolve lideranças, administrações e processos distintos entre si. Sua confluência reside mais na negação — pelo menos verbal — das orientações chamadas genericamente de neoliberais, do que em afinidades programáticas. Essa onda passa pelas vitórias eleitorais de Luiz Inácio Lula da Silva (Brasil, 2002), Nestor Kirchner (Argentina, 2003), Tabaré Vázquez (Uruguai, 2004), Rafael Correa (Equador, 2005), Evo Morales (Bolívia, 2005), Daniel Ortega (Nicarágua, 2006), Fernando Lugo (Paraguai, 2008) e de Michele Bachelet (Chile, 2006). Apesar das diferenças, parece haver pontos em comum nas turbulências que Argentina, Brasil e Venezuela, as maiores economias da região, vêm apresentando nos últimos anos. Há escândalos de corrupção, disparada de preços, acusações de autoritarismo, piora dos indicadores macroeconômicos e queda na aprovação popular das administrações. No entanto, esses são sintomas e não causas dos problemas. As raízes não estão ainda totalmente evidentes.

---

* Professor de Relações Internacionais da Universidade Federal do ABC e autor de *A Venezuela que se inventa* (Editora Fundação Perseu Abramo, 2004) e *A revolução venezuelana* (Editora Unesp, 2009).

Agenda social

Os governos dessa safra tiveram o mérito de colocar demandas sociais no centro da agenda nacional. Nos casos argentino, venezuelano, boliviano e equatoriano a correlação de forças internas se alterou de forma efetiva em favor dos setores populares. Na Venezuela, na Bolívia e no Equador, a chegada de novos governos foi marcada por transformações institucionais que mudaram o panorama político.

A popularidade desses governos foi impulsionada por um período de inédita valorização das *commodities* no mercado internacional, especialmente entre 2004 e 2010. A alta foi motivada, como se sabe, pela entrada da China — e, em menor grau, da Índia — como forte compradora desses produtos, desde o final do século passado.

Os países da América do Sul passaram a ter balanças comerciais superavitárias naquele período. A Argentina viu crescer fortemente suas vendas de trigo e carne. A soja, o milho, a carne e minérios *in natura* tiveram papel decisivo para o crescimento econômico do Brasil. No caso boliviano, exportações de gás e minérios apresentaram efeito semelhante. O petróleo venezuelano — que alcançou seu preço mais alto em meados de 2007 — possibilitou ao país não apenas dispor de um ingresso de moeda forte que impulsionou uma série de obras de infraestrutura e programas sociais, como deu curso a uma ousada ação diplomática. A Venezuela pôde — entre outras iniciativas — comprar títulos da Argentina, em 2005, rompendo um cerco de crédito que estrangulava a república do Prata, dois anos após a renegociação forçada de sua dívida pública.

A expansão econômica permitiu uma forte ofensiva política por parte dos distintos governos e um enfraquecimento relativo das oposições, em geral, compostas por correntes de direita.Tal aquecimento alavancou mercados internos, deu margem a elevações generalizadas de salários, à queda nos índices de desemprego, ao acesso à educação e à expansão dos serviços públicos. Além disso, os novos governos articularam um processo democrático de integração regional, norteado por argumentos que envolvem soberania, desenvolvimento, distribuição de riquezas e tentativas de reconfiguração do papel do Estado.

Nesses anos, não apenas o Mercado Comum do Sul (Mercosul) ganhou dimensão política, para além de sua marca inicial de união aduaneira, como veio à luz a União de Nações Sul-americanas (Unasul), entre outras iniciativas. Em um âmbito ampliado, em 2011 nasceu a Celac — Comunidade de Estados Latino-americanos e Caribenhos — organismo intergovernamental, composto por 33 países.

Limites não transpostos

Esse surto de prosperidade apresenta, no entanto, sérios limites, que não foram transpostos. Ele não mudou a posição tradicional dos países na divisão internacional do trabalho. A América do Sul reafirmou suas características de exportadora de produtos primários e importadora de manufaturas. Embora Brasil e Argentina, em especial, tenham vivido processos de industrialização acelerada no período 1930–80, a partir dos anos 1990, a tendência se inverteu. E os governos dos últimos quinze anos não lograram concretizar processos industrializantes, o que reforçou o papel periférico das economias.

Isso pode ser constatado pela tabela abaixo. Ela mostra que se mantém significativo o peso das *commodities* no valor total das exportações de alguns países.

Tabela 1 – Porcentagem de produtos primários no valor total das exportações (2013)

Argentina	66.9
Brasil	63.6
Bolívia	96
Chile	86.1
Equador	93.3
Uruguai	75.6
Venezuela	97.6 (2013)

Fonte: Anuario Estadístico de América Latina y el Caribe, Cepal, 2014

Ou seja, as pautas exportadoras apresentam forte preponderância de produtos de baixo valor agregado, enquanto na importação é significativo o peso de bens de alto valor agregado. Com elevado grau de dependência na comercialização de tais produtos, não é de se estranhar que a queda dos preços internacionais deixasse mais clara a vulnerabilidade desses países. No caso brasileiro, a queda da participação da indústria na formação do PIB é expressiva ao longo das últimas décadas. Em 2012, esse indicador se igualava à situação de 1955!

Figura 1 – Indústria de transformação brasileira – Porcentagem do PIB

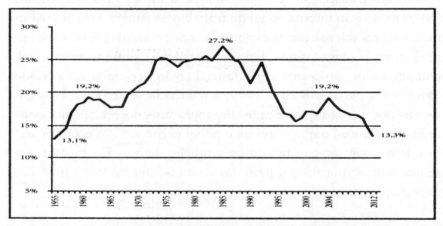

Fonte: Sistema de Contas Nacionais/Instituto Brasileiro de Geografia e Estatística (SCN/IBGE), Departamento de Pesquisa e Estudos Econômicos/Federação das Indústrias do Estado de São Paulo (Depecon/FIESP).

O peso da crise

A crise de 2008–09, que atingiu especialmente Estados Unidos e Europa Ocidental, teve a característica de encolher mercados consumidores de produtos industriais chineses — em especial bens duráveis — e de atingir a própria economia do país asiático. Seu PIB, que chegou a bater um crescimento anual de 14,2% em 2007 — em uma média ao redor de 10% ao longo dos anos 2000–10 —, passou a crescer 7,7% em 2012 e 2013, baixando ainda para 7,4% em 2014, segundo dados do FMI

A retração chinesa e de países centrais correspondeu também a uma menor demanda por produtos primários, o que derrubou seus preços. A cotação das *commodities* oscilou fortemente, como se pode ver pelo gráfico abaixo:

Figura 2 – Indicadores dos preços das *commodities* – 2005 = 100

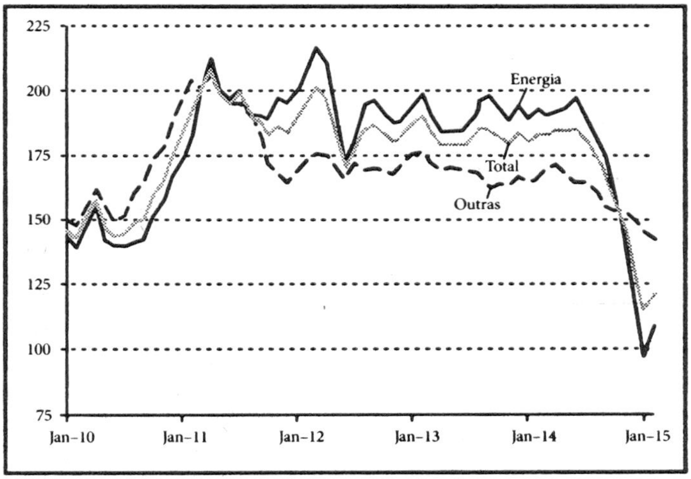

Fonte: Fundo Monetário Internacional

O impacto da queda de preços dos produtos exportáveis nas taxas de crescimento da Argentina, do Brasil e da Venezuela é bastante claro.

Tabela 2 – PIB – Percentual de crescimento em relação ao ano anterior

País	2006	2007	2008	2009	2010	2011	2012	2013
Argentina	8,4	8,0	3,1	0,1	9,1	8,6	0,9	2,9
Brasil	4,0	6,1	5,2	-0,3	7,5	2,7	1,0	2,5
Bolívia	4,8	4,6	6,1	3,4	4,1	5,2	5,2	6,8
Chile	4,6	4,6	3,7	1,0	5,8	5,8	5,4	4,1
Equador	4,4	2,2	6,4	0,6	3,5	7,9	5,2	4,6
Uruguai	4,1	6,5	7,2	2,4	8,4	7,3	3,7	4,4
Venezuela	9,9	8,8	5,3	-3,2	-1,5	4,2	5,6	1,3

Fonte: Anuário Estatístico de América Latina y el Caribe, CEPAL, 2014

No caso brasileiro, dados referentes a 2014 indicam um crescimento próximo a zero. As projeções de crescimento do PIB venezuelano para 2014 e 2015 são respectivamente, 3,0% e -1,0%, segundo o FMI. A Argentina viu sua economia retrair 1,5%, em 2014.

Os indicadores sociais começam a expressar essa situação. De acordo com o *Panorama Social da América Latina*,[1] editado pela CEPAL, a pobreza voltou a aumentar a partir de 2013. A situação do Brasil e da Venezuela pode ser verificada pelos números:

Tabela 3 – Pessoas em situação de pobreza ou extrema pobreza

País/Ano	2005		2012		2013	
	Pobreza	Indigência	Pobreza	Indigência	Pobreza	Indigência
Brasil	36,4	10,7	18,6	5,4	18,0	5,9
Venezuela	37,1	15,9	25,4	7,1	32,1	9,8

Fonte: Anuário Estadístico de América Latina y el Caribe, CEPAL, 2014

Embora haja melhorias na maioria dos países, o fato de a situação social ter piorado nas economias mais importantes, entre 2012 e 2013, é algo notável.

O *Panorama Social* adverte:

Na atualidade, a região parece estar entrando em um novo cenário econômico. Com efeito, de acordo com as projeções mais recentes, se prevê um quadro de crescimento modesto e de desaceleração econômica e, de maneira consistente em relação a isso, os indicadores do mercado de trabalho começam a mostrar uma grande perda de dinamismo.

No Brasil e na Argentina, os índices de desemprego aumentam, e as perspectivas são de aprofundamento da crise. Na Venezuela, a queda do preço internacional de seu principal produto compromete frontalmente as perspectivas de uma economia de monocultura. Ao longo dos últimos anos, a dependência do petróleo se acentuou, conforme se verifica na tabela abaixo.

Tabela 4 – Venezuela – Percentual do valor dos bens petroleiros na pauta de exportaçãoes

2006	2007	2008	2009	2010	2011	2012	2013
94,6	-	95,6	97,1	95,7	97,6	-	-

Fonte: Anuário Estadístico de América Latina y el Caribe, CEPAL, 2014.

A queda da cotação do barril, a partir de 2012, acentuou as incertezas. A tabela abaixo é baseada em uma cesta que envolve a produção de 12 países, representando uma média de diversos tipos de óleo. A redução dos preços em 2008 foi seguida de expressiva alta nos anos seguintes, alcançando o pico de US$ 107,48, em 2011. Quatro anos depois, o barril era comercializado por menos da metade desse valor.

Tabela 5 – Opep – Petróleo: preço médio anual do barril

Preços médios em dólares										
2005	2006	2007	2008	2009	2010	2011	2012	2013	2014	2015
50,64	61,08	69,08	94,45	61,06	77,45	107,46	109,45	105,87	96,29	50,12

Fonte: Organização dos Países Exportadores de Petróleo (Opep)

Nó estrutural

O grande nó estrutural da economia venezuelana, há décadas, está na forma de lidar com sua fonte maior de riqueza. Em uma economia periférica, cercada por limitações políticas, econômicas, históricas, tecnológicas e de infraestrutura, o combustível não teve como propósito principal possibilitar o desenvolvimento interno, mas se constituir como parte das dinâmicas econômicas dos países centrais. A abundância natural conforma um regime extrativista e primário-exportador, inibindo a diversificação produtiva. No caso brasileiro, apesar de o país ter uma economia muito mais complexa e variada, uma política de combate à inflação que tem na valorização cambial um de seus pontos de apoio tende a inibir exportações de produtos de alto valor agregado. Isso acentua a reprimarização da economia e cria problemas de difícil solução. Na Argentina, apesar da recuperação observada entre 2003 e 2010, o país segue com reduzido acesso ao mercado internacional de crédito, o que contrai as opções de desenvolvimento à mão da equipe econômica. Juntamente com a desindustrialização dos anos 1990, esse é o grande obstáculo a ser vencido pela economia local.

Integração e desintegração

Os governos reformistas da América Latina enfrentam, assim, um paradoxo. Buscam autonomia em relação às diretrizes econômicas neoliberais, emanadas dos organismos multilaterais e dos países centrais, esboçam um novo papel social para o Estado, reafirmam sua soberania política, mas não logram alterar significativamente o panorama econômico de seus países. Nem mesmo o MERCOSUL, bloco gestado desde a década de 1960 e concretizado três décadas depois, consegue juntar forças para mudar qualitativamente a inserção internacional das economias continentais. A maior parte das cadeias produtivas dos países não é complementar entre si. Antes, seguem a rota e a estratégia de negócios traçada nas sedes das transnacionais. A ação das grandes corporações privadas é francamente desagregadora. A tentativa de integração parte muito mais do poder de Estado do que da iniciativa privada. Com uma lógica global de procura por mercados e baixos custos de produção, as transnacionais operam em faixas por vezes distintas às das intenções do poder público. Com isso, o risco de desagregação do MERCOSUL é grande. Os países do bloco começam a buscar acordos bilaterais fora dele. Exemplos evidentes são as tratativas Argentina–China, a aproximação da Venezuela com o país asiático e as tentativas de acordo de Brasil e Uruguai com a União Europeia.

278 | ALIANÇAS E CONFLITOS

Bonança e legitimidade

A legitimidade dos governos do ciclo progressista residiu em grande parte na retomada da expansão econômica e de alargamento de mercados internos, após quase duas décadas de virtual estagnação. As novas administrações somente se firmaram porque a vida da população pobre de fato melhorou. É bem verdade que a crise atinge as economias maiores. Uruguai, Bolívia e Equador, embora não apresentem turbulências sérias, já sentem as ondas da crise.

No âmbito político, a nova conjuntura possibilitou que governos tomassem a ofensiva nas disputas internas, deixando as oposições sem discurso e sem audiência. No entanto, o ciclo econômico descendente e com decisões internas ortodoxas — caso do Brasil — não apenas geram crescente descontentamento popular, como abrem espaço para a pregação das forças políticas de direita. O caso é mais visível no Brasil e na Argentina. A mídia corporativa busca respaldar suas permanentes campanhas de desgaste com protestos nas ruas.

Grandes vulnerabilidades

Apesar da expansão dos mercados internos, as economias dos países da América do Sul seguem com grandes vulnerabilidades e com propensão constante a apresentarem déficits em suas contas-correntes. O modelo exportador de *commodities* funciona — como a primeira década do século mais uma vez provou — quando o dinamismo do setor externo está aquecido. Com a profundidade da crise internacional iniciada em 2008, o modelo que poderia ser classificado como "primário-desenvolvimentista" mostra seus limites. Uma profunda e radical mudança no modelo está por ser realizada. Implica uma reconfiguração do papel do Estado na gestão econômica. Ela não é fácil de ser empreendida num mundo pautado pela finança globalizada e pela agressividade imperial.

A potência hegemônica

Diante desse quadro, a pergunta inevitável é: qual a política dos Estados Unidos para a região? O presidente Barack Obama deu passos significativos para a superação de um tabu histórico: o embargo econômico com o qual seu país buscava isolar Cuba desde 1962. Trata-se de iniciativa estimulante, na qual fica claro o anacronismo daquela política.

Cuba necessita de investimentos, de capital externo e busca manter conquistas de sua Revolução em um mundo financeirizado. O gesto dos Estados Unidos embute interesses econômicos, mas mira, sobretudo, saldos políticos. A ação de Washington nas últimas décadas, fornecendo apoio a ditaduras e a governos impopulares, gerou desconforto e contrariedade em boa parte do continente.

É improvável que a senda de dominação imperial mude em sua essência. Os Estados Unidos parecem mais interessados em aproveitar a crise em vários países para estabelecer novas bases de relacionamento que não implicam tirar de cena o fato de que ao norte de todos está um império de alcance global.

Nota:

1. Panorama Social da América Latina. Santiago do Chile: Cepal, 2014.

Ayotzinapa: oligarquia, narcotráfico e o Estado mexicano

Arturo Guillén *

O assassinato de seis pessoas e o desaparecimento forçado de 43 estudantes normalistas de Ayotzinapa, ocorridos dias 26 e 27 de setembro de 2014, sublinharam o alto grau de decomposição da sociedade e do Estado mexicanos. Como disse o padre Solalinde, defensor de emigrantes, "o que vivemos no México é muito sério [...]. Ayotzinapa foi uma foto que tiramos do Estado e da sua atuação".[1]

Essa foto dos acontecimentos de Ayotzinapa, entre muitos que ocorreram em outros estados da República, obriga-nos a refletir sobre a natureza do atual Estado mexicano. Em particular, põe no centro do debate a questão de saber até que ponto ele é ou está em vias de se converter em um "narcoestado". Trata-se de um assunto muito complexo, que obviamente não pretendo elucidar nesta breve nota. Limito-me a expor alguns elementos que talvez ajudem a ilustrar essa hipótese.

Para entender as mudanças ocorridas no Estado mexicano durante as últimas três décadas, temos de começar recordando que, no período, reinou um modelo de desenvolvimento neoliberal, que tomou o lugar do anterior modelo de substituição de importações.

O modelo neoliberal é um regime de acumulação fundamentalista de mercado, orientado para fora, baseado na exportação de manufaturados e de produtos primários, principalmente petróleo e minérios. Quanto ao seu financiamento, trata-se de um regime sus-

---

* Professor-pesquisador do Departamento de Economia da Universidade Autónoma Metropolitana Iztapalapa. Professor da Pós-graduação em Estudos Sociais, Linha Economia Social, da mesma Universidade. Coordenador geral da Rede de Estudos sobre o Desenvolvimento Celso Furtado (www.redcelsofurtado.edu.mx).•

tentado pela poupança externa, no qual as políticas macroeconômicas destinam-se fundamentalmente a favorecer os interesses do capital monopolista-financeiro.

Ao instaurar o modelo neoliberal, os seus promotores sustentaram que, abrindo a economia ao exterior, desregulando e privatizando os bens públicos, ela recuperaria a sua capacidade de crescimento, criaria empregos suficientes e de maior qualidade, os salários reais seriam elevados e a pobreza, eliminada. A realidade dos últimos trinta anos nos mostra um cenário totalmente oposto. O modelo não gerou crescimento, mas estagnação crônica (2,4% de crescimento médio anual do Produto Interno Bruto — PIB); quase não criou empregos formais, antes alimentou o desemprego, a informalidade e a emigração para os Estados Unidos; os salários reais caíram 70% desde 1982; e a pobreza, que se tentou aliviar com programas de subsídios localizados, atinge hoje quase 70% dos mexicanos, e uma parte dessa população sofre de fome. Nesse meio-tempo, os mais ricos enriqueceram como nunca sob o neoliberalismo. As grandes fortunas se destacam nas listas dos maiores milionários do planeta.

O neoliberalismo, em vez de criar um sistema produtivo mais homogêneo e integrado, acentuou a heterogeneidade estrutural; destruiu cadeias produtivas, gerou desindustrialização e aniquilou a agricultura tradicional. O modelo neoliberal é concentrador de renda e excludente, que rasga o tecido social. A exclusão social é o caldo de cultura das atividades de delinquência e a base de recrutamento do crime organizado.

O Consenso de Washington criou, no terreno político, uma estreita aliança entre o capital monopolista-financeiro dos centros e as elites internas da periferia, com o objetivo de disseminar a globalização. Na década de 1980, vários dos grandes grupos econômicos mexicanos, assim como as multinacionais que operavam no país fundamentalmente para o mercado interno, conseguiram converter as empresas e orientá-las para o mercado externo. O processo de privatização de empresas estatais e paraestatais, muito incrementado durante a administração de Salina de Gortari, favoreceu o processo de recomposição da oligarquia mexicana. A "nova oligarquia" se

282 | ALIANÇAS E CONFLITOS

inseriu, principalmente, na banca, nas telecomunicações e nos meios de comunicação de massa. Novos hierarcas (Carlos Slim, Roberto Hernández, Alfred Harp Helú, Ricardo Salinas Pliego, Larrea, González Barrera etc.) se incorporaram à lista dos superpoderosos.

A fração hegemônica do poder no México é integrada pelos donos dos grandes grupos monopolistas nativos, com interesses cruzados na indústria, no comércio, nas finanças e nos serviços; pelos proprietários dos meios de comunicação de massa (na televisão, rádio e grandes diários nacionais e regionais); pelos altos hierarcas das Igrejas e do Exército, e também, por que não dizê-lo, pelos grandes "capos" do narcotráfico.

Com o neoliberalismo, registrou-se uma ascensão vertiginosa das atividades do narcotráfico, que aparece agora implicado no crime do estado de Ayotzinapa. A desregulação e a abertura externa facilitaram as suas atividades tanto nacionais como internacionais. Não que o narcotráfico não existisse antes, mas não tinha o mesmo alcance.

Sob o neoliberalismo, o narcotráfico cresceu e se converteu em um negócio transnacional. O México, por sua vez, tornou-se um dos centros mundiais do narcotráfico. De intermediários dos cartéis colombianos, os traficantes mexicanos transformaram-se em principais produtores e fornecedores de droga ao mercado norte-americano e europeu. Não foi por acidente que Chapo Gusmán apareceu nas listas da *Forbes* como um dos principais milionários do México, ao lado de Slim e demais oligarcas que as integram.

Ao contrário do que pretende a mídia oficial, o crime organizado não é um poder externo que observa o poder político e que o infiltra. Os laços entre crime organizado, empresariado e Estado configuram uma estrutura orgânica, como revelam, em toda a sua dramaticidade, os acontecimentos de Ayotzinapa, de Michoacán ou de Tamaulipas. Os "capos" são grandes empresários transnacionais que operam com uma lógica capitalista e necessitam do sistema financeiro — um baluarte central do poder oligárquico — para lavar as suas receitas. A imbricação de interesses entre os diferentes segmentos do poder econômico e político (incluindo os do tráfico) tem um caráter estrutural. Por essa razão, o conceito de "narcoestado" aponta para um elemento iniludível da realidade mexicana e explica a magnitude do desastre nacional, com todas as suas chagas: corrupção desmedida, impunidade, decomposição do tecido social e repressão crônica.

A oligarquia e o Estado mexicanos são cada vez mais dependentes dos Estados Unidos. A primeira é crescentemente uma oligarquia rentista, com uma base de acumulação de capital cada vez mais débil, que atua, em grande medida, como gestora dos interesses transnacionais. E o Estado, que havia mantido certa autonomia até a ascensão do neoliberalismo, selou a submissão ao vizinho do norte ao assinar o Tratado de Livre-Comércio da América do Norte. O processo de subordinação ao poder hegemônico dos Estados Unidos continuou com a assinatura do Acordo de Segurança e Prosperidade da América do Norte (ASPAN). Esse acordo não foi só um mecanismo para desenvolver a integração econômica da América do Norte, mas também um espaço para definir políticas de segurança regional em função dos interesses globais dos Estados Unidos. Dois objetivos se destacam no ASPAN: a luta contra os inimigos externos — terroristas ou traficantes de drogas — e a contenção da emigração para os Estados Unidos proveniente do México, da América Central e outros países — emigração que o México, sendo a rota de passagem dos emigrantes, assume a responsabilidade de reprimir no seu território.

Quando chegou ao governo, no fim de eleições questionadas por fraude, desprovido de legitimidade interna, Felipe Calderón declarou a guerra frontal contra o tráfico e fez sair o exército dos quartéis para encabeçá-la. Calderón subordinou essa ação à estratégia global dos Estados Unidos contra o terrorismo internacional. Com isso, assumiu-se que a luta contra o tráfico de drogas é equivalente à luta contra o terrorismo, o que permite que as polícias e agências norte-americanas de segurança operem em território mexicano.

Desde os atentados terroristas contra as Torres Gêmeas de Nova York, em 11 de setembro de 2001, os Estados Unidos estabeleceram, como um dos seus objetivos no combate ao "terrorismo" na região, a demarcação de um "perímetro de segurança da América do Norte", segundo o qual os territórios do Canadá e do México são considerados espaços integrantes de sua segurança nacional. Para esse fim, foi criado, em 2002, o Comando do Norte, cuja missão consiste em vigiar as vias de acesso aéreo, terrestre e marítimas dos Estados Unidos, Canadá e México e se reorganizou o Comando Norte-Americano de Defesa (NORAD, no seu acrônimo em inglês).

Por conseguinte, a tarefa central do Comando é "treinar as forças armadas do México em áreas específicas, necessárias [...] para transformar os militares (mexicanos) de uma força convencional, destinada a combater ameaças externas, em um exército que tem de enfrentar uma guerra irregular na qual o inimigo vive entre civis".[2]

É esse o contexto estrutural, descrito brevemente nesta nota, em que se produz o desaparecimento forçado dos jovens normalistas de Ayotzinapa e dos mais de 20 mil desaparecidos reconhecidos pelo governo. Uma economia estagnada e excludente; uma oligarquia rentista e dependente do exterior, que constitui o centro do poder econômico e político; um crime organizado estruturalmente entrelaçado com o poder; e um Estado fraco, diminuído após trinta anos de neoliberalismo, militarizado, corrupto e subordinado aos interesses e estratégias do imperialismo norte-americano.

O governo federal tenta encerrar o caso Ayotzinapa, refrear a amplíssima mobilização popular e a solidariedade internacional tecidas ao seu redor, e negar que se trate de um crime de Estado. Na sua versão, um modesto funcionário municipal, Abarca, ordenou a repressão dos estudantes e os entregou a um grupo do crime organizado (Guerreros Unidos) que, presumindo que os estudantes teriam sido infiltrados por um grupo de delinquentes rival (Los Rojos), decidiu matá-los e incinerá-los.

O desaparecimento forçado dos normalistas contém todos os elementos de um crime de Estado. Por muito que se qualifique Abarca e a sua esposa como funcionários menores, eles integravam inegavelmente o aparelho de Estado. A sua vinculação com o crime organizado era conhecida há bastante tempo e, no entanto, as autoridades federais nunca tiraram as consequências. A região de Iguala não fica à margem das atividades do tráfico, visto que ali se produz 98% da papoula mexicana, vendida sob a forma de heroína nos Estados Unidos e outros mercados.[3] As autoridades estaduais de Guerrero não foram investigadas. Isentou-se o exército mexicano de ter participado nos acontecimentos, apesar de diversas evidências assinalarem a sua presença.

Dificilmente se pode aceitar a tese de que o crime de Iguala foi o resultado de um equívoco. A perseguição e a hostilidade contra os estudantes normalistas não data de ontem. O projeto governamental de encerramento das escolas normais rurais também não. O desaparecimento e o eventual assassinato desses jovens demonstra um alto grau de preconceito de classe e racismo da parte de quem ordenou a repressão. Talvez se tenha pensado que os normalistas podiam ser eliminados sem um custo político alto, porque eram filhos de camponeses pobres, eram indígenas e, por acréscimo, eram radicais de esquerda. Ou seja, eram excluíveis e desprezíveis. A decisão de fazê-los desaparecer foi um grave erro, pois deu origem a uma ampla mobilização cidadã, que colocou em questão não só o governo de Peña Nieto, mas o próprio sistema político mexicano.

Notas:

1. "Debemos ser abiertamiente subversivos y decirle al sistema 'no te queremos'". *Sin Embargo*. [s.l], 22 jan. 2015. Disponível em: <http://goo.gl/59rWI3>. Acesso: 10 jun. 2015.
2. JÓVENES ANTE EL DESASTRE Y LA EMERGENCIA NACIONAL. "Ayotzinapa y Tlatlaya. Geopolítica, ocupación del país y terrorismo de Estado". In: Site de movimento em prol de mudanças no governo mexicano. Disponível em: <http://goo.gl/cA7OjT>. Acesso em: 10 jun. 2015.
3. *Ibidem*.

Comunidades religiosas e crise de legitimidade do Estado no mundo árabe[1]

Georges Corm*

Os Estados criados pelo desmembramento das antigas províncias árabes do Império Otomano estão em situação de crise quase permanente, aberta ou não. As revoltas de 2011 revelaram ao mundo a gravidade desse descontentamento. E, no entanto, ele já era bem visível numa série de eventos desde o início da independência desses Estados, entre 1940 e 1960, depois do período de domínio colonial europeu no Oriente Médio.

Podemos evocar, em primeiro lugar, a incapacidade dos Estados árabes de conter o Estado de Israel, em criação em 1948–49, e de impedir o fluxo de refugiados palestinos, fugindo dos combates e dos massacres. Citemos, em seguida, o incêndio do centro do Cairo em 1950, atribuído ao Movimento dos Irmãos Muçulmanos ou aos comunistas, e depois o golpe de Estado militar de 1952, a que sucederam dois anos de indefinição até que se impusesse a forte personalidade de Gamal Abdel Nasser e que o regime monárquico fosse definitivamente abolido.

Nesse meio-tempo, a Síria sofreu, em 1949 e em 1950, dois golpes de Estado de curta duração, seguidos de um terceiro, que só chegou a termo em 1955. Posteriormente, assistimos à efêmera união do Egito e da Síria (1958–61) no contexto da República Árabe Unida, que deveria ter sido o primeiro passo para realizar a aspiração à unidade do conjunto dos povos árabes. Em 1958, o Líbano e a Jordânia passaram por duas graves crises que levaram à intervenção

---

*Economista e jurista libanês, professor da Universidade Saint-Joseph de Beirute, no Líbano. Ex-ministro das Finanças do Líbano, autor de uma vasta obra sobre o Oriente Médio. <www.georgescorm.com>.

dos Estados Unidos e da Inglaterra. Nesse mesmo ano, também no Iraque, um golpe de Estado militar suprimiu a monarquia.

Os anos 1960 foram marcados por uma nova série de golpes de Estado na Síria e no Iraque, que conduziram ao poder diferentes alas do partido Baath, pan-árabe. Esse partido cindiu-se definitivamente em dois ramos rivais, um sírio, o outro iraquiano. A ditadura de Sadam Hussein, no Iraque, consolidou-se em 1974. Em 1965, a Argélia assistiu, por seu turno, a um golpe de Estado militar que levou ao poder Houari Boumediene; o rei do Marrocos foi alvo de dois atentados no começo dos anos 1970.

Entretanto, na Jordânia, os movimentos armados palestinos com aspirações revolucionárias pan-árabes foram objeto, em 1969, de uma repressão violenta das forças armadas (Setembro Negro) e se refugiaram no Líbano. Este país, por sua vez, passou a partir de 1975 por um período de quinze anos de violência, desestabilizado pelos embates entre os movimentos armados palestinos e o exército israelense, que não hesitou em ocupar, em 1978, uma parte do sul do Líbano e a entrar em Beirute em 1982.

Poderíamos prosseguir na enumeração de todos esses conflitos. Seria suficiente lembrar a história infeliz do Estado iraquiano (guerra contra o Irão, ocupação do Kuwait e a sua libertação por uma larga coalizão militar, o embargo econômico a que foi submetido, a invasão pelos Estados Unidos, em 2003, e as consequências dramáticas que se prolongam até hoje). Mas podemos também evocar o longo conflito das forças armadas algerianas contra grupos armados islamistas (1992–2000) e, mais recentemente, a secessão do Sudão do Sul.

É necessário lembrar que, durante o último episódio da Guerra Fria, os Estados Unidos promoveram a instrumentalização das identidades religiosas, nomeadamente cristãs, judias e muçulmanas para lutar contra a expansão do comunismo no mundo árabe e muçulmano. Essa instrumentalização foi ainda mais virulenta por ocasião da Primeira Guerra do Afeganistão (1979–90), quando numerosos jovens, ditos jihadistas, foram treinados e armados militarmente para combater as forças armadas soviéticas que haviam invadido o Afeganistão. Desde esse momento, o Islão político, militante e radical conheceu uma expansão fulgurante em todos os países árabes e outros países muçulmanos, financiada por redes de organizações não governamentais islâmicas, criadas pelos dirigentes dos países árabes exportadores de petróleo da península Arábica. Esses grupos de opinião e agitação islâmica contribuíram para agravar a crise de legitimidade dos Estados árabes, contestados e acusados de não respeitar os ensinamentos do Islão.

Assim, não é de estranhar que hoje poucos Estados escapem a uma lógica de desintegração ou de confrontos internos (Líbia, Iêmen, Síria, Iraque, Sudão, Bahrein, Líbano, Tunísia, Egito), enquanto o Estado palestino, apesar de numerosas resoluções das Nações Unidas, ainda não nasceu, em virtude do apoio multiforme ao Estado de Israel, que continua, desde 1977, a estender e consolidar a colonização de povoamento aberta — e não mais sub-reptícia — dos territórios conquistados em 1967. Enfim, o conflito do ex-Saara espanhol, que opõe Marrocos e Argélia desde 1974, ainda não teve solução.

Esse quadro mostra claramente que existe um problema grave no funcionamento e na legitimidade dos Estados árabes oriundos do colapso do Império Otomano e da descolonização. Entretanto, a origem desse problema não é a existência das diversas comunidades religiosas. Por essa razão, tentaremos identificar as causas múltiplas dessas crises de Estado quase permanentes, o que nos levará a mostrar que as questões comunitárias e/ou étnicas podem ser, em alguns lugares e circunstâncias, o modo de expressão dominante de uma situação de conflito, nomeadamente na Síria, no Iraque, no Líbano e no Iêmen, mas de modo algum constituem a sua causa primeira.

E no entanto a ideia de que a instabilidade se deve à existência de comunidades de diferentes religiões tornou-se muito frequente, porque é fortemente estimulada pelas tradições da produção intelectual colonial sobre a Questão do Oriente, ou os relatos dos viajantes europeus no Oriente Médio. Essa ideia é um lugar comum desde há algumas décadas, na realidade desde a última fase da Guerra Fria, quando as três grandes religiões monoteístas foram mobilizadas para acelerar o colapso da União das Repúblicas Socialistas Soviéticas — URSS. Desde então, essa suposta explicação invadiu a mídia e a maioria dos trabalhos acadêmicos que pretendem esclarecer os conflitos da Síria e do Iraque, mas também do Líbano ou do Iêmen e de Bahrein. O foco na descrição das subidentidades comunitárias no mundo árabe não tem, no entanto, em si, valor explicativo.[2]

No mundo árabe a evolução foi exatamente a inversa daquilo que aconteceu na Turquia — que conseguiu manter sua unidade territorial, mesmo reduzida à Anatólia — depois do colapso do Império Otomano. As sociedades árabes foram fragmentadas em Estados diferentes, uns sob o controle direto da França, os outros sob o da Inglaterra. Na península Arábica, a emergência por conquista militar, durante os anos 1920 de um reino patrimonial — o Reino dos Sauditas —, que adota o Corão como constituição e o vaabismo como ideologia de Estado, constitui um espaço de recusa de toda a modernidade liberal, que perdura até hoje. O vaabismo data do século XVIII e reivindica o radicalismo religioso mais desmedido e intolerante entre as numerosas maneiras de interpretar a mensagem corânica. A constituição do reino saudita-vaabita foi fortemente apoiada pelos britânicos em detrimento da família dos Hachemitas, guardiã dos lugares santos da Meca e Medina.

No Oriente Médio, o Líbano foi separado da Síria, e a Palestina foi destinada a se tornar um Estado judeu, conforme a Declaração de Balfour de 1917, integrada no texto do mandato concedido pela Sociedade das Nações à Inglaterra. Resumindo, ocorreu uma "balcanização" dos territórios das províncias árabes otomanas, que contrasta fortemente com o fato de a Turquia ter conseguido se reconstituir, preservando a unidade do seu território na Anatólia.

O contraste é severo entre a manutenção da unidade de um vasto espaço econômico turco e a fragmentação do antigo território árabe-otomano em pequenas entidades pouco homogêneas tanto no plano dos recursos quanto no dos regimes políticos (monarquias e repúblicas). A instituição da Liga dos Estados Árabes, em 1945, não mudou essa situação, continuando extremamente fraca a cooperação econômica entre Estados árabes, apesar da assinatura de numerosos acordos.

E, mais ainda, a Turquia moderna suprimiu o regime dos "millet", que outorgava uma autonomia de gestão das questões das comunidades não muçulmanas à autoridade dos chefes das diferentes Igrejas do Oriente. Além disso, laicizou totalmente as questões referentes ao estatuto pessoal, instituindo o casamento civil obrigatório e extinguindo a poligamia; enquanto os novos Estados árabes conservaram esse regime (à exceção da Tunísia), ou mesmo o fortaleceram, como é o caso do Líbano, que permanece até hoje um microcosmo do Império Otomano decadente, submetido às pressões das potências exteriores.

Nos últimos anos, nomeadamente depois da invasão do Iraque pelos Estados Unidos e da violenta crise que vem arrasando a Síria desde 2011, o comunitarismo religioso causou imensos estragos. Ao Iraque baaísta, fortemente laico, sucede um país arrasado pela hostilidade aberta entre sunitas e xiitas. Na Síria, também eclode a questão comunitária da preponderância de certos membros da comunidade aluíta nas engrenagens civis e militares do Estado.

No Líbano, as experiências constitucionais sucessivas visando organizar a repartição do poder sobre bases comunitárias fracassaram. Ao domínio dos notáveis da comunidade maronita, conquistada graças ao apoio francês, sucedeu a dos notáveis sunitas, no início graças ao desenvolvimento do poder egípcio sob o impulso do nasserismo, depois com o apoio do poder financeiro da Arábia Saudita, que até hoje patrocina a rica família dos Hariri. A Revolução Iraniana de 1979 teve também uma forte influência sobre as estruturas comunitárias e os dirigentes da comunidade xiita. O Acordo de Taëf, assinado entre parlamentares libaneses na Arábia Saudita em 1989, a fim de contribuir para a pacificação do conflito libanês (1975–90), refletiu os novos equilíbrios regionais na repartição dos poderes constitucionais entre os dirigentes das três grandes comunidades do país (maronitas, xiitas, sunitas). Apesar dessa importante reforma do sistema comunitário, as crises, a má gestão do Estado e a corrupção continuam caracterizando a vida política e socioeconômica do Líbano.

O regime comunitário já demonstrou, aliás, que não só consagra a lógica e o comportamento da competição entre as comunidades e

BRASIL, SOCIEDADE EM MOVIMENTO | 291

desenvolve artificialmente o fanatismo religioso, mas também estimula a corrupção dos notáveis comunitários, a quem é impossível pedir contas da sua gestão como altos responsáveis do Estado, sem suscitar agitação e tumulto entre os membros das comunidades. No sistema de repartição comunitária do poder, um dirigente acusado de má gestão ou de desfalque se protegerá sempre alegando que a acusação é de má-fé e visa degradar a imagem da comunidade que ele é suposto representar.

A instituição desse regime no Iraque em 2004, na esteira da invasão americana, é outra prova flagrante dos resultados catastróficos da instauração das comunidades na ordem política. A gestão da ocupação pelos Estados Unidos engendrou uma repartição desigual dos poderes entre as duas grandes comunidades xiita e sunita, em proveito da primeira, sob o pretexto de que a comunidade sunita teria oprimido a outra desde a criação do Estado iraquiano. Em consequência, a influência iraniana pôde se desenvolver largamente no Iraque, enquanto a legítima resistência à ocupação americana do país se transformou num terrorismo antixiita terrível, praticado por grupos reivindicando a defesa dos sunitas no Iraque. A organização dita "Estado Islâmico" é uma emanação desses grupos e tomou proporções alarmantes que persistem para além do abandono do terreno pelas tropas americanas ocupantes. Em cidades muito plurais do ponto de vista da população como Kirkouk ou Moussoul (árabes sunitas e xiitas, curdos, turcomanos, assírios), para além do caso de Bagdá, a repartição do poder municipal com base nas comunidades gera também numerosos problemas.

Agora, por ocasião da violenta crise síria, descobriram que esse país é também constituído por diversas comunidades; tal como haviam descoberto a mesma realidade no caso do Iraque. A partir daí evocam soluções de repartição comunitária do poder político, como se todas as desgraças que se abateram há mais de um século sobre as sociedades que foram dotadas de tal regime não tivessem nunca existido. É raro encontrar uma falta de discernimento tão permanente. Note-se que essa cegueira é encorajada pela proliferação das teorias sobre o "direito à diferença" ou à sociedade multicultural, que certos ensaístas propagaram baseando-se em exemplos pouco pertinentes (relações entre populações indígenas e população branca de colonizadores, como no Canadá, ou entre anglófonos e francófonos ainda no Canadá, ou negros e brancos nos Estados Unidos). Homens políticos pouco escrupulosos, sequiosos de publicidade fácil, serviram-se desses temas para conquistar a liderança comunitária, como no caso do Líbano, durante o período de grandes confrontos, entre 1975 e 1990. Certos "chefes de guerra" cristãos dessa época tentaram impor a noção de "sociedade cristã", com o intuito de definir um quadro político federal que lhes permitisse viver a sua "diferença" em relação à sociedade muçulmana.

A criação relativamente recente de Estados que se definem pela identidade religiosa, como o Reino da Arábia Saudita (1925), o Paquistão (1948) e Israel, Estado dos Judeus (1948) ou mesmo a República Islâmica Iraniana (1979), não deixou de estimular os ardores guerreiros e geradores de violências de chefes políticos pouco escrupulosos, que não hesitam em instrumentalizar as subidentidades comunitárias para levar a cabo as suas ambições políticas. Diante de um exemplo bem-sucedido, a Suíça, e outro frágil, a Bélgica, assistimos a inúmeros fracassos e dramas na tentativa de criar Estados comunitários sobre os escombros das sociedades que tinham sido secularmente caracterizadas pela vida em comum de populações com identidades múltiplas.

Por essa razão, é imperativo prestar mais atenção às causas daquilo que pode cristalizar o sentimento de revolta comunitário, antes de evocar soluções comunitárias para sociedades plurais. É necessário, com efeito, identificar os fatores que favorecem a politização da identidade comunitária, para que as sociedades plurais acedam a uma identidade cidadã moderna. É unicamente por meio desse processo que o mal-estar nas comunidades pode ser circunscrito e transformado em posições políticas republicanas, desvencilhadas de complexos identitários.

O sentimento de revolta identitária tem frequentemente uma origem geográfica e socioeconômica. Uma determinada comunidade pode ser prisioneira de um meio geográfico desfavorável, como uma zona rural pobre e destituída de recursos, ou situada longe dos centros urbanos ou em uma zona montanhosa com difícil acesso aos grandes centros urbanos e de comércio. Esse foi o caso, durante muito tempo, dos camponeses xiitas no Líbano; é ainda o dos xiitas do Reino do Bahrein ou do Iêmen. É também, atualmente, a situação dos camponeses sunitas do norte do Líbano e da cidade de Trípoli. Na Arábia Saudita, a comunidade xiita está concentrada na costa leste do reino, região muito rica em petróleo. Entretanto, seus habitantes permanecem pobres e não participam das rendas do petróleo, visto que as instalações são geridas pelo Estado central. No Iraque, a riqueza petrolífera está concentrada no norte e no sul do país, e nem todas as comunidades se beneficiam dessa riqueza. Na Síria, a comunidade aluíta foi uma das mais pobres do país, tendo vivido, por muito tempo, isolada em regiões montanhosas. Na Turquia, a comunidade curda está largamente concentrada na região leste do país, em zonas rurais pobres e pouco desenvolvidas. No Egito, os choques entre coptas e muçulmanos ocorrem em zonas rurais pobres ou em bairros urbanos pobres. Seria possível multiplicar os exemplos.

Se os Estados árabes passaram por uma crise de legitimidade que continua se desdobrando, ela deve ser atribuída à fragmentação da região operada pela França e Inglaterra no fim da Primeira Guerra Mundial, e ao fracasso da industrialização nos países árabes, apesar das tentativas de Mohamed Ali, no Egito, no começo do século XIX, de Gamal Abdel Nasser, no Egito, em meados do século XX, de Houari Boumedienne, na Argélia, e de Sadam Hussein, no Iraque, no final do século XX. A crise de desemprego, as injustiças sociais e a corrupção criam a atmosfera propícia à designação de "ovelhas negras", facilmente escolhidas na especificidade comunitária, tanto mais que, como vimos, o sistema dos "millet" persistiu depois do colapso do Império Otomano, contribuindo para restringir as relações intercomunitárias.

Não é em uma repartição comunitária do poder que se deve procurar a solução para os numerosos problemas de legitimidade que afetam os Estados árabes desde a sua acessão à independência, mas em políticas econômicas e sociais que assegurem o pleno emprego, a igualdade de oportunidades e o sentimento de cidadania. Esse sentimento era mais premente há meio século, quando a maioria das sociedades árabes se reconhecia num "arabismo" aberto, baseado não na identidade religiosa, mas de modo muito mais largo sobre a comunidade de língua, de cultura e de história. A atual crise de legitimidade dos Estados e governos árabes provém do retraimento do nacionalismo laico, combatido pelos regimes monárquicos da península Arábica, e favorecendo os grupos radicais islâmicos, fortemente encorajados pelas redes dos petrodólares. "O Islão é a solução" virou o slogan mais difundido, substituindo o apelo à unidade árabe. Essa invasão do radicalismo religioso de tipo vaabita-saudita causou, por sua vez, um reflexo de defesa nas subidentidades de tipo comunitário. Assim, o radicalismo religioso conseguiu apenas aumentar os fanatismos e o medo entre comunidades, como fica patente em vários acontecimentos das últimas décadas e no movimento das revoltas árabes de 2011, que as diferentes tendências do Islão político tentaram confiscar para seu proveito. Em certos países, como a Líbia, o Iraque e a Síria, o Islão dito político virou guerreiro, criando por todo lado violências e caos.

A solução para os problemas da legitimidade das entidades estáticas árabes não poderá ser encontrada em radicalismos identitários religiosos, mas unicamente no reforço da capacidade dos Estados de assegurar a justiça social e a apropriação das ciências e das técnicas, que é o único meio de obter o pleno emprego. Qualquer outra abordagem só pode gerar mais caos e violência.

Notas:

1. Este artigo é publicado com a autorização da *Revista Afkar/idées*, n. 41, primavera de 2014, IEMed et Estudios de Política Exterior S. A., Barcelona — Madri.

2 Sobre o assunto, consultar as seguintes obras: CORM, George. *Le Proche-Orient éclaté 1956–2012*. Paris: Folio/Histoire, 2012. v. 1. CORM, Georges. *Pour une lecture profane des conflits*. Sur le retour du religieux dans les conflits du Moyen-Orient. Paris: La Découverte, 2012.

De volta ao futuro?
Retomada global e europeia[1]

*Stuart Holland**
Tradução de Laura Mortara

Enquanto os Estados Unidos e o FMI clamam pela retomada da economia europeia, o programa de investimentos baseado em obrigações, que Jean-Claude Juncker apresentou em julho de 2014, acabou reduzido a uma iniciativa de *private funding*, cujos critérios ainda não foram estabelecidos. Isso impede que o Banco Europeu de Investimento (BEI) e que sua instituição irmã, o Fundo Europeu de Investimento (FEI), emitam obrigações que não pesem na dívida interna e que aloquem os superávits dos fundos de pensão globais e soberanos em programas de investimentos baseados nos critérios já acordados entre chefes de Estado e de governo europeus. As implicações resultantes são inúmeras, não apenas para a Europa, mas também para o G7 e o G20, em termos de sustentar a atividade econômica e o emprego na economia mundial, conforme preconizado tanto pelos Estados Unidos quanto pelo FMI.

Um dos pontos eloquentemente defendido por Jean-Claude Juncker e Giulio Tremonti, em artigo publicado no *Financial Times*, em dezembro de 2010,[2] é que as emissões líquidas de obrigações em euros atrairiam, por exemplo, superávits dos bancos centrais de economias emergentes e fundos soberanos. E, no entanto, essa perspectiva não consta da proposta atual da comissão para a criação de um Fundo Europeu de Investimento Estratégico (FEIE)[3] e não cumpre o compromisso assumido por Jean-Claude Juncker, em seu discurso de posse diante do Parlamento Europeu, em julho

---

*Economista, professor-visitante da Universidade de Coimbra, ex-deputado do Partido Trabalhista Britânico, doutor *honoris causa* pela Universidade de Roskilde, Dinamarca.

BRASIL, SOCIEDADE EM MOVIMENTO | 297

de 2014, de fomentar a retomada por meio do investimento lastreado em obrigações do BEI.

A proposta de criação do FEIE surgiu de uma análise brilhante do ministro das Finanças da Polônia, Mateusz Szczurek, de que a retomada europeia deveria ser induzida pelo investimento.[4] Mas, também, da percepção errônea de que o Fundo Europeu de Investimento FEI — criado por Jacques Delors, em 1994, logo após a publicação de seu White Paper,[5] em dezembro de 1993, sobre crescimento, competitividade e emprego — não poderia fazê-lo, embora o FEI tivesse sido concebido para viabilizar tal retomada, para compensar a dívida deflacionária e o déficit de Maastricht.

Como Jérome Vignon, ex-diretor da Unidade de Estudos Avançados da Comissão, afirmou recentemente, o "grande legado" do White Paper, de Delors, que o próprio considerou como o auge de sua carreira à frente da Presidência da Comissão, passou despercebido. Principalmente, como destacou Vignon, pelo descaso em relação à proposta nele apresentada de obrigações públicas da União e obrigações conversíveis do Fundo Europeu de Investimento.[6] Nesse texto, também se reconhece a viabilidade de um New Deal para a Europa, parte integrante da proposta dos títulos do Fundo Europeu de Investimentos e que ainda é totalmente viável dentro das instituições existentes, sem revisões de Tratado, sem garantias nacionais, nem transferências fiscais entre os Estados-membros.

Além disso, ao contrário do que prevê a atual proposta do FEIE, não é necessário estabelecer critérios para uma retomada baseada em investimento. O Conselho Europeu de Essen, de 1994, concordou em financiar as Tens — Trans European Transport and Telecommunications Networks (Redes de Transporte e Telecomunicações Transeuropeias). E o Programa de Ação Especial de Amsterdã, de 1997, ampliou os termos de referência do BEI para investir em saúde, educação, reconstrução urbana, salvaguardas ambientais, tecnologias verdes e financiamento de pequenas e médias empresas.

Em reunião de março de 2015, em Bruxelas, ficou evidente que um alto funcionário da Comissão, participante da elaboração dos novos critérios para o FEIE, desconhecia por completo a existência e a aprovação pelos Conselhos Europeus dos princípios abrangentes do Programa de Ação Especial de Amsterdã. Ao mesmo tempo, como lamentou Mateusz Szczurek, o FEIE, ao contrário da proposta inicial, não apresenta mecanismo de financiamento por obrigações.

O FEIE proposto, portanto, não é baseado em obrigações, como se comprometeu Juncker com o Parlamento Europeu, em julho de 2014, mas uma iniciativa de *private finance*.[7] Programas desse tipo são conhecidos por buscarem garantias públicas e, por isso, custarem mais que o financiamento público direto. Além disso, o FEIE já foi questionado pelo Tribunal Europeu de Auditores sob o argumento de que não há fundamentação legal para se oferecer garantias a cofinanciamento do setor privado. O Parlamento Europeu também questionou o fato de que o fundo, além de não oferecer novos recursos financeiros, propõe a realocação das verbas de pesquisa da UE.

Além disso, se os Estados-membros da UE contribuírem para o FEIE, as quantias serão contabilizadas como dívida interna e, para a maioria dos Estados, isso violará o Pacto de Estabilidade e Crescimento, enquanto os títulos do FEI, que faz parte do grupo BEI, assim como os títulos do próprio BEI, não seriam computados como dívida interna. Os títulos do FEI também poderiam cofinanciar os investimentos do BEI, realocando superávits globais de bancos centrais e fundos soberanos, como defendido por Jean-Claude Juncker e Giulio Tremonti, em 2010. Esse detalhe também era parte do objetivo do projeto inicial, à imagem das obrigações do Tesouro norte-americano, que não contam para a dívida dos estados da União Americana, dispensando o federalismo fiscal. Isso porque os projetos do BEI são mantidos pelas receitas por eles geradas e pela arrecadação atual dos Estados-membros que se beneficiam desses financiamentos.

Para resumir essas diferenças institucionais e práticas: O FEIE depende de financiamento do setor privado, que não é certo quando o nível de confiança é baixo, e ainda requer garantias que podem ser questionadas juridicamente.

As obrigações do BEI são financiadas principalmente por bancos centrais e aproximadamente um terço por fundos de pensão, que requerem classificação AAA, com pouquíssimo investimento por parte dos fundos soberanos.

As obrigações do FEI podem realocar superávits globais que não conseguem obter veículos adequados de investimento e podem ser financiadas por fundos soberanos.

Concepções errôneas sobre o FEI

A intenção de criar um Fundo Europeu de Investimento Estratégico reflete a posição de Mateusz Szczurek, em seu discurso de setembro de 2014, no Instituto Bruegel, propondo a criação de Fundo Europeu de Investimento, baseado na crença de que a função estratégica não poderia ser exercida pelo próprio FEI. Como ele disse:

> O porte do FEI, seus investimentos diretos em infraestrutura e o horizonte de longo prazo seriam as principais diferenças com o atual Fundo Europeu de Investimento, que só tem 4,5 bilhões de euros de capital e facilita o acesso das pequenas e médias empresas ao financiamento por meio de instituições intermediárias, que têm um horizonte de investimento menor.

Mas isso reflete somente uma visão sumária do papel do FEI que é, alias, a que consta no seu site, enquanto, pelo contrário, o artigo 2.1 do seu estatuto estabelece que "a tarefa do Fundo será contribuir para que sejam atingidos os objetivos da Comunidade".

Intencionalmente, em minha recomendação a Delors, essa redação era tão ampla quanto o escopo original traçado para o BEI. O estatuto do FEI não menciona em parte alguma que o fundo esteja limitado a oferecer apoio financeiro às pequenas e médias empresas. O artigo 2.2 especifica que "as atividades do Fundo podem incluir empréstimos".

Isso lhe permite lançar suas próprias obrigações, relançando a ideia das Obrigações da UE que Delors recomendara em seu White Paper, de dezembro de 1993.

300 | ALIANÇAS E CONFLITOS

Tanto o BEI quanto o FEI confirmaram à Comissão Econômica e Social, para constar do parecer de 2012, *Retomando o Crescimento*,[8] que o FEI poderia emitir títulos para financiar uma retomada via investimento — e para estabelecer um Fundo Europeu de Capital de Risco em vez de se restringir a oferecer garantias financeiras às pequenas e médias empresas — sem necessidade de uma revisão de seus estatutos ou de uma nova proposta por parte da Comissão.

Se a criação de um FEIE for inevitável, que seja. Mas não há necessidade de uma nova instituição dentro do Grupo BEI para viabilizar a retomada europeia, destacada por Jean-Claude Juncker como sua principal prioridade, ao buscar o apoio do Parlamento Europeu como presidente da Comissão Europeia, em julho de 2014.

Retomada cofinanciada pelo BEI–FEI

Na década iniciada em 1997, amparado pelos critérios do Programa de Ação Especial de Amsterdã, o BEI quadruplicou o montante anual de financiamentos de investimentos para, aproximadamente, 82 bilhões de euros. Mas o banco tem uma regra interna, e não uma obrigação estatutária, que determina o cofinanciamento de metade do valor de um projeto de investimento. A ausência de cofinanciamento adequado foi uma das principais razões para que poucas das redes de transporte e comunicação (Tens) fossem concluídas desde a decisão de instalá-las, em Essen, em dezembro de 1994. As dificuldades para garantir o cofinanciamento desde o início da crise da zona do euro também trouxeram questionamentos sobre a classificação AAA do BEI, o que motivou sua recapitalização no montante de 10 bilhões de euros.

Com essa injeção de capital, o BEI pode continuar a receber financiamento dos fundos de pensão e capitalizar sua reputação de avaliador confiável de projetos. O FEI, conforme seu estatuto atual, pode emitir obrigações em euros que atraiam superávits subaplicados de fundos soberanos e investimentos cofinanciados pelos vários critérios já acordados para o BEI, tanto para as Tens quanto para o Programa de Ação Especial de Amsterdã.

O FEI tem experiência limitada na avaliação de projetos, exceto quando se trata de pequenas e médias empresas. Mas o BEI tem mais de meio século de boa reputação na área. A avaliação e o monitoramento de projetos em que o FEI tenha participado como cofinanciador podem permanecer primordialmente a cargo do BEI.

Financiando a retomada com realocação de superávits globais

Grande parte da oposição aos eurobônus baseia-se na falsa suposição de que eles implicam necessariamente a mutuação da dívida, algo a que Angela Merkel e Wolfgang Schäuble[9] claramente se opõem. Muito do debate público sobre o financiamento de uma retomada europeia subentende que isso implique uma contribuição da Alemanha ou de outros Estados-membros com superávit, que teriam de subscrever ou garantir os empréstimos para fins de investimento, ou pagá-los por meio dos mecanismos de transferências financeiras da União.

Mas está errado. Embora só em dezembro de 2014, em uma reunião de consultores seniores com comissários europeus, além de um representante do FMI, em Bruxelas, tenha sido reconhecido que um empréstimo do BEI não entra na conta da dívida de Estados-membros. Também não requer garantias nacionais ou transferências fiscais.

A proposta de criação do FEIE tampouco tem uma dimensão global, apesar da retomada europeia ser vital para o resto da economia mundial. Em particular, ela não destaca que uma retomada de investimentos financiada por obrigações torna a realocação de superávits globais totalmente viável. O ministro das Finanças sul-africano, Nhlanhla Nene, declarou na reunião dos BRICS, de 25 de setembro de 2014, em Washington, que investiriam em eurobônus se fossem usados para financiar a retomada europeia. A Europa deve aceitar essa oferta.

302 | ALIANÇAS E CONFLITOS

Multiplicadores de investimentos

Além disso, com base no *White Paper* de Delors, de dezembro de 1993, a retomada europeia não precisa depender inicialmente da retomada de confiança do setor privado, mas criá-la, como o New Deal de Roosevelt. Se o cofinanciamento de BEI–FEI fosse direcionado tanto para as Tens quanto para os investimentos sociais e ambientais endossados pelos Conselhos Europeus no Programa de Ação Especial de Amsterdã, seus multiplicadores reestabeleceriam a confiança do setor privado, aumentariam o emprego e a arrecadação fiscal interna direta e indireta.

Estudos de Olivier Blanchard,[10] economista-chefe do FMI, e outros, como do *Observatoire Français des Conjonctures Economiques*, demonstram que multiplicadores fiscais variam em geral de 0,5 a 1,3, diferentemente daqueles de financiamentos públicos de investimentos, que são bem mais elevados. Os multiplicadores de investimentos do BEI oscilaram entre 2,5 e 3,0. Isso significa que 100 bilhões de euros em investimento líquido, financiado por títulos conjuntos BEI–FEI, poderiam gerar de 250 bilhões de euros até um máximo de 300 bilhões de euros em investimento, o que era o objetivo original de Jean-Claude Juncker ao defender uma retomada de investimento lastreada em obrigações do BEI diante do Parlamento Europeu.

O ministro da Economia francês, Emmanuel Macron, também reconheceu esse fato e defendeu uma emissão conjunta BEI–FEI em reunião ministerial em setembro de 2014. Um funcionário do governo declarou à imprensa: "[...]se pudéssemos movimentar de 20 a 40 bilhões de euros do Mecanismo Europeu de Estabilidade (MEE), por exemplo, para recapitalizar o FEI, obteríamos um efeito multiplicador sobre o BEI, que poderia atingir quase 200 bilhões de euros".

Já o ministro das Finanças alemão, Wolfgang Schäuble, foi contra essa solução e está colocando obstáculos à retomada lastreada em obrigações, como defendera Juncker. Ele se baseia no fato de que esse não era o objetivo do Mecanismo Europeu de Estabilidade. Mas o MEE não é definido de forma rígida. Não exclui a necessidade de operações adicionais para garantir a estabilidade da zona euro.

Além disso, se o Banco Central Europeu (BCE) pôde injetar 1,1 trilhão a título de *"quantitative easing"* nos bancos, poderia subscrever o que, comparativamente, é um pequeno aumento de capital do FEI de 20 ou 40 bilhões. Assim como a emissão de eurobônus do Fundo, isso poderia ser definido, caso necessário, pelo Conselho Europeu, como uma "política econômica geral da União", que, por tratado, o BCE está comprometido a apoiar, sem prejuízo da sua obrigação de proteger a estabilidade interna e externa da moeda. A preocupação da instituição agora não é a inflação, mas a desinflação e a deflação.

Apoio das agências classificadoras e dos mercados de títulos à retomada econômica europeia.

Os principais governos da UE receiam tanto as agências classificadoras quanto os mercados de títulos. Em abril de 2015, a Standard and Poor's rebaixou a dívida da Grécia para CCC. Porém, quando a "Standard and Poor's" rebaixou a dívida dos Estados membros da zona euro, em janeiro de 2012, ressaltou como sendo os principais motivos a redução simultânea da dívida e dos gastos de governos e privados, o consequente enfraquecimento do crescimento econômico e a incapacidade das autoridades europeias de garantir a retomada econômica.

Em 2013, Bill Gross, na época chefe do fundo Pimco (Pacific Investment Management Company), também clamou pela retomada europeia, enfatizando que os fundos de pensão precisavam de crescimento para garantir as aposentadorias, o que se torna inviável com taxas de juros praticamente zeradas na Europa. Da mesma forma, o fundo soberano da Noruega cortou investimentos em capital privado na União Europeia, em função do desaquecimento econômico. A Chinese Investment Corporation também amargou prejuízos em seus investimentos no setor privado, após o início da crise financeira, e declarou que deseja projetos de investimento público com vencimento de no mínimo dez anos.

Apesar de os altos funcionários da Comissão negligenciarem a vantagem que os empréstimos do BEI oferecem — por não contarem como parte da dívida interna dos países — e que critérios de investimento já foram determinados pelo Conselho Europeu de Essen em 1994 e pelo Programa de Ação Especial de Amsterdã, esses apelos dos fundos de pensão e dos mercados de capital merecem um destaque maior. Como também merece atenção o precedente do *New Deal* Americano, que sustentava a proposta encaminhada a Delors para a criação de um Fundo Europeu de Investimento.

Implicações para o G20

Roosevelt financiou o *New Deal* com obrigações, deslocando a poupança interna — elevada em uma depressão ou recessão — para os investimentos públicos. Algo muito negligenciado é o fato de que, desde 1933 até o início da economia de guerra nos Estados Unidos, a dívida orçamentária federal era em média de 3% apenas, ou seja, o limite inicial de Maastricht. Os juros pagos pelas obrigações do Tesouro Americano vêm da arrecadação federal. Mas as obrigações do BEI são cobertas por receita gerada pelos projetos — como pedágios nas rodovias ou tarifas de ferrovias de alta velocidade, ou conexões de metrô — ou ainda pela arrecadação atual dos Estados membros, enquanto os projetos de investimento podem ser amortizados por até trinta anos por um valor mínimo de um por cento acima da base mínima da taxa de juros atual.

Para que essa proposta encontre apoio, é necessário sublinhar fortemente que as obrigações da retomada não implicam mutuação da dívida. Também é preciso um maior reconhecimento de que uma emissão conjunta BEI–FEI é viável sem garantias nacionais ou repasses fiscais. Isso tem implicações para o G20. Assim, uma declaração bem-intencionada de apenas um ministro das Finanças, após a reunião de Washington, de que os Brics estariam prontos a investir em eurobônus caso se destinassem à retomada da economia europeia, gerou pouco impacto no debate presente sobre a crise da zona euro, dominado pelo confronto direto entre Grécia e Alemanha.

Porém, uma declaração formal conjunta dos Brics de que estariam preparados para levar a cabo a oferta, além de indicações formais e informais de outros membros do G20 de que seus fundos soberanos também investiriam, teria mais peso entre os países do G7 e poderia abrir uma agenda para o G20 sobre a viabilidade de uma retomada da atividade econômica e do emprego, tanto europeia quanto global.[11]

Notas:

1. Neste artigo, Stuart Holland defende a estratégia de um novo New Deal para relançar a economia europeia e mundial, por meio da emissão de obrigações do Banco Europeu de Investimento. Holland foi conselheiro do primeiro-ministro britânico, Harold Wilson; do presidente da Comissão Europeia, Jacques Delors, a quem sugeriu a criação de um fundo europeu dotado da possibilidade de emitir obrigações, e do primeiro-ministro português, António Guterres. É autor de uma extensa bibliografia sobre problemas europeus, nomeadamente do ensaio "A Modest Proposal for Resolving the Euro Crisis", de que são coautores James K. Galbraith e o atual (05/2015) ministro das Finanças grego, Yanis Varoufakis, e cuja última versão está disponível em: yanisvaroufakis.eu/euro-crisis/. [N.E.]

2. JUNCKER, J.; TREMONTI, G. "Bonds Would End the Crisis". *The Financial Times*. Londres, 5 dez. 2010.

3. Audição pública no Parlamento Europeu sobre o Fundo Europeu pra Investimentos Estratégicos. 5 mar. 2015.

4. SZCZUREK, M. "Investing for Europe's Future". Address to the Bruegel Institute. Disponível em: <http://www.bruegel.org>.

5. COMMISSION OF THE EUROPEAN COMMUNITIES. *Growth, Competitiveness, Employment* — The Challenges and Ways Forward Into the 21st Century (White Paper). Luxembourg: Office for Official Publications of the European Communities, 1993.

6. VIGNON, J. "The Rich Legacy of the White Paper on Growth, Competitiveness and Employment". *Tribune*, Paris. 13. fev. 2014. p. 1-6.

7. FABRE, F.; CAZANAVE, F.; BILLION, J.F. "Les limites du Plan Juncker d'investissements de l'Union européenne et les supériorités de l'ICE (...)".

Le Taurillon. Disponível em: http://www.taurillon.org/les-limites-du-plan-juncker-d-investissements-de-l-union-europeenne-et-les.

8. ECONOMIC AND SOCIAL COMMITTEE. *Restarting Growth*: Two Innovative Proposals. Bruxelas, UE, 2012. Disponível em: <http://www.eesc.europa.eu/?i=portal.en.eco-opinions.22257>.

9. Angela Merkel é a chanceler alemã, e Wolfgang Schäuble, ministro das finanças do governo alemão.

10. BLANCHARD, O.; LEIGH, D. *Imf*: World Economic Outlook. Washington, IMF, 2012. *Idem. Growth Forecast Errors and Fiscal Multipliers.* Washington: IMF Working Paper, 2013. BLOT, C. *et al. Petit manuel de stratégie de sortie de crise.* Paris: Observatoire Français des Conjonctures Economiques, 2009.

11. A elaboração deste texto foi apoiada pelo Fundo Social Europeu e pelo governo da Hungria no contexto do TÁMOP 4.2.4.A/2-11-1-2012-0001 Programa Nacional de Inovação.

Desenvolvimento, trabalho e poder financeiro

Os desafios atuais do desenvolvimento latino-americano

José Antonio Ocampo *

A América Latina passou, no começo do século XXI, por uma década excepcional em matéria social, que se refletiu numa diminuição sem precedentes dos níveis de pobreza (de 43,9% em 2002, para 28,1% em 2012, segundo a Comissão Econômica para América Latina e o Caribe — CEPAL), acompanhada de uma melhoria na distribuição de renda em um amplo conjunto de países e de avanços persistentes em desenvolvimento humano. Também atravessou um período positivo em matéria de crescimento econômico, ainda que muito mais em 2003–07, quando cresceu a um ritmo anual de 5,4%, do que no período 2007–13, quando esse ritmo se reduziu a 3,1%.

No entanto, esses avanços foram interrompidos. Os níveis de pobreza continuaram em 2014 ao nível de 2012, e a melhoria de distribuição de renda foi freada. O crescimento latino-americano reduziu-se em 2014 a apenas 1,1%, e se espera um registro similar em 2015. Isso reflete os problemas específicos de alguns países, mas especialmente uma mudança radical no cenário internacional, associada ao fim do superciclo de preços dos produtos primários e ao início da desaceleração da economia chinesa que o alimentou, à expectativa de um período prolongado de lento crescimento econômico (uma "estagnação secular") dos países desenvolvidos, às incertezas que cercam o fim das baixíssimas taxas de juros da Reserva Federal dos Estados Unidos, com consequências sobre os fluxos de

---

* Secretário-executivo da Comissão Econômica para a América Latina e o Caribe (CEPAL) (1998–2003), subsecretário-geral da Organização das Nações Unidas (ONU) para Assuntos Econômicos e Sociais (2003–07), professor da Escola de Assuntos Internacionais e Públicos da Universidade de Columbia.•

capital em direção às economias emergentes, e à forte volatilidade das taxas de câmbio das principais moedas.

Além disso, muitos dos avanços da última década foram incompletos ou foram acompanhados de tendências adversas. Em primeiro lugar, continua pesando o legado de altíssimos níveis de desigualdade, já que, apesar da melhoria ocorrida, a América Latina continua tendo, com a África Subsaariana, os piores níveis de desigualdade do mundo. Por outro lado, como o reflete a conjuntura recente, subsiste uma forte vulnerabilidade externa, em parte pela persistência de políticas macroeconômicas que, salvo exceções, continuaram sendo pró-cíclicas. E houve retrocesso em outras dimensões, em particular no persistente processo de desindustrialização e na reprimarização da estrutura exportadora. Essas tendências chamam a atenção para os problemas ligados à estrutura produtiva, que são talvez a causa mais importante do frustrante crescimento que experimentou a região desde as reformas do mercado.

Os três desafios principais da região se relacionam, portanto, com a necessidade de adotar políticas macroeconômicas anticíclicas mais consistentes, de pôr em marcha estratégias ativas de desenvolvimento produtivo e de persistir no esforço apenas iniciado de reduzir os altos níveis históricos de desigualdade.

Na área macroeconômica, é necessário consolidar o que já se conseguiu em matéria de redução da inflação, sustentabilidade fiscal e diminuição do endividamento externo líquido. Mas é também evidente que resta muito a fazer para reduzir a histórica vulnerabilidade externa das economias latino-americanas, que tende a se agravar durante os períodos de expansão. Com efeito, o rendimento do capital e dos altos preços de produtos primários durante a última década mostrou que ainda há muito a aprender sobre como gerir as conjunturas favoráveis, evitando em particular a tendência cíclica de revalorização das moedas, o aumento das despesas públicas quando as rendas fiscais são abundantes e o rápido crescimento do crédito e das despesas privadas que caracterizam os períodos de expansão de financiamento externo.

O comportamento fortemente pró-cíclico que as economias latino-americanas ainda manifestam se evidencia na tendência da conta-corrente da balança de pagamentos a deteriorar-se nos períodos de expansão (quando ela se ajusta por efeito dos termos do intercâmbio) e, inversamente, a melhorar nas fases negativas do ciclo econômico. Como a conta-corrente equivale à diferença entre gasto e produção agregada, esse modelo mostra o comportamento pró-cíclico do gasto agregado, em especial o privado, mas também o público. A isso se somou, na última década, a tendência a gastar, e na verdade a sobregastar, durante a fase de expansão dos termos do intercâmbio. Assim, embora os baixos níveis de endividamento externo líquido representem uma vantagem, o elevado déficit da conta-corrente, avaliado com os termos do intercâmbio anteriores ao período de expansão (em torno de 9% do PIB em 2011–13, caso se calcule pelos termos de intercâmbio de 2003), mostra a principal vulnerabilidade da economia latino-americana diante do fim do superciclo de preços de produtos primários.

Isso significa que resta ainda muito a fazer para desenvolver um quadro anticíclico amplo que permita gerir os ciclos externos. A administração anticíclica da política monetária e de crédito e a forte acumulação de reservas internacionais durante os períodos de expansão, as áreas em que houve progresso, devem ser complementadas com uma ação em três frentes: 1) um enquadramento anticíclico mais claro para a gestão da política fiscal; 2) medidas macroprudenciais mais fortes para moderar a expansão do crédito, que complementem o controle anticíclico da política monetária; e 3) uma ação mais intensa para evitar as apreciações da taxa de câmbio durante os períodos de expansão, que devem incluir uma mescla de maior intervenção no mercado de câmbio e de regulamentação dos fluxos de capital.

Os desafios são ainda maiores em matéria de desenvolvimento produtivo, essencial para fomentar o crescimento econômico, que foi frustrante para a maioria dos países latino-americanos durante a fase das reformas de mercado. Isso é especialmente pertinente em matéria de produtividade e de atraso tecnológico, se os últimos indicadores da região são comparados tanto com os dos países da Ásia Oriental quanto com as economias desenvolvidas intensivas em recursos naturais. As experiências de desenvolvimento rápido no mundo indicam que o objetivo de alcançar altas taxas de crescimento não se conseguirá unicamente com uma macroeconomia sã, nem com a mera especialização concordante com as vantagens comparativas estáticas. Exigem-se também políticas produtivas ativas, orientadas para a promoção da mudança na estrutura produtiva visando a atividades com maior conteúdo tecnológico, tema excluído da agenda dos governos durante a fase de reformas de mercado. Além disso, é necessário um salto na definição de políticas tecnológicas ativas, uma área na qual houve também um déficit claro, mesmo durante a fase de industrialização pela qual a região passou até aos anos 1970.

O lento dinamismo previsível do comércio internacional a partir da crise do Atlântico Norte (3,0% de crescimento anual das exportações reais do mundo em 2007–14, contra 7,3% anual em 1986–2007) torna ainda mais necessário repensar o esforço para melhorar a competitividade e a qualidade da pauta de exportações, assim como o equilíbrio entre o mercado interno e externo. Nesse sentido, poderíamos pensar em três alternativas, que na realidade não são excludentes e se podem adotar, por essa razão, em misturas variadas, consoante o país.

A primeira é voltar a dar atenção ao mercado interno. Os efeitos positivos inerentes às tendências sociais que a região experimentou contribuem para dinamizar o mercado interno. No entanto, uma estratégia desse tipo só tem realmente perspectivas favoráveis no Brasil e em muito menor medida em alguns países de tamanho médio.

Por esse motivo, a segunda estratégia é preferível: outorgar um peso crescente ao "mercado interno ampliado", revitalizando a fundo os processos de integração. Como assinalou a CEPAL ao longo de muitas décadas, uma das virtudes dos fluxos comerciais intrarregionais é o seu conteúdo de produtos manufaturados e, em especial, daqueles com maior conteúdo tecnológico. Contudo, os processos de integração sul-americanos têm passado por crises profundas, que afetaram de forma notável a Comunidade Andina, mas também o Mercosul. A Aliança do Pacífico é uma aposta interessante, mas constituiu, por sua vez, uma nova fonte de divisão regional. Será necessário, em con-

314 | DESENVOLVIMENTO, TRABALHO E PODER FINANCEIRO

sequência, superar os obstáculos políticos, que têm debilitado, e em alguns casos francamente torpedeado, a integração regional.

A terceira estratégia é a diversificação das exportações, em dois sentidos diferentes: incluindo o objetivo de melhorar o conteúdo tecnológico da pauta das exportações e buscando crescente intercâmbio com as economias asiáticas dinâmicas e, em particular, com a China. Essas duas componentes são complementares, já que um dos desafios principais é precisamente de melhorar a pauta de exportações regionais para o gigante asiático, constituída em mais de 90% por produtos primários. Trata-se, no entanto, de um imenso desafio.

Em matéria social, o principal desafio consiste em superar a dívida social que representam os enormes níveis de desigualdade herdados. Para ser preciso, trata-se não só de continuar a melhorar os indicadores de desenvolvimento humano e reduzir a pobreza, mas também de focar a atenção sobre a desigualdade em si mesma. Convém recordar, em particular, que a América Latina continua sendo uma das regiões mais desiguais do mundo e que o seu índice de desenvolvimento humano está distorcido pelos altos níveis de desigualdade. Esse fato fica evidente quando se observam com cuidado os indicadores de desenvolvimento humano considerando aqueles publicados pelo Programa das Nações Unidas para o Desenvolvimento (PNUD), de acordo com os quais a América Latina perde muito mais que as regiões mais próximas em níveis de desenvolvimento humano devido aos maiores níveis de desigualdade, particularmente em distribuição de renda.

Nesta área, três elementos básicos devem ser levados em consideração. O primeiro é o desenvolvimento de capacidades, em particular, na etapa atual de desenvolvimento da região, o acesso ao ensino secundário e superior e a melhoria da qualidade da educação que recebem os setores de menor renda, em todos os níveis do sistema educativo. O segundo é o desenvolvimento de sistemas universais de proteção social em que a luta contra a segmentação na oferta de serviços é uma prioridade, o que se justifica em particular porque a qualidade dos serviços é muito distinta para as diferentes classes sociais. E a terceira é reforçar a redistribuição fiscal, tanto por meio do sistema tributário como do gasto público. Neste último aspecto, cabe recordar que, ainda que existam também diferenças na distribuição de renda antes dos impostos, a grande diferença em matéria distributiva entre a América Latina e os países desenvolvidos da Organização para a Cooperação e Deenvolvimento Econômico (OCDE) é precisamente o alcance limitado da redistribuição levada a cabo na nossa região por via fiscal.

Em todo o caso, e seguindo os ensinamentos da história, os progressos neste plano não serão duradouros se não se articularem com as necessárias transformações tecnológicas e produtivas. O tema-chave nesta área é a criação de empregos de qualidade, em termos de qualificação, estabilidade laboral e acesso à proteção social. Trata-se de uma tarefa na qual existe uma agenda pendente, já que, desde a crise da dívida e até o início do século XXI, houve uma deterioração substancial em alguns ou vários indicadores de qualidade do emprego em quase todos os países da região, que só começou a ser superada parcialmente durante a última década. Resta acrescentar que esse esforço deve estar intimamente ligado à melhoria da estrutura produtiva, o que implica que um critério básico da estratégia de desenvolvimento produtivo seja a criação de empregos de qualidade.

Desenvolvimento e inserção internacional

*Fernando J. Cardim de Carvalho**

Dentre as lições mais fundamentais legadas por Celso Furtado, figura com grande destaque a noção de que o subdesenvolvimento não é um "estágio" a ser ultrapassado no processo de desenvolvimento no seu devido momento, mas um arranjo institucional específico, uma forma de organização da produção e da distribuição de bens e serviços que poderia evoluir sem que necessariamente significasse realmente sua superação.[1] Mais particularmente, lembrava Furtado, subdesenvolvimento era um *modo de inserção subordinada* do país na economia internacional, que definia seu papel e seus limites. Essa dimensão bastaria para definir a peculiaridade fundamental da natureza do subdesenvolvimento, já que os países hoje desenvolvidos não tinham a quem se subordinar quando viviam uma situação material semelhante à dos hoje subdesenvolvidos.

É talvez fácil, no século XXI, subestimar o quanto essa ideia representou uma ruptura na reflexão sobre o desenvolvimento econômico. O pensamento dominante ao final da Segunda Guerra Mundial era marcado exatamente pela premissa oposta. À direita como à esquerda, predominava a negligência com relação à possibilidade de que o subdesenvolvimento se constituísse em um tema específico. Países subdesenvolvidos eram países pobres, atrasados etc. Todas essas qualificações sugeriam uma defasagem, não um posicionamento estável. Pensadores conservadores tendiam a seguir a linha descrita por Walt Rostow, em sua obra seminal *The Stages of Economic Growth* (que levava o significativo subtítulo *A Non-Communist Manifesto*). A esquerda, por sua vez, contrapunha sua teoria "dos cinco estágios", segundo a qual toda sociedade teria de passar por

---

* Professor emérito do Instituto de Economia, Universidade Federal do Rio de Janeiro.•

uma fase primitiva, da economia de coleta, seguida do escravismo, do feudalismo, do capitalismo para chegar ao comunismo. Adaptar essa "teoria", chancelada pelo próprio Stalin, aos fatos históricos era a principal tarefa dos teóricos marxistas mais ortodoxos. Ambas as abordagens soam pré-históricas nos dias de hoje, graças ao sucesso do pensamento que se tornou conhecido como *estruturalista*, do qual autores como Furtado e Raul Prebisch foram pioneiros.

Celso Furtado, além disso, mesmo em suas primeiras obras, já se mostrava livre da ilusão de que a simples industrialização seria suficiente para superar a subordinação estrutural que caracterizava o subdesenvolvimento. Industrializar não era sinônimo de tornar-se desenvolvido, ainda que pudesse representar uma condição para que a transformação fosse, afinal, bem-sucedida.

O Brasil, nas últimas décadas, cresceu, transformou-se, a própria linguagem dos teóricos mudou (já não se fala em subdesenvolvimento, mas de "países em desenvolvimento", aprisionado numa demorada, quase eterna, transição), mas ninguém nos qualificaria, em sã consciência, de desenvolvidos. Como argumentado por Celso Furtado, o modo de inserção internacional da economia brasileira continua subordinado em muitos sentidos. Não apenas o balanço de pagamentos permanece um determinante central das possibilidades de expansão e transformação da economia, como o país parece ter dado um amplo passo atrás na definição de sua posição no comércio internacional, perdendo mercados para produtos industrializados e voltando a se especializar na exportação de matérias-primas. Mudou o comprador, mas a posição (e as vulnerabilidades engendradas por ela) não é muito diversa da experimentada no passado.[2]

Por mais de vinte anos, a economia brasileira teve suas possibilidades de desenvolvimento comprometidas por um processo de aceleração inflacionária que, por algumas vezes, beirou a hiperinflação. Nesse período, de meados dos anos 1970 a meados dos anos 1990, o Estado, agente fundamental de transformação das economias latino-americanas, foi à bancarrota, e o setor privado sobreviveu aplicando estratégias de operação nas quais mais valia prever melhor a evolução de custos e preços do que aumentar a produtividade. O resultado foi não apenas a queda da taxa de investimentos da economia brasileira, como a mudança na sua composição. Investimentos cruciais para o desenvolvimento, mas dependentes da capacidade financeira do Estado, como em infraestrutura energética e de transportes, desapareceram. Investimentos privados em progresso técnico e melhoria de produtividade sofreram destino semelhante. De qualquer forma, mesmo que algumas empresas mais ousadas conseguissem manter o olhar no longo prazo, elas não teriam tido possibilidade de incrementar investimentos de forma significativa pelo colapso do sistema financeiro e da capacidade de financiamento de investimentos, que é também característico de processos de alta inflação.

A estabilização de preços, obtida com o Plano Real em 1994, não foi suficiente para a retomada do processo rumo ao desenvolvimento. De fato, apesar da vitória contra a aceleração inflacionária ser muito significativa em si mesma, depois de tantas tentativas fracassadas, a estratégia de estabilização implementada acabou por colocar a economia brasileira em uma armadilha da qual, passados vinte anos do Plano Real, ela não consegue sair.

O Plano Real foi uma engenhosa variante de uma estratégia anti-inflacionária conhecida tanto por sua eficácia quanto pelos seus efeitos colaterais. Fundamentalmente, preços domésticos são impedidos de subir pela ação combinada do controle sobre a demanda agregada doméstica e da liberação de importações. Enquanto importações exercem uma forte pressão competitiva sobre os produtores locais, estes devem ainda lutar para sobreviver à redução de demanda agregada promovida por políticas fiscais e monetárias apertadas. Uma política monetária apertada significa taxas de juros elevadas e estas, por sua vez, atraem capitais externos, valorizando a moeda local e apertando ainda mais o laço que prende o produtor doméstico.

A eficiência de planos assim no combate à inflação é proporcional à dificuldade que essas economias encontram para retomar o caminho do crescimento e o incentivo ao investimento necessário para que se proceda à transformação e à modernização dos processos produtivos. Economistas liberais acreditam que a simples exposição das empresas locais a essa competição aumentada seria suficiente

BRASIL, SOCIEDADE EM MOVIMENTO | 319

para, cedo ou tarde, levá-las a investir (ou então, o que nem sempre se explicita, a desaparecer e serem substituídas por empresas estrangeiras mais eficientes). Esse pensamento dominou o curto governo Collor e, ainda mais forte e consistentemente, os dois governos FHC. Ao mesmo tempo, por influência do mesmo pensamento liberal, o processo de erosão das instituições de Estado iniciado pela aceleração inflacionária prévia ao Plano Real assumiu um caráter deliberado, trazendo ao Brasil, tardiamente, a onda liberalizante que se espalhava pelas economias mais avançadas desde o início dos anos 1980. O aparato de planejamento econômico, criado na década de 1950 e reforçado durante o regime militar, pelo menos até o governo Geisel, foi desmontado; empresas públicas foram privatizadas, o Banco Nacional de Desenvolvimento Econômico e Social (BNDES) foi transformado em um promotor de negócios mais do que um agente financeiro ativo etc.

Nos governos Lula, essas tendências foram atenuadas, mas não alteradas em sua natureza. Instituições como o BNDES voltaram a assumir um papel de liderança mais marcado na definição de uma política industrial de contornos algo mais definidos, mas a estrutura construída (ou desmontada) durante o governo precedente foi mantida. Os efeitos mais cruéis dessa estratégia, por outro lado, foram amenizados por políticas sociais compensatórias.

Nesse quadro, sobressaiu-se a permanência, exceto por curtos intervalos, da sobrevalorização cambial iniciada em 1994, e seus efeitos tornaram-se não apenas mais visíveis, mas quase estruturais.

Seja para manter preços domésticos controlados, quando muitos processos de amplificação de choques inflacionários sobreviveram ao Plano Real, seja para atrair capitais externos para financiar déficits de balanços de pagamentos (e acumular reservas), a manutenção de taxas de juros domésticas muito elevadas é uma característica permanente da operação da economia brasileira pós-estabilização. Taxas de juros elevadas mantêm o câmbio sobrevalorizado. Este, por sua vez, prejudica os produtores locais, seja nos mercados internacionais em que competem com produtores de outros países em melhor situação, seja nos próprios mercados locais, em que importações ocupam um espaço cada vez maior. Escapam a essa maldição apenas alguns setores em que o Brasil ocupa uma posição dominante incontestável, dos quais apenas um, a produção de aviões, é avançado, e todos os outros produzem matérias-primas (embora a produção de soja, na qual o Brasil se destaca, seja resultado de um investimento em tecnologia significativo). Com isso, as contas-correntes do balanço de pagamentos brasileiro se fragilizam, e a necessidade de influxos de capitais externos se acentua, aumentando o nosso passivo externo. Para que essa fragilidade não se materialize em uma crise, mantêm-se juros elevados, mesmo com a economia nacional (e a internacional) fria, o que atrai tantos capitais que permitem ao país não apenas financiar seus déficits externos, mas também acumular reservas internacionais.

Incapaz de competir na produção de bens mais avançados, já que os produtores locais são sufocados pelas duas lâminas da tesoura, juros altos e câmbio sobrevalorizado, o Brasil volta-se para suas "vantagens comparativas", exportando matérias-primas e atrelando o dinamismo de sua economia e suas possibilidades de transformação ao desempenho de outras economias. Atualmente, quando a China espirra, o Brasil pega um resfriado. O Estado, incapacitado pela perda de substância institucional e, não se pode ignorar, intelectual,[3] se vê impotente para mudar os rumos trilhados pela economia brasileira diminuindo sua subordinação. Sem termos a intenção de pôr palavras na boca de Celso Furtado, mas baseando-nos no que escreveu, é difícil não reconhecer que retornamos a um estado de subdesenvolvimento, que julgaríamos ultrapassado há apenas algumas décadas, apesar do aumento da renda e do bem-estar da população do país verificado no período.

Visto do início de 2015, é inevitável reconhecer que a situação da economia brasileira é difícil. A economia mostra-se estagnada, e as perspectivas que se abrem para o futuro imediato só parecem favoráveis para os otimistas profissionais (que, quem sabe, podem até acertar uma vez ou outra). Mas é do futuro menos imediato que tratava Furtado na sua reflexão de toda a vida sobre o desenvolvimento. E, com relação a este, as preocupações são certamente grandes. É preciso definir uma "estratégia de saída" do Plano Real, no sentido que não é possível garantir eternamente o controle da inflação apenas com juros excepcionalmente altos (em comparação com qualquer outra economia em situação similar) e câmbio sobrevalorizado. Esses instrumentos foram importantes na transição para a estabilidade, mas sua sobrevivência constitui barreira efetiva à transformação da estrutura produtiva brasileira e à inserção mais apropriada na economia internacional, superando nossa posição de supridores de matérias-primas a economias mais dinâmicas. Isso exige instrumentos adequados, mas requer, antes de mais nada, a reconstrução da capacidade de planejar e definir políticas consistentes e sustentáveis de desenvolvimento para além dos discursos geralmente autocongratulatórios, mas vazios de conteúdo, de governos.

O quadro internacional é certamente mais complexo hoje em dia, e não apenas por causa da crise internacional que se prolonga. O Brasil, como a maioria dos países em desenvolvimento, está mais limitado em suas opções hoje que no passado, por conta de acordos e tratados multilaterais de comércio que, frequentemente, ultrapassam seus limites naturais para legislar sobre movimentos de capitais, políticas econômicas domésticas etc. É improvável, contudo, que essas dificuldades, indubitavelmente maiores, sejam fatais, e há muitos exemplos de países que enfrentam, com mais sucesso, limitações semelhantes. Mas para isso é preciso ter uma estratégia, ter um plano. Essa é a segunda (de muitas) lição crucial deixada por Celso Furtado.

Notas:

1. Já no livro *Desenvolvimento e subdesenvolvimento*, publicado originalmente em 1961, Furtado afirmava: "o subdesenvolvimento não constitui uma etapa necessária do processo de formação das economias capitalistas modernas. É, em si, um processo particular resultante da penetração de empresas capitalistas modernas em estruturas arcaicas." FURTADO, Celso. *Desenvolvimento e subdesenvolvimento*. Rio de Janeiro: Contraponto e Centro Internacional Celso Furtado, 2009. p. 171.

2. Basta ver como a desaceleração da economia da China, que havia se tornado a grande compradora das exportações não apenas brasileiras, mas sul-americanas em geral, impactou negativamente essas economias nos últimos dois a três anos.

3. O desmonte das estruturas estatais de planejamento é patente na redução do Ministério do Planejamento, criado por Celso Furtado no governo Goulart, à função de controlador contábil da execução orçamentária. O Estado brasileiro se vê incapaz de refletir e de atuar sobre o processo de desenvolvimento da economia do país. Mesmo as celebradas políticas sociais dos últimos anos têm caráter muito mais compensatório, do que transformativo.

Entre o Consenso de Washington e o Consenso Asiático: o Brasil em um mundo em transição

Javier Vadell*
Leonardo Ramos**

"Um grande legado dele [Barão do Rio Branco] é a capacidade de apreensão das mudanças. [...] Transferindo para hoje, seria a capacidade de você se coordenar com os Brics*"*
Antonio Patriota
ministro das Relações Exteriores (2011–13)

Introdução

A criação do Novo Banco de Desenvolvimento do Brics (NBDB) e do Banco Asiático de Investimento em Infraestrutura (Baii) reflete o novo papel da China na economia internacional diante dos limites das instituições financeiras criadas em Bretton Woods. O presente artigo busca discutir, de forma sucinta, como a criação dessa novas instituições abre oportunidades para o Brasil neste contexto de transição.

NBDB e Baii em uma economia política de transição

O histórico dos Brics é marcado por um aprofundamento progressivo do grau de institucionalização do grupo desde sua primeira cúpula

---

* Professor do Departamento de Relações Internacionais da Pontifícia Universidade Católica de Minas Gerais (PUC-Minas). Coordenador do Grupo de Pesquisa sobre as Potências Médias (GPPM).•

** Professor do Departamento de Relações Internacionais da PUC-Minas. Coordenador do Grupo de Pesquisa sobre as Potências Médias (GPPM).•

(2009), em Ecaterimburgo, na Rússia. Desde esse momento, os BRICS têm sublinhado a importância da reforma das instituições financeiras. Na quarta cúpula (2012), em Nova Délhi, foi discutida, pela primeira vez, a possibilidade de criação de um banco de desenvolvimento.

Em 2013, na quinta cúpula, em Durban, foi anunciada a intenção de criar um fundo de reserva equivalente a US$ 100 bilhões, o que foi feito no ano seguinte, em Fortaleza, com a criação do Arranjo Contingente de Reservas (ACR). Esse fundo terá a seguinte composição: US$ 41 bilhões da China, US$ 18 bilhões do Brasil, da Índia e da Rússia e US$ 5 bilhões da África do Sul.[1] Nessa mesma reunião, foi criado o Novo Banco de Desenvolvimento do BRICS, "com o propósito de mobilizar recursos para projetos de infraestrutura e desenvolvimento sustentável nos BRICS e em outras economias emergentes e em desenvolvimento", com um capital inicial autorizado de US$ 100 bilhões — e "o capital inicial subscrito de US$ 50 bilhões, dividido igualmente entre os membros fundadores".[2]

A criação do Banco Asiático de Investimento em Infraestrutura foi anunciada em 2013, e em 24 de outubro de 2014 foi assinado o Memorando de Entendimento sobre o Estabelecimento do BAII. Em 15 de abril de 2015, 57 países foram aprovados como membros fundadores do BAII,[3] dando o pontapé inicial para um banco de desenvolvimento com foco na infraestrutura, com capital autorizado de US$ 100 bilhões e capital inicial subscrito de provavelmente US$ 50 bilhões. Embora os critérios para determinação das cotas ainda não tenham sido definidos, os potenciais membros fundadores concordaram que o parâmetro básico para tal seria o Produto Interno Bruto (PIB) de cada país.[4]

A criação do NBDB-ACR e do BAII resulta de um processo de transformações que vêm ocorrendo na ordem mundial. O NBDB e o BAII são partes integrantes de uma rede de bancos de desenvolvimento que a China está criando e gerenciando (Rede Chinesa de Bancos de Desenvolvimento — RCBD), que envolve: (1) *China Development Bank* (CDB), (2) *China–Africa Development Bank* (CADB), (3) NBDB e (4) BAII, e cujo centro estará em Xangai e Pequim, centros de poder econômico e político da China, respectivamente.

Uma das principais razões que justificam a criação dessa rede financeira é o atraso nas reformas do FMI, do Banco Mundial (BM) e, também, do Banco Asiático de Desenvolvimento (BAD). Tal fato aponta para o aprofundamento da crise do modelo neoliberal de desenvolvimento, já que, a partir da crise dos anos 1970, as instituições financeiras têm sido fundamentais na manutenção da hegemonia neoliberal. Ora, nos últimos anos, essas instituições não têm sido capazes de suprir as necessidades relacionadas ao investimento em infraestrutura nem equilibrar a relação de poder econômico existente, outorgando mais peso de decisão aos países emergentes. Nesse sentido, a Rede Chinesa de Bancos de Desenvolvimento é um concorrente do BM, FMI e BAD, porém, apresenta o diferencial de fornecer empréstimos que essas instituições não oferecem e financiamento em infraestrutura, essencial para a expansão do capitalismo global e para impulsionar o desenvolvimento.

O horizonte temporal do neoliberalismo demanda uma aceleração do ritmo de circulação do capital, que se expressa no funcionamento do mercado financeiro. Já o investimento em infraestrutura, de longo prazo, reduz o tempo de giro do capital, ou seja, funciona em uma lógica oposta. Apesar da relevância do investimento em infraestrutura para o crescimento econômico, desde a crise financeira de 2008, há um crescente déficit dessa modalidade, principalmente no mundo em desenvolvimento. Segundo a Organização para a Cooperação e o Desenvolvimento Econômico (OCDE), seriam necessários aproximadamente US$ 70 trilhões até 2030 para atender as demandas de investimento em transporte, geração, transmissão e distribuição de eletricidade, água e telecomunicações.[5] No atual cenário, os principais investidores tradicionais têm reduzido os seus investimentos em infraestrutura: o investimento privado vem diminuindo desde 2008, e os bancos multilaterais de desenvolvimento e a ajuda oficial para o desenvolvimento têm limitado os investimentos, destinando menos de 10% para projetos de infraestrutura e direcionando-os para os países mais pobres, e não para as potências médias emergentes.[6]

O Brasil em um contexto de transição e sua opção pela Rede Chinesa de Bancos de Desenvolvimento

No final do século XX, o modelo do Consenso de Washington era o elo material e ideológico que interligava uma rede de poder global entre os centros de poder econômico e político internacionais, liderados pelos Estados Unidos (EUA), e os países em desenvolvimento. O governo dos EUA e as organizações financeiras internacionais foram determinantes como componentes institucionais orgânicos das redes de poder transnacional no neoliberalismo global hegemônico. A criação do NBDB e do Baii consolidam institucionalmente um processo de mudanças na economia política mundial, que vem ocorrendo desde o início do século XXI, com a China como epicentro alternativo dos processos de acumulação e circulação do capital.

O NBDB e o Baii são a expressão de um processo de institucionalização paralela, mas não substitutiva, das instituições econômicas tradicionais. Tal processo, liderado pela China, se configura como um conjunto de respostas/acomodações ao neoliberalismo global, no qual se reforçam algumas dinâmicas contraditórias: 1) elementos contestatórios ao *status quo* multilateral liderado pelos EUA e a União Europeia (UE); 2) novas alternativas de financiamento, doações e acordos de cooperação liderados pela China para os países em desenvolvimento, com empréstimos sem condicionalidades políticas, normativas ou institucionais; 3) rejeição às políticas de austeridade e de ajuste desigual, aplicadas e intermediadas pelas instituições financeiras aos países em desenvolvimento; 4) crítica ao sistema financeiro global e 5) crítica aos postulados do Consenso de Washington como única via de desenvolvimento dos países do Sul Global.[7] A reforma de instituições internacionais como FMI já vinha sendo reivindicada pelos países emergentes. No que concerne ao Brasil, destaque-se a declaração do então ministro da Fazenda, Guido Mantega, por ocasião da 16ª reunião do Comitê Monetário e Financeiro Internacional do FMI:

O Brasil pode fazer pouco para conter essa tendência [i.e., fragmentação do sistema financeiro multilateral] se os principais países desenvolvidos não buscarem transformar o FMI em uma instituição que seja realmente representativa. Se o Fundo pretende ter legitimidade, é essencial que a reforma das cotas resulte em uma mudança substantiva no poder de voto dos países desenvolvidos para os países em desenvolvimento.[8]

Além disso, recorde-se que, há alguns anos, durante o governo do presidente Lula, o Brasil solicitou participar do BAD — pedido negado pelos EUA e Japão na ocasião.

Num contexto de crescente demanda por investimento em infraestrutura, iniciativas como o NBDB e Baii são extremamente atraentes. Na etapa de acumulação e reprodução do capitalismo pós-Consenso de Washington, a China — e os arranjos institucionais por ela capitaneados — surge como uma alternativa para o financiamento externo de países em desenvolvimento, justificando o interesse do Brasil em participar como membro fundador de ambas iniciativas lideradas pela China. Mas, se a importância do NBDB é mais clara para o Brasil, em função das facilidades que lhe proporciona para a obtenção de financiamento, como entender o interesse do país em participar do Baii, um banco de desenvolvimento voltado, em princípio, para o investimento em infraestrutura no continente asiático?

O Brasil é o único país do hemisfério americano membro fundador do NBDB e do Baii, o que o torna um elo regional necessário na configuração da Rede Chinesa de Bancos de Desenvolvimento. A decisão do Brasil se apresenta também coerente com o fortalecimento do Brics e com as respostas desses países às reformas acordadas pelo FMI e BM, na reunião do G20, na Coreia do Sul, em 2010, e ainda não ratificadas pelo Congresso dos EUA.[9] Além disso, ambos os bancos serão arenas políticas relevantes de discussão das questões concernentes aos investimentos em infraestrutura, além de contribuírem para a manutenção de boas relações com a China e demais países-membros. Desde 2009, o Brasil é o quarto maior destino de investimentos chineses no mundo — entre 2007 e 2013, os investimentos no país atingiram um montante total de US$ 79 bilhões. O maior sócio comercial do Brasil é a China. Essa parceria econômica e a imperiosa necessidade do país por investimentos em infraestrutura são as bases materiais dessas decisões da política externa brasileira.

Em relação ao NBDB, importantes setores empresarias brasileiros se mostraram entusiasmados. Para a Confederação Nacional da Indústria (CNI), tal banco deveria financiar projetos privados, o que seria o caminho mais eficiente para consolidar a agenda de longo prazo dos Brics. Segundo seu presidente, Robson Braga, "a mobilização de recursos para projetos públicos e privados de infraestrutura e de desenvolvimento sustentável é crucial para que possamos avançar nessas áreas, afastando limitações financeiras enfrentadas por nosso setor privado".[10] O setor empresarial brasileiro estaria também interessado na proposta do NBDB de financiar projetos em outros países, e não apenas entre os membros, o que fortaleceria as empresas brasileiras no exterior.

Apesar de alguns analistas terem assumido um postura cética em relação à adesão do Brasil ao Baii,[11] é importante destacar que, além dos já citados interesses políticos, há interesses econômicos potenciais nada desprezíveis. Segundo o Banco Asiático de Desenvolvimento, os países asiáticos necessitarão de cerca de US$ 8 trilhões de investimento em infraestrutura na próxima década para manter sua atual taxa de crescimento.[12] Ou seja, há também um déficit desse tipo de investimento na região, que poderá ser em parte suprido pelo Baii, abrindo um mercado significativo para as empresas dos países partícipes dele. Como afirma Clodoaldo Hugueney, ex-embaixador do Brasil na China (2008–13), a participação no Baii, complementar à participação no NBDB, pode ter consequências extremamente significativas, pois "as empresas brasileiras de consultoria, engenharia e construção [poderão] ter vantagens nas concorrências".[13] Embora pronunciada originalmente no contexto de criação do NBDB, a seguinte afirmação de Luciano Coutinho, presidente do Banco Nacional de Desenvolvimento Econômico e Social (BNDES), aponta para mesma direção:

330 | Desenvolvimento, trabalho e poder financeiro

O avanço na infraestrutura abre espaços [...] para o Brasil. O Brasil tem uma indústria competitiva em equipamentos, tem uma engenharia e empresas de construção bastante competentes, portanto ela abre também espaço para exportação de equipamentos, bens de capital, exportação de máquinas e exportação de serviços de engenharia e de construção.[14]

O Brasil enfrenta sérios problemas de ordem econômica e política, que podem dificultar um engajamento significativo do país com tais bancos, em especial com o Baii. Não obstante, embora os ganhos econômicos no curto prazo do ingresso em tal banco sejam duvidosos, no longo prazo, ser membro fundador pode possibilitar não só a obtenção de maiores financiamentos, como o acesso das companhias brasileiras aos inúmeros projetos que serão desenvolvidos na Ásia. Em suma, é importante destacar que participando de uma mesma grande estratégia chinesa, o NBDB e o Baii não são iniciativas concorrentes, mas complementares — e assim são vistas pelo Brasil. Mais do que uma análise de conjuntura, propor uma leitura crítica do comportamento brasileiro nessa nova configuração da economia política mundial é algo fundamental, na medida em que se pretende realmente pensar um projeto de nação.

Notas:

1. BASILE, J. *et al.* Brics definem estrutura de fundo de reservas. *Valor econômico.* [s.l.], 16. abr. 2015, Finanças, s/p. Disponível em: <http://goo.gl/r4QOdu>. Acesso em: 11 jun. 2015.
2. BRICS. Declaração e Plano de Ação de Fortaleza. Fortaleza: [s.n.], 2014. Disponível em: <http://goo.gl/SxHvRY> Acesso em: 11 jun. 2015.
3. África do Sul, Alemanha, Arábia Saudita, Austrália, Áustria, Azerbaijão, Brasil, Coreia do Sul, Dinamarca, Egito, Emirados Árabes Unidos, Espanha, Finlândia, França, Geórgia, Holanda, Indonésia, Irã, Islândia, Israel, Itália, Jordânia, Luxemburgo, Maldivas, Malta, Noruega, Nova Zelândia, Polônia, Portugal, Quirguistão, Reino Unido, Rússia, Suécia, Suíça, Tajiquistão e Turquia seguiram os 21 países que assinaram o Memorando de Entendimento: Bangladesh, Brunei, Camboja, China, Cingapura, Filipinas,

Índia, Kazaquistão, Kuwait, Laos, Malásia, Mongólia, Myanmar, Nepal, Omã, Paquistão, Qatar, Sri Lanka, Tailândia, Uzbequistão e Vietnã.

4. YINAN, Z.; CHUNYAN, Z. New Bank Attracts 46 Countries. The State Council. [s.l.], 31 mar. 2015. Top News, s/p. Disponível em: < http://goo.gl/B4QxsG>. Acesso em: 11 jun. 2015.

5. ORGANIZAÇÃO PARA A COOPERAÇÃO E O DESENVOLVIMEN-TO ECONÔMICO (OCDE). "Infrastructure to 2030: Telecom, Land Transport, Water and Electricity". [s.l.]: OCDE Publising, 2006. Disponível em: <http://goo.gl/gWJOS9>. Acesso em: 11 jun. 2015.

Idem. "Mapping Policy for Electricity, Water and Transport". [s.l]: OCDE Publising, 2007. v. 2. Disponível em: <http://goo.gl/xmnJAN>. Acesso em: 11 jun. 2015.

6. CHIN, Gregory T. The *Brics-led Development Bank*: Purpose and Politics beyond the G20. Global Policy, 5 (3), p. 366-373, 2014.

7. VADELL, J. *et al.* "The International Implications of the Chinese Model of Development in the Global South: Asian Consensus as a network power". Revista Brasileira de Política Internacional, Brasília, n. 57 (ed. esp.), p. 91-107, 2014.

8. MANTEGA, Guido. "Statement". In: INTERNATIONAL MONETARY AND FINANCIAL COMMITTEE., 16, 2007, Washington. Disponível em: <https://www.imf.org/External/AM/2007/imfe/statement/eng/bra.pdf>.

9. RAMOS, Leonardo. *et al.* "A Governança econômica global e os desafios do G-20 pós crise financeira: Análise das posições de Estados Unidos, China, Alemanha e Brasil". *Revista Brasileira de Política Internacional*, Brasília, v. 55, n. 2, p. 10-27, 2012.

10. NICACIO, Adriana. "Brasil precisa ratificar o banco dos Brics com urgência, diz presidente da CNI, Robson Braga de Andrade". *Agências de Notícias CNI*, [s.l.], 10 fev. 2015. Disponível em: <http://goo.gl/UMGWFd> Acesso em: 11 jun. 2015.

11. NINIO, Marcelo. "Adesão do Brasil a banco asiático é questionada por especialistas". *Folha de S.Paulo*, 7 abr. 2015. Disponível em: < http://www1.folha.uol.com.br/mercado/2015/04/1613116-adesao-do-brasil-a--banco-asiatico-e-questionada-por-especialistas.shtml>. Acesso em: 11 jun. 2015.

12. BHATTACHARYAY, Biswa N. "Estimating Demand for Infrastructure in Energy, Transport, Telecommunications, Water and Sanitation in Asia and

the Pacific: 2010–2020". *ADBI Working Paper*. Tóquio, n. 248, set. 2010.

13. MELLO, Patricia Campos. "Comércio encerra ciclo, e país deve focar investimento chinês". *Folha de São Paulo*, São Paulo, 2 mai. 2015. Disponível em: <http://goo.gl/TncdXd>. Acesso em: 11 jun. 2015.

14. COUTINHO, L. "Banco do BRICS permitirá avanços na infraestrutura de países em desenvolvimento". *Blog do Planalto*, [s.l.], 15 jul. 2014. Disponível em: <http://goo.gl/OKCocv>. Acesso em: 11 jun. 2015.

Energia e desenvolvimento: a necessária transição para um novo modelo de desenvolvimento

André Tosi Furtado[*]

A energia é mais que um insumo básico para as atividades produtivas. É um fator que está presente em todos os aspectos da vida humana. Qualquer atividade do homem consome direta e/ou indiretamente energia e gera um fluxo energético que perpassa o sistema econômico. Por essa razão, deve ser entendida como um elemento essencial do desenvolvimento econômico e social.

A energia é, também, aspecto central da transformação tecnológica que conduz a vida humana desde os primatas até o homem moderno. Assim, o domínio do fogo data de antes do surgimento do *Homo sapiens*. Porém, as transformações mais importantes ocorreram a partir do domínio da agricultura, que trouxe consigo a aplicação do fogo à cerâmica e à metalurgia, o domínio da força animal e a domesticação da energia hidráulica e eólica.

A maior descontinuidade energética da história da humanidade ocorreu na Revolução Industrial, quando as energias fósseis substituíram as fontes renováveis e houve uma crescente mecanização do trabalho humano. Novos minerais e materiais sintéticos foram incorporados em uma gama crescente de bens. A partir daquele momento, passou-se a usar fontes não renováveis no lugar de renováveis e ampliou-se enormemente o consumo energético *per capita*, que passou a ser compreendido, então, como sinônimo de desenvolvimento. Isso fez com que a produção de energia crescesse de forma exponencial.

Essa visão expansionista da relação sociedade–meio ambiente começa a ser questionada no período atual em função dos desafios

---

[*] Professor da Universidade Estadual de Campinas (Unicamp). •

ambiental e geopolítico. O Brasil está no centro dessa crise, porque junta desigualdade social com insustentabilidade ambiental. Antes, porém, de enfocar a singularidade brasileira, vejamos como se desenrola a crise energética e ambiental com a qual o mundo se debate nos últimos quarenta anos.

O regime fordista e sua crise

A trajetória ascendente do consumo de energia alcançou seu ápice no período do pós-Segunda Guerra Mundial, quando o petróleo deslocou o carvão de sua primazia na oferta mundial de energia. O petróleo barato do Oriente Médio alimentou essa expressiva expansão.[1]

No plano da organização produtiva, o fordismo trouxe a estandardização das peças e produtos, a produção em massa, a grande empresa e valorizou a indústria de bens de consumo duráveis, que é intensa consumidora de energia.[2] O automóvel é a mais exemplar das tecnologias fordistas por seu grande impacto em todos os planos da sociedade moderna.

O dano que o uso dessas tecnologias trouxe à sociedade e ao meio ambiente ficou cada vez mais evidente. O automóvel tornou-se um dos principais responsáveis pela poluição urbana, além dos seus impactos no urbanismo e sobre os congestionamentos das grandes cidades. A indústria química, que é central para o fordismo, passou a ser questionada por causar grandes danos ao meio ambiente e à saúde humana.

O fordismo trouxe, entretanto, uma melhor distribuição de renda, sobretudo nos países desenvolvidos, onde a classe trabalhadora passou a usufruir de um padrão de vida e de consumo bastante elevado. Essa melhora do nível de renda da população acarretou o aumento da consciência a respeito das questões relativas à saúde, à qualidade de vida e ao meio ambiente. Esses elementos contribuíram decisivamente para ampliar a regulação sobre segurança e emissões, o que encareceu os custos de produção das atividades industriais fordistas.

A crise de 1973, ao quadruplicar o preço internacional do petróleo, interrompeu o crescimento exponencial do consumo energético. Ficou patente que os países desenvolvidos não poderiam mais continuar aumentando suas importações de petróleo do Oriente Médio indefinidamente, seja por conta do desequilíbrio das suas contas externas, seja por razões de segurança nacional.

Emergência do novo paradigma tecnológico

Para fazer frente aos desafios da crise energética mundial, várias estratégias foram ensaiadas, de acordo com a dotação de recursos naturais e a capacidade industrial e tecnológica de cada país para ampliar a oferta de fontes existentes, desenvolver novas fontes de energia e usá-la de forma mais eficiente.

Um dos aspectos mais marcantes da crise energética de 1973 talvez seja o de ter ocorrido simultaneamente com a revolução das tecnologias da informação, cujo impacto no uso mais eficiente de energia é muito alto. Muitas das inovações que melhoram a eficiência energética estão diretamente relacionadas com as tecnologias da informação. Outras tecnologias complementares do novo paradigma, como os novos materiais, também caminham na mesma direção.

Os países desenvolvidos vivenciaram um expressivo aumento de sua eficiência energética, acompanhado de mudanças estruturais do Produto Interno Bruto (PIB), que resultaram na queda da intensidade energética após o primeiro choque do petróleo. Contudo, a inflexão no uso da energia, observada nesses países, não foi suficiente para estabilizar o consumo, porque os países em desenvolvimento passaram a ocupar uma parcela crescente da demanda global de energia. Com o deslocamento, a partir deste novo século, do eixo dinâmico da economia mundial para a Ásia em desenvolvimento, a demanda por energia e matérias-primas recrudesceu dramaticamente, causando o retorno ao carvão mineral. A participação, em 2012, do carvão mineral na oferta mundial de energia aumentou, em comparação a 1973, aproximando-se do petróleo (Figura 1).

BRASIL, SOCIEDADE EM MOVIMENTO | 337

Figura 1: Oferta total de energia primária no Mundo

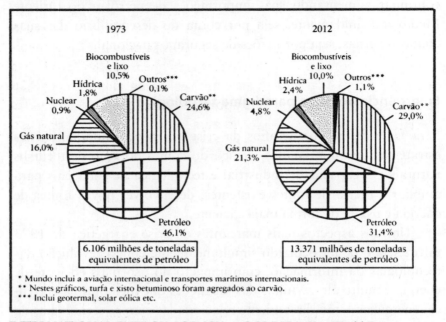

INTERNATIONAL ENERGY AGENCY — OCDE/IEA, Key World Energy Statistics, Paris, 2013, p.7. Disponível em: <http://proclimweb.scnat.ch/portal/ressources/3108.pdf>.

O desafio energético e ambiental coloca-se com grande urgência, na medida em que o consumo mundial de energia se expandiu à taxa de 2% a.a. nos últimos quatro decênios. Apesar da crise energética de 1973, que supostamente anunciava o crepúsculo do petróleo, as energias fósseis representavam 81,7% da oferta mundial de energia em 2012 (Figura 1).

Os estudos sobre mudanças climáticas descrevem a atual trajetória de consumo de energias fósseis como insustentável. O cenário apontado pela Agência Internacional da Energia (AIE), de estabilização do aumento da temperatura terrestre abaixo de 2°C, prevê, para 2035, uma redução de 32% das emissões de gás carbônico (CO_2) em relação ao ano de 2012.[3] Em relação às energias fósseis, a queda seria menor, mas implicaria uma redução média anual do consumo de aproximadamente 0,6% a.a., invertendo a trajetória que se manteve nos últimos quarenta anos.

A pergunta que devemos nos fazer na atualidade é: quais são as necessárias inflexões no consumo de energia para que o desenvolvimento social e econômico seja ambientalmente sustentável? Elas são múltiplas e é difícil conceber qual esfera da vida humana não seria afetada por elas, dada a importância vital que têm as energias fósseis. Essas mudanças estão no aumento da eficiência energética (44%), na expansão das fontes de energias renováveis e biocombustíveis (25%), na captura e sequestro de carbono (22%) e na energia nuclear (9%) de acordo com os cenários da AIE.[4] Elas revelam que, mesmo com um aumento muito expressivo das fontes renováveis, ainda será necessário usar as energias fósseis, porém complementadas por tecnologias de sequestro de carbono.

Esses aspectos, que são bastante tecnológicos, ocultam a profundidade das mudanças que são necessárias hoje para que a humanidade trilhe o caminho da sustentabilidade. O modelo de consumo e de produção oriundo do fordismo, altamente intensivo no uso de recursos naturais e energias fósseis, não pode ser generalizado e precisa ser repensado mundialmente. Ele é inapropriado para qualquer parte do mundo, seja ela desenvolvida ou em desenvolvimento. A melhor distribuição de renda entre e intrapaíses se torna necessária para que possa haver estabilização e redução do consumo material.

Energia e desenvolvimento sustentável no Brasil

A matriz energética brasileira contém um conjunto importante de singularidades. Por ser um país em desenvolvimento, no qual a industrialização realmente se efetivou após a Segunda Guerra Mundial, a matriz energética brasileira foi, até 1970, dominada pela lenha. Somente após o período do milagre econômico (1967–73), o petróleo se consolida como fonte energética dominante. O problema dessa expansão do fordismo ao Brasil foi a ausência de condições geológicas favoráveis para a ocorrência de reservas petrolíferas. Por essa razão, a opção da estatal encarregada do setor (a Petrobras) foi, durante esse período, de se apoiar em importações de petróleo provenientes do Oriente Médio. Pelo lado consumo, ampliaram-se consideravelmente a frota de automóveis e o transporte rodoviário no país, sedimentando a escolha pelo modelo fordista, que no caso brasileiro vem associado à concentração de renda.

Outro aspecto central da matriz energética brasileira, que a diferencia da maioria dos países do mundo com grau equivalente ou maior de industrialização, consiste na importância das energias renováveis, que pode ser atribuída à mais favorável dotação desses recursos no país. Assim, a geração de energia elétrica usa predominantemente a fonte hidráulica. A expansão da energia hidroelétrica esteve associada, como no caso do petróleo, a uma crescente presença estatal, sob o comando da qual ocorreu a centralização e a integração do sistema elétrico nacional. A escolha tecnológica dominante recaiu nos grandes empreendimentos hidroelétricos.

O primeiro choque do petróleo trouxe grandes desafios para a economia brasileira. A principal transformação foi a guinada realizada pela Petrobras em busca do petróleo nacional. A partir de então, consolida-se uma estratégia bem-sucedida de desenvolvimento de petróleo submarino no litoral brasileiro. Contudo, outras mudanças foram importantes no início dos anos 1980, como a massiva substituição de derivados de petróleo, principalmente óleo combustível e gasolina, por outras fontes locais. Dentre elas se destaca o bioetanol de cana.

O Programa Nacional do Álcool — Proálcool — foi uma das mais relevantes iniciativas desse período pelo seu porte e pelo sucesso produtivo. O etanol avançou consideravelmente, substituindo uma parcela importante do consumo de gasolina do país. Graças a ele e a outras fontes, como a hidroeletricidade, a madeira e o carvão mineral, o Brasil conseguiu curvar o consumo de petróleo, que caiu 15% entre 1979 e 1984.

O problema foi a descontinuação dessa reconversão estrutural da matriz energética a partir da segunda metade da década de 1980. A partir desse período, o consumo do petróleo voltou a crescer no país, apontando o esgotamento das políticas de substituição esboçadas depois do primeiro choque. O que mais contribuiu para essa mudança de rumo foi o contrachoque do petróleo de 1986, quando houve uma queda acentuada dos preços internacionais desse combustível.

Essa reviravolta acabou impactando negativamente as mais importantes energias renováveis da matriz energética brasileira. A hidroeletricidade, que crescera apoiando-se fortemente no endividamento externo, passou a enfrentar graves problemas financeiros, interrompendo-se o fluxo de investimentos na ampliação da capacidade produtiva. Outro fenômeno importante, que afetou a continuidade da trajetória apoiada nas grandes hidrelétricas, foi a oposição dos movimentos sociais e os crescentes custos de reassentamento das populações deslocadas. A legislação, a partir dos anos 1980, passou a ser muito mais rigorosa na aprovação desses grandes empreendimentos, exigindo estudos e programas de mitigação dos impactos socioambientais.

O Proálcool, que fora um sucesso até meados dos anos 1980, foi deixado de lado. A oferta estagnou, mas a política da demanda continuou incentivando o uso do veículo a álcool. O desfecho foi uma crise de abastecimento no início dos anos 1990, que resultou no quase abandono do carro a álcool. O programa só não se extinguiu porque pôde se apoiar na demanda de álcool anidro, misturado à gasolina, e sobre a frota de veículos a álcool remanescente do período anterior.

O petróleo manteve sua presença na matriz energética brasileira graças à contribuição de seu irmão menor, o gás natural. No Brasil, grande parte do gás é produzida em associação com o petróleo. Esse energético passou a ser mais valorizado à medida que foi se constituindo um mercado para ele. Contudo, a oferta de gás natural nacional não foi suficiente, e uma parte da demanda passou a ser atendida mediante importações. Assim, petróleo mais gás natural aumentaram a participação na matriz energética brasileira entre 1990 e 2000.

A principal razão dessa evolução positiva do petróleo foi o grande sucesso produtivo que a Petrobras obteve a partir dos anos 1980. A produção interna aumentou expressivamente e passou a cobrir uma parcela crescente da demanda. Esse sucesso se apoiou na bem-sucedida estratégia da Petrobras ao descobrir e desenvolver a produção de petróleo em águas profundas.

O desafio da sustentabilidade no atual século

A emergência dos países da Ásia em desenvolvimento modificou o comportamento do comércio internacional. O preço do petróleo, que estava deprimido desde o contrachoque de 1986, recrudesceu a partir do atual século. A principal causa foi a expansão da demanda de produtos energéticos e de matérias-primas, provocada direta e indiretamente pela emergência desse novo polo manufatureiro da economia mundial.

O aumento do preço internacional do petróleo deu maior fôlego à ampliação da oferta brasileira de petróleo e gás natural, ao mesmo tempo que revitalizou a demanda de etanol no país. Para tal, foi determinante a introdução dos carros *flex*, em 2003, que redinamizaram o mercado do etanol hidratado, cujo consumo vinha decaindo com o sucateamento da frota de veículos a álcool. A oferta nacional de bio-etanol respondeu bem, porque havia capacidade ociosa, e os preços eram vantajosos quando comparados aos custos de produção.

Em 2003, o governo instaurou um novo modelo de relação entre Estado e iniciativa privada para o setor elétrico, que viabilizou a retomada dos investimentos. Com isso, a participação da energia hidroelétrica voltou a crescer. De maneira geral, observou-se um aumento progressivo das energias renováveis até 2009 (Tabela 1).[5]

Essa fase favorável às energias renováveis foi interrompida pela crise financeira de 2008, que afetou negativamente as duas principais fontes renováveis modernas. A hidroeletricidade enfrentou crescentes problemas ambientais por conta, principalmente, do esgotamento do potencial na região centro-sul e do deslocamento de grandes empreendimentos para a região amazônica. Esses empreendimentos sofreram constantes atrasos. Ademais, a crescente pressão ambiental levou os projetos a adotarem a tecnologia das turbinas a fio d'água, que demanda áreas inundadas muito menores. Essa escolha acabou se refletindo em maior necessidade de investir em outras fontes complementares, espaço que foi preenchido pela geração de energia térmica utilizando gás natural. Outro fator adicional a prejudicar a hidroeletricidade na matriz brasileira é o clima. A quan-

342 | DESENVOLVIMENTO, TRABALHO E PODER FINANCEIRO

Tabela 1 – Oferta Interna de Energia

Fontes	2004	2005	2006	2007	2008	2009	2010	2011	2012	2013
Energia não renovável	**56,0**	**55,3**	**54,8**	**53,9**	**53,9**	**52,7**	**54,9**	**56,0**	**57,7**	**59,0**
Petróleo e derivados	39,3	38,8	37,9	37,5	36,7	37,9	37,8	38,6	39,3	39,3
Gás Natural	8,9	9,4	9,6	9,3	10,3	8,8	10,2	10,2	11,5	12,8
Carvão Mineral e coque	6,3	6,0	5,7	5,7	5,5	4,6	5,4	5,7	5,4	5,6
Urânio (U_3O_8)	1,5	1,2	1,6	1,4	1,5	1,4	1,4	1,5	1,5	1,3
Energia renovável	**44,0**	**44,7**	**45,2**	**46,1**	**46,1**	**47,3**	**45,1**	**44,0**	**42,3**	**41,0**
Hidráulica*	14,5	14,9	14,9	14,9	14,1	15,2	14,0	14,7	13,8	12,5
Lenha e Carvão vegetal	13,2	13,1	12,7	12,0	11,6	10,1	9,7	9,5	9,1	8,3
Derivados de cana-de-açúcar	13,5	13,8	14,6	15,9	17,0	18,1	17,5	15,7	15,4	16,1
Outras Renováveis	2,8	2,9	3,0	3,2	3,4	3,9	3,9	4,1	4,0	4,2
Total	100,0	100,0	100,0	100,0	100,0	100,0	100,0	100,0	100,0	100,0

*Inclui importação de eletricidade oriunda de fonte hidráulica. 1 KWh = 860kcal (equivalente térmico teórico – primeiro princípio da termodinâmica).
Fonte: Empresa de Pesquisa Energética, Balanço Energético Nacional, Rio de Janeiro, 2014, p.23. Disponível em: <https//ben.epe.gov.br/downloads/Relatorio_Final_BEN_2014.pdf>.

tidade de chuvas nas regiões Nordeste e centro-sul tem se reduzido paulatinamente nas últimas décadas.

Uma evolução paralela se observa com o bioetanol brasileiro. Essa fonte teve um período muito favorável até 2008, mas sofreu posteriormente uma profunda crise. Nesse setor, a principal restrição foi a falta de oferta de matéria-prima, que não acompanhou a expansão da capacidade industrial. A falta de coordenação desse processo expansivo evidenciou-se, apesar da forte presença do Estado no financiamento de novas plantas industriais. Ainda que a ampliação da área plantada com cana tenha sido significativa, duplicou em menos de uma década, a produtividade caiu, e uma parcela maior da produção se destinou para o açúcar por falta de rentabilidade do etanol. Além do impacto negativo da mecanização da colheita, as alterações do clima, principalmente na região Sudeste, afetaram negativamente a produtividade da cana. Com isso, houve queda da produção do etanol e só não houve crise de abastecimento porque a tecnologia do carro *flex* permitiu que a demanda fosse atendida pela gasolina.

Os recuos, tanto do etanol quanto da hidroeletricidade, ajudam a entender o recrudescimento das energias não renováveis desde a crise de 2008. Como agravante, veio se adicionar a crescente dependência de nosso padrão de consumo pelo automóvel. Na década de 1990, já se observara uma considerável expansão da demanda por automóveis no país, contudo, nos anos 2000, essa dilatação se acentua ainda mais, até alçar o Brasil à posição de quarto mercado automobilístico internacional em 2013, apenas atrás da China, dos Estados Unidos e do Japão.

Certamente, as gigantescas descobertas do pré-sal, feitas pela Petrobras, alteraram significativamente a disponibilidade de reservas petrolíferas no Brasil. Um ambicioso plano de investimentos é lançado pela empresa para elevar a sua produção de petróleo a 4 milhões de barris/dia na próxima década. Esses elementos podem levar a matriz energética brasileira a se inclinar em benefício das fontes não renováveis.

O consumo de petróleo, que se estabilizara até 2008, volta a crescer, impulsionado pelo aquecimento da demanda interna de óleo diesel e gasolina. Complicando ainda mais o cenário energético, a produção de petróleo, que vinha crescendo regularmente desde 1995, se estabiliza e, pior, decresce de 2012 até 2014. Em decorrência dessa evolução negativa da oferta diante da expansão do consumo, o país torna-se novamente importador líquido, principalmente de derivados de petróleo.

Para complexificar ainda mais o quadro, nos últimos anos, as políticas energéticas contribuíram para acentuar e agravar os problemas de oferta. No setor elétrico, o governo decidiu abaixar as tarifas quando o setor estava enfrentando uma crescente escassez de recursos hídricos. Com isso, houve explosão da demanda em um momento de restrição da oferta. Somente não ocorreu racionamento porque havia capacidade de geração térmica, apoiada no gás natural, que supriu as carências da hidroeletricidade. Contudo, o custo econômico foi muito elevado e somente começou a ser pago pela população a partir dos reajustes tarifários realizados em 2015.

A política de controle dos preços dos derivados de petróleo, principalmente da gasolina e do diesel, acabou afetando duplamente a Petrobras e o setor do etanol. A estatal brasileira, por conta da estagnação da oferta de petróleo nacional, viu-se obrigada a importar quantidades crescentes de derivados a preços mais altos no mercado internacional para revendê-los a preços menores no mercado interno. Isso em um contexto em que se comprometera com um ousado plano de investimentos para explorar o potencial do pré-sal e ampliar significativamente sua capacidade de refino. Essa estratégia equivocada acabou levando a estatal à maior crise de sua história.

No caso do etanol, o setor público parece não ter sido muito rigoroso na outorga dos financiamentos, embora as decisões de investir coubessem ao setor privado, ao qual se associou o capital estrangeiro. Com a crise de 2008, a bolha de investimentos em novas destilarias estourou, mas o pior foi o marasmo da oferta de matéria-prima. A política de controle de preços da gasolina acabou também prejudicando a rentabilidade do setor.

Esses sinais desencontrados da política energética somente não foram mais graves porque as novas energias renováveis acharam um espaço crescente na matriz energética brasileira. O grande chamariz dessa política é a geração eólica, que tem se expandido a grande velocidade na oferta de energia elétrica. Já estão instalados 6 GW de energia eólica no Brasil, o que representa 4,5% da capacidade de geração nacional, mas estão contratados 16,8 GW e espera-se que até 2023 essa capacidade alcance 22 GW.

Observações finais

O Brasil é um país que dispõe de um grande potencial para produzir energias renováveis. Tradicionalmente, a biomassa e a hidroeletricidade ocuparam um lugar de destaque nesse cenário. Contudo, essas fontes de energia, por diversas razões, enfrentam problemas de expansão. As próprias restrições colocadas pela atual crise ambiental parecem estar por trás do desempenho aquém do esperado.

Por outro lado, a política energética tem agravado esse quadro de crise de oferta de energias renováveis. A única grande novidade foi a expansão impressionante da energia eólica, mas que ainda está longe de compensar o recuo dos dois principais vetores energéticos renováveis.

Certamente, no futuro próximo, haverá uma substancial expansão da oferta de petróleo por conta dos investimentos no pré-sal, ainda que essas estimativas estejam sendo refeitas para níveis inferiores em decorrência da reformulação dos planos de investimento da Petrobras. Mesmo assim, uma oferta folgada de petróleo pode levar o governo a querer subsidiar o consumo interno de derivados, desestimulando as fontes renováveis.

Por outro lado, a política da demanda somente fez agravar a dependência do país pelo automóvel e pelo transporte rodoviário, o que o tornou cada vez mais refém do petróleo. Na última década, a frota de automóveis expandiu-se dramaticamente, reforçando a opção nacional pelas tecnologias do regime fordista, as quais estão em crise desde os anos 1970. As consequências no presente século em termos do aumento de congestionamento urbano foram impressionantes. A falta de uma infraestrutura rodoviária à altura e de transporte coletivo eficiente evidenciou os limites desse modelo de desenvolvimento demasiadamente concentrador, no qual ainda existe uma parcela majoritária da população sem acesso ao transporte individual.

O problema de nosso modelo de consumo não se restringe apenas ao automóvel e ao transporte rodoviário. Ele reside também na enorme ineficiência energética de grande parte de nosso aparelho produtivo e de consumo de energia. Um levantamento feito pelo Conselho Americano para uma Economia de Energia Eficiente coloca o Brasil em penúltimo lugar entre os 16 países analisados.[6]

Se bem que nos próximos vinte anos, a transição para a sociedade apoiada na eficiência energética deva ocorrer, por razões de sustentabilidade, através do uso de fontes renováveis e de um modelo de consumo mais austero, o Brasil parece caminhar em sentido inverso. Pelo lado da eficiência energética, continuamos adotando pouco as tecnologias poupadoras de energia, tanto no setor industrial quanto no residencial e no comercial. As energias renováveis patinam, apesar do grande potencial do país, e o modelo de consumo continua apoiado no uso do transporte individual. Com isso, está se perdendo uma chance quase única de o Brasil assumir uma posição de liderança na transição energética mundial, principalmente dentre os países em desenvolvimento.

Notas:

1. CHEVALIER, J. M. *O novo jogo do petróleo*. Lisboa: Europa–América, 1973.

2. AGLIETTA, M. "Crise et Transformation Sociale". *Histoire*. Quelle Crise. Paris: Hachette, n. 6 out., nov., dez., 1980.

3. *Ibidem*, 2014. Disponível em: <https://goo.gl/rRZjEY>. Acesso em: 21 mai. 2015.

4. INTERNATIONAL ENERGY AGENCY — OCDE/IEA, *World Energy Outlook*. Paris: IEA Pubications, 2011. Disponível em: <https://www.iea.org/publications/freepublications/publication/WEO2011_WEB.pdf >. Acesso em: 21 mai. 2015.

5. *Balanço energético nacional 2014*, Empresa de Pesquisa energética do Rio de Janeiro, 2014, p.23.

6. YOUNG, R. *et al. The 2014 International Energy Efficiency Scorecard*. Washington: American Council for an Energy-Efficient Economy, 2014. Disponível em: "<http://goo.gl/W9bmYA>. Acesso em: 21 mai. 2015.

Trabalho e tecnologia na era do Google: ciência, reposicionamento do trabalho e desafios para a periferia

*Eduardo Motta e Albuquerque**

I – Trabalho e Tecnologia

Nem a ciência nem a tecnologia foram inventadas pelo capitalismo. Tanto a Revolução Científica, quanto a Revolução Industrial (que têm conexões entre si), são fontes de emergência do capitalismo. A ciência e a tecnologia, transformando e sendo transformadas por este sistema, sobreviverão a um eventual fim do capitalismo.

A ciência e a tecnologia, ou para usar uma expressão dos *Grundrisse*, de Marx, a "aplicação tecnológica da ciência", foram integradas — não completamente — na dinâmica do capitalismo, que se baseia nessa combinação e nas suas interações.

O progresso tecnológico, profundamente enraizado no cerne da dinâmica capitalista pela criação do lucro — ilação elaborada por Schumpeter, que o associa às inovações de sucesso —, é uma das razões do caráter agitado do capitalismo, gerando periodicamente revoluções tecnológicas que reformulam as economias. Para Celso Furtado a ciência e a tecnologia estão, portanto, associadas à dinâmica e às metamorfoses de longo prazo do capitalismo.[1]

As mudanças que a ciência e a tecnologia impõem à natureza do trabalho são gigantescas. Não é raro que se proclame o fim do trabalho, causado pelo progresso científico e tecnológico (e por outras instituições, como os sistemas de seguridade social, que podem ser

---

* Professor do Centro de Desenvolvimento e Planejamento Regional da Faculdade de Ciências Econômicas da UFMG — Cedeplar — e do Departamento de Economia da Universidade Federal de Minas Gerais; autor de *Agenda Rosdolsky* (2012).•

analisadas nas suas relações com a ciência e a tecnologia — o conhecimento é uma importante fonte de aumento da expectativa de vida ao longo dos últimos duzentos anos). Qualquer novo avanço científico e tecnológico é seguido por um novo diagnóstico do fim do trabalho: os computadores anteontem, os robôs ontem, uma nova geração de robôs hoje. Porém, cabem duas perguntas básicas, preliminares: quem inventou esses robôs? E quem os constrói? A reposta é: o trabalho.

As conquistas da ciência não são dádivas — são produtos do trabalho, uma categoria de trabalho muito específica: o intelectual. Além disso, a ciência em geral é produto do trabalho intelectual colaborativo, normalmente de trabalho internacional colaborativo.

As novas tecnologias são filhas da ciência, e de engenheiros, trabalhadores, inventores, logo, de diversos tipos de trabalho intelectual.

Em consequência, o trabalho cria a ciência e a tecnologia. A tecnologia não pode acabar com o trabalho. A interação entre ciência e tecnologia produz um reposicionamento do trabalho.

II – Reposicionamento do trabalho

A natureza do trabalho tem mudado em função de dois movimentos. Primeiro, à medida que a ciência ganha importância, aumenta o número de pessoas diretamente envolvidas em trabalho intelectual. Universidades, institutos e departamentos de pesquisa e desenvolvimento nas empresas reúnem um largo número de pessoas que se dedicam a ele. Em segundo lugar, à medida que os produtos do trabalho que envolvem ciência e tecnologia chegam à fase de produção, impactam a sua natureza do trabalho. Novas técnicas, novos instrumentos, acabam conduzindo a um processo que combina a redução do peso e importância do trabalho manual, e o aumento do peso do trabalho intelectual.

Marx, no século XIX, elaborou o conceito do trabalhador coletivo, que articulava o trabalho intelectual e manual.[2] O trabalho, como esforço coletivo, pode ser compreendido como detentor de dois polos, um de trabalho manual e um de trabalho intelectual.

O reposicionamento do trabalho é um processo impulsionado pela ciência e pela tecnologia que transforma o peso relativo de ambos os polos. Nos dois últimos séculos, tem havido um crescimento contínuo do polo de trabalho intelectual, com redução correspondente do polo de trabalho manual.[3] As metamorfoses do capitalismo estão relacionadas com o reposicionamento do trabalho.

Em vez do fim do trabalho, há um processo de reposicionamento do trabalho. Existem no nosso planeta 3,3 bilhões de pessoas,[4] na maior parte assalariadas, distribuídas entre os extremos dos dois polos do trabalho intelectual e do manual. Esses dois extremos, e tudo o que fica entre eles, estão ligados, combinando a fragmentação e a interconexão por todo o globo.

Esse processo transforma o trabalho num fenômeno muito mais complexo. Heterogeneidade, diversificação e diferenciação internacional, interempresas e intrapaíses, são consequências desse fenômeno complexo.

A dimensão internacional do reposicionamento do trabalho é de especial importância: estabelecem-se novos tipos de divisão internacional do trabalho, maior diversificação entre os papéis desempenhados por diferentes países e regiões. Houve um tempo em que existiam países industriais e países agrícolas. Mais tarde, uma fase em que as novas indústrias estavam no centro e as antigas, na periferia. Hoje, este processo de reposicionamento reorganiza a divisão internacional do trabalho, configurando um mundo no qual alguns países concentram-se no polo do trabalho intelectual, enquanto outros conservam a carga do trabalho manual.

As novas tecnologias permitem uma nova redistribuição do trabalho pelo mundo, com a consolidação de cadeias globais de produção e a emergência de cadeias globais de inovação.[5] Essas cadeias globais de inovação representam novas configurações da divisão internacional do trabalho: o trabalho intelectual pode também ser distribuído por diferentes países, mas segundo uma repartição hierárquica das atividades intelectuais — a divisão centro–periferia é novamente reformulada pelas novas tecnologias.

III – O Google como evidência empírica de uma nova fase do capitalismo

A ciência e a tecnologia são organizadas institucionalmente por sistemas de inovação, como foi avançado por Freeman, Nelson e Lundvall.[6] Esses sistemas estão por trás da criação das novas tecnologias — são o berço institucional das revoluções tecnológicas. Assistimos hoje a uma revolução tecnológica que pode ser ilustrada pela emergência e crescimento do Google.

O que o Google pressupõe? Primeiro, a World Wide Web: uma criação, do mundo da ciência concretizada em 1991. Ela foi proposta, em 1989, por um cientista da computação (Tim Berners-Lee) que trabalhava em um centro internacional e internacionalizado (*Conseil Européen pour la Recherche Nucléaire* — Cern, Suíça), conectado a uma rede internacional de pesquisa em física das partículas.[7] Segundo, a presença, nos Estados Unidos, de um sistema universitário bem-dotado e qualificado, e de financiamento público para iniciativas de pesquisa. Em 1998, L. Page e S. Brin estavam envolvidos, na Universidade de Stanford, com um projeto de pesquisa da National Science Foundation sobre a internet: apresentaram, na Sétima Conferência Internacional sobre a World Wide Web, uma comunicação sobre um algoritmo que está na raiz de uma nova técnica de pesquisa.[8] Terceiro, um eficiente sistema financeiro de apoio à inovação: o Google obteve financiamento de um dos fundadores da Sun Microsystems, em agosto de 1998, de empresas de capital de risco, em 1999, e realizou sua oferta pública de venda em 19 de agosto de 2004. Quarto, um sistema econômico no qual a publicidade seja uma fonte de renda estável e poderosa (em 1998, 2,4% do PIB dos EUA). Quinto, uma sólida infraestrutura de informação (em si uma condição prévia para existência da internet) que abre espaço para uma enorme "mercantilização" da informação — visto que esta (a procura de informação e/ou a geração de nova informação) é a fonte de criação de valor no quadro do Google. Finalmente, uma economia internacionalizada: o Google é global desde sua criação, já que seu berço é a World Wide Web, de alcance mundial.

A origem, o crescimento inicial e posterior dinâmica do Google podem constituir uma excelente ilustração das transformações (as que já se produziram e as que estão por vir) em direção a uma economia global do conhecimento. O que o Google ilustra? A economia global está hoje numa nova fase, porque, desde que a expansão do capital envolveu quase todos os continentes, foi criada uma nova região para a acumulação de capital: o mundo digital, com a internet mundial como novo continente. Como podemos verificar isso empiricamente? Observar o crescimento e a dimensão adquirida pelo Google proporciona uma imagem clara do potencial desse novo continente de acumulação de capital. Outra maneira de comprovar esse fato é constatar os lucros gerados pelo Google e seu impacto na capitalização do mercado.

O Google é apenas uma ilustração da transformação a que assistimos, transformação que é, no entanto, muito mais abrangente. Ela nos conduz a um novo estágio no processo de reposicionamento do trabalho. A informação e o seu processo de geração — fonte de produção de valor — assumem uma nova posição na dinâmica global do capitalismo. Essa nova posição, por sua vez, confere ao polo do trabalho intelectual um papel mais central.

IV – Novos desafios e novas oportunidades

Esta nova fase afeta outras áreas. Por exemplo, a Organização para a Cooperação e Desenvolvimento Econômico (OCDE), em recente documento, identifica as novas tecnologias em "áreas de aceleração" relativamente a diferentes campos, tais como o controle da mudança climática, envelhecimento, saúde, segurança alimentar, gestão da informação e da comunicação, novos sistemas de produção.[9] Os efeitos combinados dessas tecnologias, atuais e emergentes, ilustram a intervenção dos processos schumpeterianos de destruição criadora — natalidade e mortalidade de empresas —, que podem mudar o panorama econômico das nações.

O processo de reposicionamento do trabalho, induzido pela ciência e pela tecnologia, apresenta desafios para todos. O mais importante é possivelmente a resposta política e social a um paradoxo: por que razão, depois de mais de 150 anos de produtividade crescente do trabalho em função das novas tecnologias, criadas pelo trabalho intelectual, a duração do trabalho não foi reduzida radicalmente? Pelo menos, tanto quanto o aumento da produtividade? A isso deve responder uma reforma global dos movimentos sindicais mundiais, que têm de encarar os desafios combinados do reposicionamento e da nova divisão internacional do trabalho.

Para os países da periferia, os desafios apresentam outros tópicos específicos. O principal consiste em como responder às atuais mudanças na divisão internacional do trabalho. Novas hierarquias estão sendo criadas, induzindo uma redistribuição complexa entre o trabalho manual e intelectual, a velha divisão centro–periferia foi possivelmente reformulada.

Está na hora de voltar a fazer a pergunta colocada por Celso Furtado: conformar-se ou reformar?[10] Há desafios, mas as oportunidades também estão patentes: reformar a divisão internacional do trabalho deveria ser tema de reflexão e de elaboração teórica. O primeiro passo, para países como o Brasil, deveria ser um forte investimento na nossa infraestrutura de ciência e tecnologia, um passo em frente na formação do nosso sistema de inovação. O que reforçaria as condições para uma inserção ativa na nova ordem internacional em criação, com o objetivo específico de criar condições para desempenhar um papel importante no polo crescente do trabalho intelectual.

Essas reformas podem ser os primeiros passos para ultrapassar a divisão que o capitalismo global não foi nem é capaz, de ultrapassar: centro–periferia. Numa era de empresas globais, redes globais e economia global, é necessário encetar discussões e elaborações para uma alternativa global ao capitalismo. Uma discussão necessária para que a humanidade seja beneficiada plenamente com os frutos do seu trabalho: a ciência e a tecnologia.

Notas:

1. FURTADO, C. *Metamorfoses do Capitalismo*. Rio de Janeiro: UFRJ, 2002. Discurso na Universidade Federal do Rio de Janeiro no recebimento do título de doutor honoris causa.

2. MARX, K. Appendix: "Results of the immediate process of production". In: MARX, K. *Capital*: a critique of political economy. Londres: Penguin, 1976. p. 941-1084.

3. ALBUQUERQUE, E. *Invenções, mutações*: o progresso científico-tecnológico em Habermas, Offe e Arrow. Belo Horizonte: Editora UNA, 1996.

4. INTERNATIONAL LABOUR ORGANIZATION. *World of Work Report — Better jobs for a better economy*. Geneva: ILO, 2012.

5. ERNST, D. *Innovation Offshoring*: Asia's Emerging Role in Global Innovation Networks. Honolulu: East-West Center, 2006.

6. DOSI, G.; FREEMAN, C.; NELSON, R.; *et al.* (orgs.). *Technical Change and Economic Theory*. Londres: Pinter, 1988.

7. GILLIES, J.; CAILLIAU, R. *How the Web was Born*: the Story of the World Wide Web. Oxford/Nova York: Oxford University Press, 2000.

8. BRIN, S.; PAGE, L. "The Anatomy of a Large-Scale Hypertextual Web Search Engine". In: *Seventh international world-wide web conference* (www 1998), 14-18 abr. 1998, Brisbane, Austrália.

9. ORGANIZAÇÃO PARA A COOPERAÇÃO E DESENVOLVIMENTO ECÔNOMICO. *OECD. Science, Technology and Industry Outlook 2014*. [s.l.]: OECD Publising, 2014. Disponível em: <http://dx.doi.org/10.1787/sti_outlook-2014-en>. Acesso em: 21 mai. 2015.

10. FURTADO, C. "Underdevelopment: to conform or reform". In: MEIER, G. (org.). *Pioneers of development*. Oxford: Oxford University/World Bank, 1987. (Second Series).

Crise do sindicalismo?

*Adalberto Cardoso**

Diz-se que o sindicalismo brasileiro está em crise. Uma crise multidimensional, relacionada tanto com a eficácia da ação propriamente sindical (de representação dos trabalhadores junto aos patrões), quanto com os aspectos expressivos e identitários do movimento, responsável, por exemplo, pela construção de visões de mundo alternativas ou transformadoras. Essa percepção é paradoxal, pois os indicadores existentes de organização sindical apontam em outra direção. Os resultados das negociações coletivas e as taxas de greves, por exemplo, denotam um sindicalismo atuante, ainda que essa atuação não tenha a visibilidade que muitos gostariam que tivesse. Segundo dados do Departamento Intersindical de Estatística e Estudos Socioeconômicos (Dieese), em 2012, último dado disponível, foram decretadas quase novecentas greves no país, maior volume em 16 anos.[1] E mais de 90% das negociações coletivas conseguiram aumentos salariais acima do Índice Nacional de Preços ao Consumidor (INPC), também segundo o Dieese.[2] É verdade que as taxas de filiação sindical vêm caindo (de um patamar de 20% na primeira década de 2000 para 16% em 2013, segundo a Pesquisa Nacional por Amostra de Domicílios — Pnad[3]), mas esse não me parece um dado alarmante, tendo em vista as enormes mudanças em curso nos mercados de trabalho.

Quanto aos aspectos expressivos e identitários, a crítica mais comum é que o sindicalismo teria perdido capacidade de nuclear projetos políticos mais amplos, porque teria sido cooptado pelos governos do Partido dos Trabalhadores (PT). Parece-me um erro considerar que a Central Única dos Trabalhadores (CUT) ou a Cen-

---

* Professor e diretor do Instituto de Estudos Sociais e Políticos (IESP) da Universidade Estadual do Rio de Janeiro (UERJ).•

tral dos Trabalhadores do Brasil — CTB (dissidência da CUT ligada ao Partido Comunista do Brasil — PCdoB) foi "cooptada" pelo governo. Bem ao contrário: o projeto político alimentado pela CUT, ou pelas facções majoritárias da central, chegou ao poder em 2003. Não devemos esquecer que a CUT foi criada, em 1983, pelas mesmas forças (oriundas do sindicalismo) que haviam criado o PT, em 1980, e os movimentos sociais foram o manancial mais importante de alimentação dos quadros do PT. Ao ser eleito em 2002, Lula levou consigo algumas centenas de lideranças cutistas, colocadas em postos estratégicos de gestão do Estado. Não me refiro apenas aos canais de participação criados pela Constituição de 1988 (como os vários conselhos consultivos ou deliberativos que hoje povoam o aparato estatal), ativados de forma sem precedentes sob Lula e que incluíram também as outras centrais, além das confederações tradicionais. Refiro-me propriamente à gestão do Estado, aos postos ocupados na administração direta e indireta por Antonio Palocci, Luís Marinho, Luiz Gushiken, Jaques Wagner, Ricardo Berzoini, Jair Meneguelli... Pode-se gastar muita tinta nomeando as pessoas que ocuparam os vários escalões do poder de Estado, egressas da CUT, que teve inclusive seu Departamento de Estudos e Pesquisas (DESEP) esvaziado pela nomeação de vários de seus técnicos para os segundo e terceiro escalões do Ministério do Trabalho e Emprego (MTE). Sem contar que 44 dos 91 deputados federais eleitos em 2002 pelo Partido dos Trabalhadores tinham origem no movimento sindical.[4] A CUT não foi cooptada pelo governo. Ela chegou ao poder com Lula e tornou-se um importante manancial de novas elites, agora de extração popular, com lastro no mundo do trabalho, aptas à gestão do Estado capitalista.

Considero um equívoco, portanto, que se trate como cooptação ou crise do sindicalismo uma história de sucesso de um projeto político. Pode-se não gostar dele, pode-se criticá-lo como capitulação ou conservadorismo, como "traição" às esquerdas ou mesmo aos trabalhadores, mas essa crítica não leva em conta o fato de que a utopia brasileira, a utopia real, vivida por gerações sucessivas, foi e segue sendo a utopia do trabalho assalariado regulado pelo Estado, veículo de precária segurança ontológica e frágil segurança socioe-conômica, mas ainda assim melhor do que as alternativas disponí-veis. Lula foi a encarnação dessa utopia, prevista num premonitório discurso de Getúlio Vargas proferido em 1954, no qual ele dizia que "hoje, vocês [trabalhadores] estão com o governo. Amanhã vocês serão o governo".[5] Esse projeto cumpriu, finalmente, a utopia var-guista da gestão do capitalismo *pelos* trabalhadores, mesmo que isso não se faça, como, aliás, queria Vargas, *para* os trabalhadores, mas sim para criar condições favoráveis à acumulação, dando à ordem burguesa trilhos menos turbulentos sobre os quais prosperar.

Se isso é verdade, a chegada ao poder federal criou muitos dile-mas e problemas à fração (majoritária) do movimento sindical. Uma das primeiras medidas do governo foi a reforma previdenciária dos servidores públicos, que, ao não ser combatida pela CUT, resultou na saída de importantes sindicatos de servidores federais da Central. Em 2007 ocorreu a maior dissidência, com a saída dos sindicalistas ligados ao PCdoB — que fundaram a Central dos Trabalhadores e Trabalhadoras do Brasil (CTB). Ainda que o PCdoB continue um fiel aliado dos governos do PT, sua atuação sindical ganhou maior independência.

Além disso, no segundo mandato do presidente Lula, acordos para a construção de maioria no Congresso Nacional retiraram o MTE das mãos da CUT. Desde 2007, o ministério é comandado por indicados do Partido Democrático Trabalhista (PDT), partido da base aliada que tinha dentre seus quadros, até 2013, Paulo Perei-ra da Silva, o Paulinho da Força, assim alcunhado por ser também o presidente de honra da Força Sindical, principal competidora da CUT no mundo sindical. Durante a gestão de Carlos Lupi à frente do MTE (de março de 2007 a janeiro de 2011), a Força Sindical au-mentou substancialmente o número de sindicatos filiados, em parte pela generosidade com que o ministro concedeu o registro a sindica-tos criados nas bases de sindicatos existentes, controlados pela CUT ou por outras centrais.[6]

Olhando para o futuro

O projeto político que uniu CUT e PT, nos anos 1980, cumpriu a utopia varguista da gestão do capitalismo pelo trabalho organizado, cinquenta anos depois de formulada. Os trabalhadores "são o governo". É claro que num presidencialismo de coalizão, estar no comando do governo não confere poderes irrestritos. Muito da agenda daquele projeto político não pôde se materializar em políticas públicas, nem mesmo timidamente.[7] Parte dos dilemas atuais do sindicalismo decorre disso.

Em primeiro lugar, é difícil para os membros de uma coalizão vitoriosa de forças políticas e sociais se voltarem contra os mecanismos que permitiram seu acesso ao poder de Estado. Não me parece lógico esperar que lideranças sindicais, que tiveram na estrutura herdada de Vargas, e apenas parcialmente reformada em 1988, berço e terreno nos quais vicejar, trabalhem para mudar a legislação. Abrir a discussão sobre isso significa inaugurar um ambiente de incerteza quanto ao futuro do ordenamento sindical e dos direitos do trabalho, que essas lideranças estão pouco dispostas a avaliar.

Em segundo lugar, e relacionado a isso, pela Constituição de 1988 a negociação coletiva é obrigatória no Brasil. Logo, sem reforma constitucional, os sindicatos continuarão a ter existência obrigatória. Isso torna legítima a demanda por uma forma regular e também compulsória de financiamento, como o imposto sindical, com isso dificultando sua extinção. As centrais sindicais, por sua vez, para ter acesso ao imposto, precisam filiar esses sindicatos, e essa legislação é de 2008.[8] Ela, na verdade, assegura um mecanismo duradouro e regular de financiamento de elites sindicais aptas à ação política e, eventualmente, à gestão do Estado, sempre que forças políticas ligadas aos sindicatos chegarem ao poder, nas várias instâncias federativas. Logo, dificilmente será mudada ou combatida pelas forças hoje no comando do governo federal.[9]

Em terceiro lugar, o direito do trabalho é muito flexível no Brasil, como as pesquisas econômicas não se cansam de mostrar. O problema da competitividade das empresas não parece repousar nos custos do trabalho, mas sim, e sobretudo, na taxa de câmbio, que torna o trabalho por aqui mais caro *vis-à-vis* os países com níveis semelhantes de produtividade, como o México, a Argentina ou mesmo a China. Não fosse o caso, a pressão dos empresários por mudanças mais profundas na legislação trabalhista seria muito mais dura do que de fato é.[10] Como aos trabalhadores tampouco interessam mudanças substanciais nessa área, dificilmente o tema entrará na agenda decisória enquanto a coalizão hoje (2015) no poder conseguir se reproduzir nele.

A combinação dessas estruturas, algumas delas constitucionais, torna muito difícil mexer na estrutura sindical, cujo ordenamento gerou e continua gerando interesses profundos em sua perpetuação (e nem cheguei a mencionar a Justiça do Trabalho e os milhões de agentes ligados, de um modo ou de outro, à operação do direito do trabalho). Esse ordenamento favorece a manutenção e mesmo o aumento da fragmentação da representação sindical na base, aliados ao crescimento concomitante das centrais sindicais. Deve crescer a competição entre elas, em razão do aprofundamento de sua politização, agora financiada de forma regular pelo imposto sindical. Isso deve ocorrer mesmo num ambiente de baixa filiação, já que essa não é necessária para que a estrutura que reproduz as lideranças sobreviva e prospere. É possível haver sindicatos com poucos filiados, que negociem coletivamente em nome das bases que legalmente representam e alimentam o sistema como um todo com lideranças e militantes.

O risco maior desse arranjo é a oligarquização crescente do movimento, por meio do controle cada vez maior, pelas centrais sindicais, desses mecanismos de reprodução de quadros. De posse de recursos financeiros polpudos (10% do imposto sindical é dividido entre seis centrais sindicais, enquanto 60% são divididos entre mais de 10 mil sindicatos...), elas tendem a ser a força mais importante nas eleições sindicais, disputando de forma renhida as direções dos sindicatos existentes e forçando a criação de novos sindicatos, ali onde não consigam vencer uma central rival.

As consequências têm sido devastadoras para os sindicatos existentes. Os dados do Sistema Integrado de Relações de Trabalho (SIRT) do MTE, de maio de 2015, mostram que havia 10.770 sindicatos de trabalhadores no país e 8 milhões de trabalhadores filiados, perfazendo a média de oitocentos filiados por entidade sindical.[11] Uma média muito baixa, mas olhando mais detalhadamente a distribuição, havia centenas de sindicatos com menos de quarenta filiados, e apenas alguns poucos com mais de mil, raros com mais de 10 mil.

Indo além, somando-se a população assalariada (pública e privada) e os trabalhadores autônomos contribuintes para a previdência, a população ocupada em 2013 era de 52 milhões de pessoas, segundo a PNAD. Logo, a taxa de filiação, por estes dados, era próxima de 15%, supondo que aquele estrato da população ocupada aumentou seu contingente entre 2013 e 2015, ano da informação sobre número de filiados. Taxa, portanto, inferior à captada pela pesquisa em 2013 e apresentada no início deste texto.

As baixas taxas de filiação são a forma mais segura de controlar as eleições, ou de restringi-las a eleitores confiáveis, com isso reduzindo o risco de perda das entidades, cujo controle garante acesso ao imposto sindical.[12] Fecha-se, dessa forma, um círculo de interesses investidos cuja consequência é maior fragmentação (sindicatos menores, mas em maior número), que enfraquece a representação de base, ao passo que fortalece os organismos de cúpula. E são eles que têm assento nos mecanismos decisórios criados pela Constituição de 1988, assim como são eles que falam em nome dos trabalhadores na esfera pública.

Notas:

1. Departamento Intersindical de Estatística e Estudos Socioeconômicos. Balanço das greves em 2012. Estudos e pesquisas, São Paulo, n. 66, maio. 2013. Disponível em: <http://www.dieese.org.br/balancodasgreves/2012/estPesq66balancogreves2012.pdf>. Acesso em: 21 mai. 2015.

2. Departamento Intersindical de Estatística e Estudos Socioeconômicos. Balanço das negociações dos reajustes salariais 2012. Estudos e pesquisas, São Paulo, n.64, mar. 2013. Disponível em: <http://www.dieese.org.br/balancodosreajustes/2012/estPesq64BalNegoc2012.pdf.>. Acesso em: 21 mai. 2015.

3. Esses dados podem estar superestimados, como veremos.

4. LUCCA, J. B. *Estudio comparado de la identidad partidaria-sindical durante el gobierno de Lula da Silva (Brasil, 2003–2006) y de Néstor Kirchner (Argentina, 2003–07)*. 2011. Tese. (Programa de Doutorado em Ciências Sociais) — Faculdade Latinoamericana de Ciências Sociais, Buenos Aires, 2011.

5. VARGAS, G. *O governo trabalhista do Brasil*. Rio de Janeiro: José Olympio, 1969. v. 4, p.473.

6. Veremos em seguida como isso vem se dando.

7. É o caso, por exemplo, da reforma sindical, objeto de intensas negociações no Fórum Nacional do Trabalho (FNT), sepultado pelo escândalo do "mensalão" em 2005. Ver o artigo de Almeida, um dos poucos que se debruçaram sobre a experiência frustrada do FNT: ALMEIDA, G. R. "O governo Lula, o Fórum Nacional do Trabalho e a reforma sindical". Katálysis, Florianópolis, v.10, n.1, jan.-jun., 2007. Disponível em: <www.scielo.br/scielo.php?script=sci_arttext&pid=S1414-49802007000100007>. Acesso em: 21 mai. 2015.

8. A lei n. 11.648, aprovada em março de 2008, destinou 10% do imposto sindical às centrais sindicais. Aquelas que provarem estar organizadas nas cinco regiões do país com pelo menos cem sindicatos filiados; que tenham pelo menos vinte sindicatos filiados em três regiões; que representem sindicatos de pelo menos cinco setores econômicos e que tenham pelo menos 7% dos trabalhadores filiados em todo o país terão acesso a uma parcela daquele montante, proporcional ao número de trabalhadores filiados. Disponível em: <http://www.planalto.gov.br/ccivil_03/_Ato2007-2010/2008/Lei/L11648.htm.>.

9. O governo federal perdeu momentaneamente poder de agenda no Congresso, já que as forças que o apoiam hoje (2015) são minoritárias. Mas dificilmente temas como a reforma sindical entrarão na pauta do Congresso, ainda que assuntos polêmicos da legislação trabalhista tenham entrado, como foi o caso da emenda parlamentar que liberou a terceirização de atividades-fim das empresas. Enquanto escrevo, a emenda está no Senado aguardando apreciação.

10. A "Agenda Legislativa da Indústria", documento que torna públicos os interesses da Confederação Nacional da Indústria (CNI), no Congresso Nacional, trazia, em 2011, apenas quatro temas relacionados aos direitos do trabalho, dentre vinte outros prioritários. Os principais se referiam a

terceirizações, jornada de trabalho e restrições a despedidas de trabalhadores. Elementos, portanto, centrais na flexibilização do uso do trabalho, mas que continuam enfrentando resistências no Congresso. Disponível em: <http://agendalegislativa.cni.org.br/portal/main.jsp?lumChannelId=FF808 0812ED8ED4E012EE2EC6D386E8E>. Acessado em: jun. 2015.

11. Disponível em: <http://portal.mte.gov.br/portal-mte/relacoes-de-trabalho/consulta-afericao-de-central-sindical/>.

12. CARDOSO, A. *Ensaios de sociologia do mercado de trabalho brasileiro*. Rio de Janeiro: FGV, 2013.

O Nordeste e a questão federativa

Jair do Amaral Filho[*]

Introdução

Em anos recentes, o Nordeste brasileiro destacou-se na mídia nacional em razão do seu crescimento econômico, apesar da estiagem que se instalou na região há cinco anos. Entre 2002 e 2010, o PIB da região, a preços de mercado, cresceu 42,35% contra 37,13% para o Brasil, segundo o Instituto Brasileiro de Geografia e Estatística (IBGE). Em 2014, sua economia cresceu 3,7% em relação a 2013, pelo Índice de Atividade Econômica Regional (IBCR), do Banco Central do Brasil, contra um crescimento de 0,1% do país e uma recessão de 0,8% do Sudeste. Entre 2000 e 2010, a população nordestina melhorou a renda, aumentou o nível de escolaridade e passou a viver mais, além de crescer mais que o Sudeste em relação ao Índice de Desenvolvimento Humano (IDH), segundo dados do Atlas Brasil 2013 (Organização das Nações Unidas — ONU/Programa das Nações Unidas para o Desenvolvimento — Pnud).

Trata-se de um desempenho que, além de partir de bases modestas, resultou da combinação virtuosa de vários esforços e fatores, uns mais antigos e outros recentes. Apesar de estes últimos ganharem mais atenção, não se pode negar que tal desempenho foi determinado também pela trajetória da região. O que parece diferente nesse cenário é que há novos padrões de consumo e de acumulação de capital, que vêm contribuindo para a estruturação de um também novo padrão de crescimento, com traços claros de inclusão social. Apesar disso, o Nordeste permanece com sua participação no PIB nacional na casa dos 13% (13,6% em 2012). Interessa, neste artigo, identificar a trajetória percorrida pela região e as fontes propulsoras

---

[*] Professor da Universidade Federal do Ceará (UFCE).

do seu desempenho recente, mas sob o ângulo das suas relações com o quadro institucional federativo do país.

O Nordeste na evolução do jogo federativo: questão regional

Não é demais afirmar que na década de 1950, período em que o Nordeste entrou seriamente para as agendas de estudos e políticas, havia no país várias questões regionais, resultantes tanto do problema do "vazio" no interior, quanto da falta de integração regional. Ambos os problemas estavam associados à questão da unidade nacional. As ideias de "constelação de pequenos sistemas econômicos isolados", segundo Celso Furtado, e de "arquipélago" de regiões isoladas, evocada por Francisco de Oliveira, são apropriadas para essa situação. É possível afirmar que, nesse contexto, havia três questões regionais claramente postas no país, o que significava dizer três desafios ao federalismo nacional.

A primeira situava-se no extenso interior, mais exatamente no Centro-Oeste, região vasta, mas praticamente despovoada. O país tinha sua população concentrada na costa, e isso sugeria um problema de segurança nacional. A segunda encontrava-se na região Norte, Amazônia, território pouco conhecido, com elevado capital natural, baixa densidade demográfica e extensa faixa de fronteira, portanto, uma questão regional por força também da segurança nacional. A terceira questão dizia respeito ao Nordeste e, nesse caso, o problema estava no fato de ser uma área relativamente populosa, pobre e solapada por secas recorrentes e prolongadas. Aqui, o elemento complicador era a presença e o domínio dos interesses políticos e sociais das velhas oligarquias ligadas aos latifúndios. Esse cenário contrastava com aquele predominante no Sudeste e no Sul, onde havia iniciativas das classes médias e empresariais, conduzindo um processo acelerado de industrialização e urbanização.

Nesse período, a região Centro-Oeste foi imediatamente incorporada pela agenda do governo Juscelino Kubitschek (JK) como parte do seu projeto político. Nesse sentido, esforços e recursos não foram poupados para fazer cumprir a construção da nova capital, Brasília. A determinação de JK para realizar tal projeto foi tão firme que o fez romper relações com o FMI, sentindo que este se opunha ao empreendimento tendo em vista as implicações sobre a inflação. Na época da sua construção, Brasília foi entendida como parte da agenda pessoal do presidente, com o intuito de marcar seu governo. Sem dúvida, essa marca ficará registrada para sempre, sobretudo, pelo papel que o projeto exerceu no processo de ocupação e aproveitamento econômico do Centro-Oeste. A segunda questão regional, a da Amazônia, ficou para o futuro, quando foi absorvida pelos planos nacionais de desenvolvimento dos militares.

A terceira questão regional, a do Nordeste, também foi incorporada na agenda do governo JK, mas tardiamente, em 1959, por influência das pressões sociais e populares na região, em consequência da grande seca da época. Se essas pressões fizeram o governo federal tomar decisões importantes para a região, a forma e o conteúdo das intervenções tiveram influência direta das argumentações técnicas oferecidas por Celso Furtado, então Diretor Regional do Banco Nacional de Desenvolvimento Econômico (BNDE) e chefe do Grupo de Trabalho para o Desenvolvimento do Nordeste (GTDN). Nesse aspecto, parece não haver dúvidas de que Furtado e a Superintendência do Desenvolvimento do Nordeste (SUDENE) promoveram uma mudança radical no padrão conceitual das intervenções públicas federais na região Nordeste, significando uma linha divisória em relação às políticas hidráulicas e assistencialistas do passado.

Nesse ponto, foi decisivo o encontro de Celso Furtado com o presidente Juscelino Kubitschek, no Palácio Rio Negro, em Petrópolis (1959), ocasião em que foram discutidos problemas nordestinos, sob as pressões advindas dos impactos dramáticos da grande seca de 1958. No encontro, Furtado criticou as políticas federais de intervenção na região, já que estavam contribuindo para consolidar estruturas arcaicas em vez de removê-las, bloqueando o desenvolvimento e a modernização da região, e aumentando as desigualdades entre o Nordeste e o Sudeste.

Dois erros básicos eram cometidos pelo governo federal, segundo Furtado. O primeiro, a concessão de subsídios aos produtores de açúcar do Nordeste, que estimulavam o atraso tecnológico e a concentração de renda nas mãos dos usineiros. O segundo, a estratégia de combate às secas, que se sustentava nas obras de construção de açudes realizadas pelo Departamento Nacional de Obras Contra as Secas (DNOCS). O ponto crítico dessa estratégia estava na apropriação dos recursos hídricos pelos grandes latifundiários do sertão a fim de proteger seus rebanhos.

A esses dois erros, motores do processo de concentração de renda e poder no interior do Nordeste, Furtado acrescentava o forte apoio empreendido pelo Plano de Metas, em forma de subsídios e investimentos em infraestrutura, a favor da industrialização e dos industriais do Sudeste, ações que agravavam as disparidades regionais no país. Tais argumentos, somados aos fatores climáticos e sociais em curso na época, sensibilizaram o presidente JK. Suas decisões resultaram em mudanças das políticas para o Nordeste, a exemplo de Getúlio Vargas diante da seca de 1951, com a criação do Banco do Nordeste do Brasil (BNB).

Isso significa que a criação da SUDENE, tal como do BNB, não foi um produto, propriamente dito, da evolução institucional do federalismo, mas da atitude de um "governante benevolente", pressionado pelas circunstâncias. Posteriormente, esse modelo de intervenção federal, com representação regional, foi expandido pelos militares para duas outras regiões, Norte e Centro-Oeste, por meio de um pacto federativo autoritário. Por meio desse pacto, foram adicionados uma nova modalidade de incentivos fiscais às empresas e um novo arranjo de solidariedade fiscal para os entes federados, viabilizados pelos Fundos de Participação aos estados e municípios (FPE e PFM). Para completar, os militares ainda lançaram mão da política de desconcentração regional das atividades econômicas, cujo ápice ocorreu no II Plano Nacional de Desenvolvimento, que contemplou o Nordeste com vários projetos.

Passados mais de cinquenta anos, observam-se dois aspectos novos na questão regional no Brasil. O primeiro é que, apesar dos recortes históricos e culturais específicos, não há hoje, como havia no passado, uma preocupação relacionada com a questão regional. Esse quadro provocou, no curso dos anos 2000, uma retomada vacilante da política e das iniciativas explícitas de desenvolvimento regional por parte do governo federal, após longo período de ausência em função da crise fiscal do Estado e da presença dos paradigmas liberais, contrários às políticas estruturantes. Isso permitiu a emergência de ações estaduais de atração de investimentos, marcadas por concessões de incentivos fiscais. No lugar de políticas federais territoriais, ganharam espaço políticas voltadas para "questões-problemas", ou questões horizontais específicas, sem uma problematização territorial. O segundo aspecto é que as três frentes de intervenção federal verificadas no passado, entre meados da década de 1950 e final da década de 1970, nas regiões Norte, Nordeste e Centro-Oeste, produziram resultados diferentes e surpreendentes.

A região Norte, embora vivendo sob forte tensão produzida por disputas entre dois modelos de desenvolvimento, ou seja, grande produção comercial e industrial agropecuária e pequena produção camponesa, obteve relativo sucesso na implantação do Polo Industrial de Manaus — PIM (Superintendência da Zona Franca de Manaus — SUFRAMA), além de se incorporar às frentes de expansão agropecuária e mineral, inseridas no mercado mundial. Por seu lado, a região Centro-Oeste, mesmo sem uma base industrial importante, transformou-se numa área dinâmica, produtora de grandes excedentes agropecuários exportáveis, especialmente soja, contribuindo expressivamente para os resultados comerciais no balanço de pagamentos, além de apresentar participação crescente no PIB nacional. A região Nordeste, apesar das mudanças estruturais e da diversificação da sua base econômica, ainda não conseguiu modificar, na essência, o quadro de pobreza e de desigualdade social nem reduzir de maneira significativa a distância da sua renda *per capita* em relação à do Sudeste. Isso mostra que, a despeito dos grandes esforços empreendidos pelo governo federal na região, as estruturas, particularmente agrícolas e agrárias do grande semiárido, e as instituições extrativistas e predadoras a elas associadas exerceram papel de freio sobre as mudanças desejadas pelo planejamento da SUDENE e do governo federal.

O desempenho recente da economia do Nordeste: convergência virtuosa

Apesar das forças históricas e estruturais da região, contrárias ao projeto original modernizante de Furtado e da SUDENE, o resultado que se observa em tempos recentes é de transformações e aprofundamento da integração do Nordeste à economia nacional. Tal situação ocorre em parte por eventos econômicos, haja vista o deslocamento de capitais do Sul e do Sudeste para a região (no cerrado nordestino, por exemplo). Mas ocorre também por meio de um processo de mudança institucional gradual e discreto, verificado ao longo das reformas constitucionais ocorridas no país, sobretudo a partir de 1967, que foram responsáveis por dar vida aos princípios que regem o sistema de organização federal, em particular o princípio da solidariedade regional.

Entretanto, podemos fazer duas observações. A primeira é que nem sempre, na história republicana do país, esse princípio constou da Constituição Federal ou foi levado em conta pelo federalismo formal, isto é, por força de um pacto federativo discutido politicamente entre os estados. Tal incorporação ocorreu em 1967, por meio do pacto autoritário, mas é mais explícita e democrática na Constituição de 1988, principalmente vista pelo ângulo da solidariedade fiscal. Segunda observação: nem sempre intervenções federais no campo do desenvolvimento econômico regional estiveram atreladas a uma política federal explícita ou às estruturas constitucionais. Elas aconteceram por meio de atitudes de "governantes benevolentes" (Getúlio Vargas, Juscelino Kubitschek e Luiz Inácio Lula da Silva), por conluios políticos e por políticas econômicas de caráter macro e setorial, esta última sendo comum nos governos militares e no governo Lula.

O dinamismo que se verifica no Nordeste em anos recentes pode ser explicado, em parte, pela vitória dos dois últimos pactos federativos, especialmente aquele estabelecido em 1988, no qual o princípio da solidariedade regional, sob o ponto de vista fiscal, avançou positivamente para os estados e municípios mais pobres, via transferência financeira (FPE e FPM). Além disso, a solidariedade econômica regional readquiriu certo reconhecimento político, pela criação de fundos constitucionais de desenvolvimento, como o Fundo Constitucional de Financiamento do Nordeste (FNE). Soma-se a esses avanços federativos o pacto social. Também incorporado pela Carta de 1988, ele é responsável pela afirmação dos direitos à cidadania e expansão do princípio da universalização dos serviços públicos, favorecendo o surgimento de novos e grandes programas sociais federais. Dentre eles, os grandes destaques ficam, sem dúvida, com a valorização real do salário mínimo e o Programa Bolsa Família. Sendo a região Nordeste frágil do ponto de vista fiscal e desfavorecida econômica e socialmente, foi ela a que mais tirou benefício dessas duas iniciativas.

Entretanto, os pactos federativos, juntamente com o social, mencionados acima, justificam apenas parte da dinâmica experimentada em período recente pelo Nordeste. A outra porção da explicação pode ser encontrada nas novas formas de intervenção pública federal e estadual (políticas industriais locais), exercidas nos últimos anos, mas que não estão diretamente ligadas ao quadro institucional do federalismo e, por consequência, a uma suposta política federal explícita de desenvolvimento regional. Há de se reconhecer a existência, desde 2007, da I Política Nacional de Desenvolvimento Regional (PNDR), mas esta, enfraquecida institucionalmente, se limitou a orientar os destinos dos fundos constitucionais. Essas novas formas aconteceram, por exemplo, por via dos aportes financeiros do BNDES, dos investimentos em infraestrutura e logística inseridos no Programa de Aceleração do Crescimento (PAC), além de investimentos industriais e agropecuários, de média e grande escalas, realizados pelos setores públicos e privados. Esse conjunto de fatores, diferente do passado, contribuiu para introduzir novos padrões de consumo, investimento e crescimento na região, este agora socialmente mais inclusivo.

Considerações finais

Ao longo da história republicana, podem-se identificar cinco padrões de eventos que caracterizam a relação da região Nordeste com a questão federativa: 1) antes da criação do BNB e da SUDENE, predomina a política hidráulica e assistencialista; 2) após a criação dessas instituições, a região passou a receber um tratamento mais racional, por meio de uma política federal explícita de desenvolvimento regional; 3) durante o regime militar, o Nordeste foi atendido por uma política federal e nacional de desenvolvimento regional, por intermédio da solidariedade fiscal. Adicionados a isso, instrumentos de desenvolvimento econômico regional foram embutidos nos Planos Nacionais de Desenvolvimento e nas políticas setoriais, ao lado das ações do DNOCS, BNB e SUDENE; 4) entre os anos 1980 e 1990, apesar da existência de um arsenal organizacional e institucional voltado para o desenvolvimento da região, há esvaziamento da política de desenvolvimento econômico regional, acompanhado da concorrência fiscal entre os estados. Apesar disso, a Constituição de 1988, e seu novo pacto federativo, trouxe à luz os Fundos Constitucionais de Desenvolvimento, que se combinam com os mecanismos melhorados de equalização fiscal; 5) finalmente, nos anos 2000, há uma convergência virtuosa entre antigos instrumentos, a I PNDR, os pactos federativo e social e novas formas de intervenção pública.

Poder financeiro e submissão política

*Susan George**

No final de 2011, três matemáticos do Instituto Politécnico de Zurique, especialistas em teoria da complexidade, publicaram um artigo inovador, que deveria ser de leitura obrigatória para qualquer executivo e responsável político no mundo.[1] Porém, dado o número de equações que continha, não é surpreendente que tenha passado despercebido, apesar de seu conteúdo ser sensacional. Esses três pesquisadores construíram uma imagem inteiramente nova do mundo em que vivemos, baseada nas comprovadas interconexões dos maiores grupos empresariais do mundo.

Esqueça as equações — como eu fiz — e leia: você verá como, partindo de um banco de dados de mais de 40 mil empresas, esses matemáticos utilizam uma metodologia original para construir um mapa que parece uma imagem do céu noturno, de estrelas pálidas e distantes, galáxias brilhantes e supernovas. As suas "estrelas" mais brilhantes são os grupos com o maior número de conexões financeiras com outras empresas, incorporando também quais empresas controlam ou por quem são controladas. Gradualmente, os autores foram refinando a amostragem, a fim de isolar os grupos mais ricos, poderosos e concentrados, chegando inicialmente a cerca de 1.300 grupos controlando 80% do poder financeiro do total da amostragem; em seguida, chegaram a 147 controlando 40% desse valor. Finalmente, num anexo, listaram os cinquenta grupos que compreendem mais interconexões no mundo, e representam o ponto culminante do sistema. Se as coisas correm bem na economia mundial, a estrutura total parece robusta e estável, mas se ocorre

---

* Acadêmica e ativista franco-americana, presidente do Transnational Institute, presidente honorária de Attac-France, e autora de extensa biografia sobre questões e instituições internacionais.•

um acidente a um desses cinquenta grupos, é extremamente fácil cair dessa posição. A totalidade da estrutura será afetada e poderá tombar como dominós enfileirados. E quais são esses cinquenta grupos? Salvo duas exceções, são todos os grupos financeiros, bancos, companhias de seguros, empresas de serviços financeiros e fundos de investimento.[2]

Essa demonstração científica deveria nos dar arrepios: a nossa aparente estabilidade é sustentada por uma infraestrutura extremamente frágil, e outro choque, como o da falência do Lehman Brothers, poderia ser fatal, arrastando consigo contas bancárias, poupanças, seguros, pensões, hipotecas, empregos e o futuro de centenas de milhões, senão de bilhões, de pessoas.

E, no entanto, quase nada foi feito desde 2007–08 para exercer um controle efetivo sobre esses grupos extremamente poderosos. Devo admitir que eu não acreditava que esses grupos pudessem emergir da crise ainda mais poderosos do que antes, mas foi isso exatamente o que aconteceu. Os maiores *lobbies* empresariais e bancários venceram e, com a globalização, não há país do mundo a salvo das repercussões do *big one* — o termo que os californianos usam para se referir ao próximo terremoto.

Quais são as chances de escapar de um terremoto? Você pode ter sorte, dependendo do lapso de intervalo entre os abalos, mas é mais aconselhável olhar para a história recente, verificar que o capitalismo passa por crises periódicas e que estas parecem cada vez mais frequentes. No passado, em geral, a maior vítima era um determinado país, os outros sofriam menos estragos, mas hoje a interconexão dos mercados implica que todos serão atingidos. Há meios de minorar o prejuízo; infelizmente não os estamos usando. Desde a crise de 2007–08, os governos se orientaram na direção oposta, negligenciando a segurança.

Os banqueiros nos Estados Unidos ou no Reino Unido pagaram algumas multas severas aos governos por infringirem as regras — 178 bilhões no que respeita aos bancos americanos e da União Europeia —, mas não foram acusados de malversação, nem presos. Há nisso um contraste com o que se passou há trinta anos, especialmente nos

Estados Unidos, quando muitos banqueiros de relevo foram presos por ocasião do escândalo dos *Savings and loans*.[3] Hoje, ao contrário, são os próprios banqueiros que fazem as leis e, naturalmente, tendem a outorgar a eles mesmos o máximo de liberdade. Em 1998, depois de longos anos de luta e uma despesa de 5 bilhões de dólares, o *lobby* dos bancos americanos conseguiu eliminar o Glass-Steagall Act, uma lei da época do New Deal, que separava os bancos de depósitos, ou bancos comerciais, dos bancos de investimento, e protegeu o sistema bancário americano durante quase setenta anos.

No contexto atual, os bancos podem usar o dinheiro dos clientes para especular e também para inundar os mercados financeiros de produtos novos e perigosos, como as carteiras de hipotecas *subprime*. As empresas — em geral filiais de bancos — que venderam essas hipotecas a pessoas que não tinham meios para pagá-las não foram sancionadas. Isso não mudou. Da próxima vez, no entanto, a crise virá provavelmente de algum outro tipo de dívida, talvez do acúmulo dos impagáveis trilhões de empréstimos a estudantes.

O capital dos bancos — ou "reservas" — não ultrapassa ainda os 8%, o que muitos especialistas consideram um nível baixo demais para evitar uma nova crise.[4] Os banqueiros responsáveis por erros trágicos ou cálculos falsos continuam recebendo bônus generosos. O *New York Times* apurou que nos EUA, nos dias imediatos à crise, nove dos maiores grupos financeiros pagaram, no mínimo, 5 bilhões de dólares em bônus aos seus operadores e banqueiros, usando, para isso, os fundos públicos que haviam salvo essas instituições. As autoridades nunca os obrigaram a reembolsar esse dinheiro ao governo.[5] Segundo pesquisadores do Bank of England, salvar os bancos dos seus próprios erros, leviandade e ganância, em decorrência da crise de 2007–08, custou aos contribuintes algo como 14 trilhões de dólares.[6]

Além disso, a inacreditável quantia hoje em jogo nos mercados financeiros é de longe mais importante do que era antes da crise: em 2007, as transações de câmbio atingiam 3,3 trilhões de dólares por dia: em 2013, esse valor tinha explodido para 5,3 trilhões/dia, um aumento de 60%. Boa parte dessa atividade consiste em operações automáticas de alta velocidade, baseadas em algoritmos, e os lucros dependem da antecipação de um microssegundo ou dois em relação à concorrência. As transações de câmbio não são para não profissionais, e os pequenos investidores não conseguem obter preços justos no mercado de ações.[7] As operações de derivativos são ainda mais assustadoras. Em junho de 2013, o total da atividade financeira chegava a 693 trilhões de dólares — 36% a mais do que o valor anterior à crise — ou cerca de dez vezes o PIB mundial.[8] E, no entanto, estamos ainda longe de impor uma taxa, mesmo ínfima, sobre as transações financeiras — cuja renda poderia resolver a maioria dos problemas do mundo atualmente.

Não esqueçamos também os paraísos fiscais, as mais de oitenta jurisdições nas quais os grupos econômicos e os super-ricos têm, escondidos, segundo o *Tax Justice Network*, algo em torno de 21 a 32 trilhões de dólares. Muitos grandes grupos pagam apenas uma fração dos impostos que normalmente seriam obrigados se não utilizassem esses paraísos fiscais e as firmas de contabilidade especializadas, felizes por lhes proporcionar os mais seguros caminhos para evitar e sonegar impostos. Uma estimativa para a França, por exemplo, calcula que o valor de impostos não arrecadados atinja de 60 a 80 bilhões de euros por ano. O escândalo dos LuxLeaks, na Europa, revelou que Luxemburgo assinou centenas de contratos com grupos transnacionais que, domiciliados fiscalmente no país, pagariam impostos mínimos, roubando todos os outros governos europeus onde têm filiais e realizam boa parte do seu faturamento. Isso é tão somente pirataria fiscal.

No que diz respeito a países como o Brasil, um relatório da Global Finance Integrity, intitulado "Fluxos financeiros ilícitos do mundo em desenvolvimento: 2003–12", conclui que as economias de países em desenvolvimento e emergentes perderam 6,6 trilhões de dólares devido à fuga de capitais entre 2003 e 2012, aumentando, em média, chocantes 9,4% ao ano, a tal ponto que somente as perdas de 2012 atingiram cerca de um trilhão de dólares.

Poderíamos continuar, mas já deve ter ficado claro que quem dá as cartas são a indústria financeira e os grandes grupos, e não os legisladores. Em consequência, a desigualdade está aumentando por todo o mundo; os Estados Unidos são particularmente eficientes em desviar o crescimento da renda dos produtores da economia real, para o capital. Como Paul Krugman explicou, a riqueza do 1% mais rico aumentou de tal forma, sobretudo nos EUA, que a desigualdade voltou ao nível de cem anos atrás. O grosso da acumulação da riqueza continua não dependendo dos salários, mas das heranças e do controle sobre os bens de capital. Desde o começo dos anos 1970, no mundo desenvolvido, a partilha do PIB entre trabalho e capital caiu de 70%/30% em favor do trabalho para menos de 60%/40%. Por meio de múltiplos mecanismos, incluindo uma pressão constante para diminuir os salários e os rendimentos do trabalho, trilhões de dólares, euros etc. foram desviados das contas bancárias dos trabalhadores e entregues àqueles que já controlam a maior parte dos bens. E o que é pior, segundo o Prêmio Nobel Paul Krugman, "o grosso desse aumento se concentrou no 0,1%, no milhar de americanos mais ricos".[9] Finance Watch, uma ONG sediada em Bruxelas, mediu o tamanho da economia financeira hoje, comparada com a economia das pessoas reais, que produzem, consomem e vivem: atualmente a economia real representa apenas 28% do total.

Isso significa que ocorreu uma enorme mudança em comparação com a situação de apenas uma década atrás, e só agora estamos começando a medir as consequências disso. Tanto dinheiro nas mãos de um minúsculo grupo de atores, interessados apenas em lucros imediatos, envolve todos os aspectos da nossa vida, por todo o lado, nos países ricos (onde ainda existe muita gente pobre) e nos pobres (onde existe também gente incrivelmente rica). Foi o que aconteceu, por exemplo, nas revoltas provocadas pela "crise" alimentar de 2008, em mais de trinta países, quando os preços de produtos básicos — tortillas ou chapatis[10] — duplicaram ou triplicaram. Essa súbita alta não se devia à penúria ou, como afirmou George Bush, ao fato de a classe média consumir mais que antes. Os preços subiram porque a quantia aplicada em especulação no mercado de futuros de produtos alimentares de base aumentou vinte vezes em relação aos três anos anteriores (de 13 bilhões de dólares para 260 bilhões). Habitualmente, o mercado de futuros de grãos é calmo, a "volatilidade" se mede em cêntimos de um dia para o outro. Mas, em março de 2008, a especulação sobre o trigo era tão intensa que seu preço aumentou de 31% em um só dia. O resultado foi que o índice mundial da Food and Agriculture Organization of the United Nations (FAO), relativo ao número de pessoas em estado de fome crônica, subiu rapidamente de 800 milhões para bem mais de um milhão.

Atualmente, os governos, incapazes de arrecadar os impostos daqueles que mais poderiam contribuir para os tesouros nacionais, reduzem radicalmente os orçamentos sociais, e os mais atingidos são os pobres e vulneráveis. O deslocamento de valores, fluindo do trabalho para o capital, está subtraindo centenas de bilhões dos bolsos da população de mais baixa renda, o que significa que essas pessoas só podem suprir às suas necessidades mais básicas. A classe média também está diminuindo as suas despesas — alguns dizem que ela está desaparecendo —, o que provocaria uma redução da economia real e uma contração do emprego. E, quanto menos empregos, menos impostos se arrecadam. Na Europa, as pequenas e médias empresas têm cada vez mais dificuldades para obter empréstimos, como revelam os relatórios trimestrais do Banco Central Europeu. Desde o começo da crise, os bancos têm emprestado cada vez menos a essas empresas e continuam endurecendo as condições de crédito. Por outro lado, as empresas beneficiam-se da proteção da polícia e contra os incêndios, de energia, água e esgotos; o pessoal dessas empresas é educado e saudável graças ao orçamento e serviços do estado, desloca-se até ao local de trabalho graças ao transporte público, ou via estradas bem conservadas — mas as empresas não contribuem com a sua parte para a manutenção dessas infraestruturas, que se deterioram. Até a mudança climática pode ser claramente atribuída aos principais atores econômicos, e à sua capacidade para resistir a qualquer regulação. De novo, aqueles que nada pagam para permitir a necessária transição ecológica são os que carregam a maior responsabilidade pelos danos ao ambiente.

Finalmente, se o capitalismo observasse as próprias regras, muitos bancos já teriam sido nacionalizados ou socializados, dadas as enormes quantias de dinheiro público aplicadas na sua salvação. Os megatratados, hoje em negociação, o Tratado de Parceria Transatlântica de Comércio e Investimento (APT, TTIP ou TAFTA) entre os Estados Unidos e a Europa e a Parceria Transpacífico (TPP) entre os EUA e onze países do Pacífico, se forem assinados, darão ainda mais poder a essas empresas monstruosas, reduzindo simultaneamente a proteção social e os direitos humanos para todos.

Vivemos num mundo onde a finança e os gigantescos grupos econômicos ganham sempre, e onde temos de continuar a viver até que os cidadãos se juntem e digam em uma só voz: "A política é conosco; de agora em diante os negócios devem ficar na sua esfera e não interferir na política."

Notas:

1. VITALI, S.; GLATTFELDER, J.B.; BATTISTON, S. *The Network of Global Corporate Control*. PLOS ONE, [S.l], Oct. 2011. Disponível em: <http://goo.gl/R0BxEa>. Acesso em: 20 mai. 2015.

2. Como os pesquisadores trabalhavam com um banco de dados anterior à crise, o Lehman Brothers consta na lista dos cinquenta grupos mais interconectados. Isso nos faz interrogar sobre qual será o próximo a provocar uma avalanche.

3. "Poupança e crédito". Crise do final dos anos 1980 ligada ao mercado imobiliário. [N.T.]

4. Ou seja, 8% do capital para afiançar a totalidade dos seus empréstimos vigentes; o que parte da ideia de que nem todos os empréstimos deixarão de ser pagos e nem todos os depósitos serão exigidos em líquido, simultaneamente.

5. Relatório de CUOMO, Andrew M. (procurador-geral de Nova York), Apud. STORY, L.; DASH, E. Bankers reaped lavish bonuses during bail-outs, *New York Times*, Nova York, 30 jul. 2009.

6. ALESSANDRI, P.; HALDANE, A. "Banking on the State", Bank of England, Londres, nov. 2009. Como é difícil lidar com trilhões (12 zeros depois do número), uma sugestão é pensar neles como segundos do relógio. Se cada segundo for um dólar, serão necessários 32 mil anos para chegar a um trilhão. Portanto, 14 trilhões são 448 mil anos!

7. Uma obra acessível sobre o assunto é o livro de Michael Lewis, *Flash Boys*. LEWIS, M. *Flash Boys*. Londres: Penguin Books, 2015. É muito divertido de ler, embora o assunto seja de uma seriedade fatal.

8. Dados do Bank for International Settlements Triennial Surveys. O próximo deve sair em 2016. Vá a <www.bis.org> e procure por "Triennial Surveys".

9. KRUGMAN, P. Our Invisible Rich. *The New York Times*, Nova York, 28 set. 2014. A propósito, não existe um Prêmio Nobel da Economia mesmo que o termo seja geralmente usado. O prêmio foi criado pelo Royal Bank of Sweden, em 1968, "em memória de Alfred Nobel", e tem sido quase sempre outorgado a economistas ortodoxos, neoliberais. Krugman, Joseph Stiglitz, e alguns outros, são exceções.

10. Um tipo de pão na Índia. [N. T.]

Um terceiro desenvolvimentismo na história?[1]

*Luiz Carlos Bresser-Pereira**

Qual a natureza do capitalismo e do Estado capitalista neste pós-crise financeira global de 2008? Continua a se caracterizar pela tentativa de se transformar radicalmente em um capitalismo liberal ou o surgimento de um terceiro, e possivelmente mais conservador desenvolvimentismo — o primeiro tendo sido o mercantilista, e o segundo, o fordista — será esta uma resposta mais adequada para essa pergunta? Neste ensaio, argumentarei em favor da segunda alternativa. O liberalismo econômico demonstrou mais uma vez não ter condições de garantir crescimento satisfatório e estabilidade financeira, ao buscar coordenar as economias modernas. Sem dúvida, menos capacidade que o segundo desenvolvimentismo, que correspondeu ao fordismo e à social-democracia. Além disso, o capitalismo continuou a ser definido pelo nacionalismo econômico — pela permanente afirmação dos interesses nacionais —, que está associado ao desenvolvimentismo, mas é incompatível com a letra (não a prática) do liberalismo econômico.

Faço essas afirmações baseando-me em uma definição simples de capitalismo liberal e de capitalismo desenvolvimentista. O capitalismo é liberal quando cabe aos mercados a coordenação de todo o sistema econômico, e ao Estado apenas garantir a propriedade e os contratos, defender a concorrência e controlar a oferta de moeda. Seria também liberal quando parte do pressuposto da teoria econômica liberal ou neoclássica de que a concorrência capitalista é apenas entre as empresas, não entre os Estados-nação. Mas se adotássemos este segundo requisito, não haveria na prática capitalismo liberal. Já o capitalismo desenvolvimentista caracteriza-se pela regulação pelo

---

* Professor emérito da Fundação Getulio Vargas. E-mail: bresserpereira@gmail.com, <www.bresserpereira.org.br>.•

Estado dos setores cada vez mais complexos tecnologicamente e relativamente menos competitivos, pelo planejamento dos setores não competitivos, pela adoção de uma política macroeconômica ativa, monetária, fiscal e cambial — sim, política cambial, sempre esquecida pela ortodoxia liberal — e pelo reconhecimento do papel decisivo do Estado na competição entre os Estados-nação.

O desenvolvimentismo só existe quando se forma uma coalizão de classes desenvolvimentista associando empresários produtivos — inicialmente os empresários industriais, os trabalhadores, e a tecnoburocracia pública — e quando esse pacto político se opõe à sua alternativa — coalizão de classes liberal, formada, nos países pré-industriais, pelo setor primário exportador que se beneficia de rendas ricardianas associadas aos recursos naturais abundantes e baratos do país e os interesses estrangeiros, e nos países ricos e de renda média, formada pelos capitalistas rentistas que vivem de juros, aluguéis e dividendos, pelos financistas que administram a riqueza dos rentistas, e pelos mesmos interesses estrangeiros.

O argumento da complexidade

Os mercados são uma instituição insubstituível; o capitalismo foi mais eficiente do que qualquer outra forma de organização política e econômica da produção, porque os mercados incorporam um sistema automático de coordenação — o da concorrência na definição dos preços e dos lucros — e porque é flexível e aberto a todos os tipos de inovação; no dia em que o socialismo for possível, ele será um socialismo de mercado. Mas, à medida que o desenvolvimento econômico ocorre, a divisão de trabalho aumenta, bem como o número e variedade de bens e serviços produzidos. Segue-se então que os sistemas econômicos ficam cada vez mais complexos, o que torna difícil coordená-los e estimular a inovação apenas com base nos preços definidos pelo mercado.

A tese que estou desenvolvendo parece diametralmente oposta à de Hayek, que usou o argumento da complexidade para fundamentar uma posição liberal extremada contra a intervenção do Estado. A complexidade, em sua visão, impediria também que o Estado fosse capaz de regular ativamente e eficientemente o funcionamento do sistema econômico. Faltar-lhe-ia o conhecimento necessário e suficiente do objeto interferido. Segundo ele, apenas se pode chegar a ter um saber sobre os padrões gerais de comportamento dos sistemas complexos, não a um conhecimento preciso das leis que regem seu funcionamento, que seria necessário para que as regulações e intervenções fossem bem-sucedidas. Eu subscreveria essas palavras se eu pensasse em termos binários como Hayek: ou coordenação pelo mercado, ou pelo planejamento estatal. Mas um pensamento binário não faz sentido. A razão fundamental por que o sistema estatal soviético fracassou foi seus dirigentes não terem percebido que, a partir de um certo grau de complexidade do sistema econômico, a ação coordenadora do mercado associada à coordenação pelo Estado tornava-se uma condição necessária de eficiência. Algo que os dirigentes chineses entenderam quando, a partir de 1979, passaram a dar ao mercado um papel coordenador muito maior. Mas isto não significa que o Estado tenha se retirado da coordenação da economia chinesa. Ele continuou a planejar o sistema não competitivo — principalmente o setor de infraestrutura e dos grande bancos — enquanto deixava o restante da economia o mais livre possível, mas sempre regulada pelo Estado, não apenas para garantir a concorrência, mas também para evitar as fraudes e a sonegação de impostos, que são endêmicas nas sociedades capitalistas.

Quanto mais complexos a sociedade e seu sistema econômico se tornam, mais ela precisa de coordenação do mercado e da coordenação estatal, não fazendo sentido pensar em termos de *trade-off*, em ter mais mercado e menos Estado, ou vice-versa. Não importa a ideologia do partido político ou da coligação governante, quanto maior e mais complexo é um sistema econômico, mais detalhada é, na prática, a regulamentação realizada pelo Estado. Apesar de seu professo liberalismo econômico, os EUA, por exemplo, abrigam um sistema regulatório surpreendentemente grande e complexo.

Se os setores competitivos exigem regulação pelo Estado, que é tanto maior quanto mais complexos esses setores se tornam, e se os setores não competitivos exigem planejamento pelo Estado, conclui-se que o Estado capitalista do nosso tempo deverá ser, ou já está voltando a ser, um Estado desenvolvimentista. Pelas razões que acabei de expor, o sistema econômico será mais eficiente em setores competitivos complexos se for bem regulado, e em setores não competitivos se for planejado.

Em síntese, quando pensado como forma de organização econômica e política do capitalismo realmente existente,[2] o desenvolvimentismo é superior ao liberalismo econômico e, por isso, tende a prevalecer. A proposta neoliberal para coordenar os sistemas econômicos avançados quase que exclusivamente através do mercado provou ser quase tão ineficiente quanto a proposta — que se pretendia socialista, mas que foi apenas estatista — para coordená-los quase que exclusivamente através do Estado. Sei bem que a minha afirmação não faz sentido para os liberais radicais, que, apesar de todas as evidências, continuam a ver o mercado como um mecanismo mágico, e também pelos críticos radicais do capitalismo, porque significaria que, combinando adequadamente mercado e Estado, o capitalismo poderá oferecer resultados econômicos positivos e sobreviver. Eu não tenho nenhuma esperança de convencer os radicais de ambos os lados, mas espero ajudar no raciocínio dos meus leitores que privilegiam a razoabilidade sobre a razão pura, o pragmatismo sobre qualquer forma de idealismo.

Mas o que dizer sobre os dois modelos de capitalismo — o europeu e o americano — que têm sido objeto de uma ampla literatura comparativa? Está claro que o capitalismo europeu é mais desenvolvimentista do que o americano; considerando-se apenas dois países, os EUA e a Suécia, a economia americana é hoje menos regulada pelo Estado do que a economia da Suécia, e sua renda *per capita* é maior. Assim, seria possível concluir que a economia americana foi mais bem-sucedida do que a economia sueca, apesar de ter adotado um modelo de capitalismo mais liberal? Essa não é minha conclusão. Os EUA não são mais bem-sucedidos, seu desenvolvimento humano não é mais avançado do que o da Suécia, e dos demais países desenvolvidos da Europa. De um ponto de vista histórico, a intervenção do Estado na economia americana foi forte no passado e continua ainda a ser mais forte do que geralmente se admite. No século XIX, o crescimento dos EUA foi beneficiado extraordinariamente por condições materiais, sociais e políticas favoráveis, e, por isso, foi, provavelmente, o país que menos fez uso do apoio do Estado para completar a sua revolução industrial, mas mesmo assim o papel do Estado foi decisivo na proteção da indústria americana.

Em segundo lugar, se compararmos os países europeus avançados com a sociedade norte-americana em termos de desenvolvimento humano — em termos de quanto eles avançaram em relação aos cinco objetivos políticos definidos pelas sociedades modernas (segurança, liberdade individual, bem-estar econômico, justiça social e proteção do ambiente), os países europeus estão claramente à frente, mesmo no aspecto do bem-estar econômico. Como muitos indicadores sociais mostram, a qualidade de vida que eles proporcionam ao seu povo é superior do que a oferecida ao povo americano.

O argumento macroeconômico

No plano macroeconômico está mais do que claro que o mercado é completamente incapaz de definir de maneira satisfatória os cinco preços macroeconômicos: a taxa de lucro, a taxa de juros, a taxa de câmbio, a taxa de salários e a taxa de inflação. Em consequência, o sistema econômico tende ao excesso de poupanças, ao desemprego, à instabilidade de preços e à instabilidade financeira, o que torna essencial uma política macroeconômica ativa. A crítica ao capitalismo em relação à sua incapacidade de garantir o pleno emprego foi originalmente feita por Keynes e Kalecki, e hoje existe uma grande literatura macroeconômica pós-keynesiana que completou essa crítica. No plano prático, os melhores macroeconomistas ortodoxos "esquecem" a teoria neoclássica que aprenderam na universidade, usam sua inteligência, seu pragmatismo, e o conhecimento da teoria econômica geral na qual a teoria keynesiana tem papel importante, e adotam políticas ativas para coordenar as economias nacionais no plano macroeconômico.[3]

Da minha parte, eu venho desenvolvendo desde 2001, no quadro do que denomino "novo desenvolvimentismo", uma macroeconomia desenvolvimentista aplicada a países em desenvolvimento, principalmente os de renda média, que demonstra de forma cabal a necessidade de uma política macroeconômica ativa para que o país se desenvolva com estabilidade financeira e de preços e realize o *catching up*. Esta macroeconomia está baseada em cinco preços macroeconômicos, que só por acaso ficam equilibrados. Deixadas ao sabor do mercado, a taxa de câmbio tende a ser sobreapreciada no longo prazo, a taxa de salários artificialmente alta, a taxa de juros tende a ser operada pelos bancos centrais a um nível relativamente elevado em comparação com os países ricos; a taxa de lucros tende a ser insatisfatória, insuficiente para motivar as empresas a investir, e a taxa de inflação relativamente alta, especialmente nos momentos de crise que ciclicamente ocorrem — porque existe nos países em desenvolvimento a tendência à sobreapreciação cíclica e crônica da taxa de câmbio.[4]

Uma construção política

Quando levamos em conta que as sociedades modernas são o resultado de uma construção social e política, e consideramos que elas definiram historicamente os cinco grandes objetivos políticos referidos anteriormente, a única forma de organizar o capitalismo consistente com essas premissas é com um Estado democrático, desenvolvimentista, social e protetor do ambiente, com uma alta carga tributária porque financia os grandes serviços sociais e científicos que caracterizam as sociedades do bem-estar ou social-democráticas. É pela política — da definição das instituições do Estado e das políticas públicas dos governos — que cada sociedade busca atingir os seus objetivos políticos. O desenvolvimentismo não é uma forma de capitalismo coordenada pelo Estado (*state-led*), mas uma forma de capitalismo coordenada *pelo Estado e pelo mercado* (*state and market-led*), em que o Estado tem precedência sobre o mercado, mas as duas instituições operam em conjunto.

A variável de competência

Mas o capitalismo desenvolvimentista pode ser autoritário ou democrático, progressista ou conservador, bem-sucedido ou não bem-sucedido; e pode ser governado de maneira competente ou incompetente. Os países ricos e de renda média são razoavelmente bem-organizados, mas o mesmo não é verdade em relação aos países pobres ou pré-industriais, que não completaram sua revolução capitalista, ou seja, que não formaram um Estado-nação autônomo, não se industrializaram e ainda não contam com uma grande classe de empresários, de executivos privados, e de tecnoburocratas públicos. Por isso, minha afirmação de que o desenvolvimentismo é uma forma superior de organização econômica e política do capitalismo em comparação com o liberalismo econômico só é válida se o Estado desenvolvimentista que coordena este capitalismo for um Estado capaz, e contando com políticos razoavelmente competentes para dirigi-lo.

Necessitamos, portanto, de uma definição de Estado capaz. Em primeiro lugar, é um Estado dotado de legitimidade, ou seja, de apoio da sociedade civil ou da nação; segundo, é um Estado administrativamente capaz, bem dotado de funcionários eleitos e não eleitos competentes; e, terceiro, é um Estado financeiramente sólido, o que significa que as suas contas fiscais (seu orçamento) e as contas do Estado-nação (sua conta-corrente) são sólidas. Nem o Estado nem o Estado-nação serão capazes se forem fortemente endividados, principalmente em moeda estrangeira que não podem emitir.[5] Um Estado dessa natureza só existe quando a sociedade civil é razoavelmente coesa, não obstante os conflitos de classe, ou quando a nação é suficientemente forte, não obstante a hegemonia ideológica dos países mais poderosos. Se estas condições não estão presentes, mas os políticos e economistas tentam construir um Estado desenvolvimentista, a probabilidade de que eles fracassem em realizar sua revolução capitalista e se desenvolver será alta, mas será ainda maior se o país insiste em recorrer ao liberalismo econômico.

Eu não conheço um caso sequer de país que tenha realizado sua revolução nacional e industrial no quadro do liberalismo econômico. Na América Latina um dos países que tem sido mais fiel ao liberalismo econômico é a Colômbia, e no entanto não vejo sinal de que venha a realizar sua revolução industrial e capitalista. Por outro lado, o Brasil, que completou sua revolução capitalista em torno de 1980, desde então cresce muito pouco e vai ficando para trás, desde que seu primeiro desenvolvimentismo, desencadeado em 1930, entrou em uma grande crise financeira nos anos 1980. Em seguida, no quadro da hegemonia neoliberal, o país deixou de ter capacidade política para neutralizar sua doença holandesa, suas empresas industriais passaram a ter uma grande desvantagem competitiva, e o país entrou em processo de desindustrialização prematura e radical.

Em síntese, o desenvolvimentismo exige uma capacidade do Estado e uma competência do governo maiores do que exige o liberalismo econômico. Em momentos específicos, os economistas desenvolvimentistas podem ser mais ou menos competentes do que os liberais ou, em outras palavras, podem ser mais ou menos dotados da *virtù* que Maquiavel exigia do príncipe. Mas o desenvolvimentismo corre mais o risco de populismo fiscal do que o liberalismo econômico. E quando a economia se desajusta, presa por elevados déficits em conta-corrente e públicos, os economistas liberais têm mais facilidade em promover o ajuste do que os desenvolvimentistas, porque não são vítimas do keynesianismo vulgar. São, porém, menos capazes de resolver as crises econômicas quando estas se transformam em desemprego e capacidade ociosa, e a expansão fiscal torna-se necessária.

Os economistas liberais supõem que as falhas de mercado são menos graves do que as falhas do governo, porque assim eles legitimam seu *laissez-faire*. Só têm razão quando há grande incompetência ou forte populismo econômico no governo — o que é comum quando o país é pobre. Para realizar sua revolução industrial e capitalista, o país pobre *precisa* adotar uma estratégia desenvolvimentista, mas, além de enfrentar suas limitações de capacidade e competência, encontra uma forte oposição dos países ricos, cujo principal interesse está em *ocupar* o mercado interno desse país com seus empréstimos e suas multinacionais, e dos economistas e demais ideólogos liberais.

Estes argumentam quanto à necessidade de integrar a economia nacional na economia internacional, mas o desenvolvimentista competente sabe que essa integração é realmente necessária quando o país já é de renda média e a substituição de importações não faz mais sentido, mas deve ser uma integração competitiva em vez de subordinada — exportadora de *commodities*.

O liberalismo econômico conduz a economia, necessariamente, a grandes crises financeiras; a distribuição que ele produz é extremamente desigual; e a proteção do ambiente que ele proporciona é sempre insuficiente, mesmo que os economistas, os políticos e economistas sejam competentes. No desenvolvimentismo, esses resultados serão igualmente ou mesmo mais negativos *se os policymakers* forem incompetentes. Em outras palavras, os mercados têm dificuldade em realizar os objetivos econômicos e são incapazes de garantir os objetivos não econômicos das sociedades modernas. Eles não foram criados para substituir o Estado, mas para complementar o seu papel de coordenação. Entretanto, isto que estou afirmando não se aplica de forma uniforme para países pré-industriais, países de renda média e países ricos. Aplica-se mais para os países pré-industriais e menos para os países ricos, ficando os de renda média no meio-termo. Isto porque quanto mais rico é um país, mais fortes são suas instituições, especialmente as duas instituições que nos interessam aqui: o Estado e o mercado. Na Suíça, que além de ser um país pequeno, é mais fácil de governar, a sociedade é de tal forma coesa, e o Estado e o mercado são de tal forma fortes, que quase não há necessidade de governo, e a diferença entre um governo liberal e um governo desenvolvimentista é pequena. Já em países de renda média como o Brasil ou a China, e também em países ricos como os Estados Unidos e a França, o bom governo, desenvolvimentista, faz uma diferença.

Desenvolvimentismo conservador?

Um problema complicado para o desenvolvimentismo é o de combiná-lo com a social-democracia, é o de ser de centro-esquerda em vez de ser um desenvolvimentismo conservador. Historicamente, o desenvolvimentismo foi conservador. Foi conservador no caso do mercantilismo, um sistema de coordenação econômica e política altamente bem-sucedido; foi no seu quadro que a Inglaterra, Bélgica e França realizaram suas revoluções industriais. Foi conservador quando os países hoje ricos, como a Alemanha e o Japão, se industrializaram tardiamente. Foi conservador quando os países hoje de renda média, como o Brasil e a Índia, realizaram suas revoluções capitalistas no século XX. A Rússia e a China não são realmente exceções, faz pouco sentido considerar de esquerda ou progressista o estatismo que presidiu sua industrialização.

Já vimos que o desenvolvimentismo de esquerda, no plano econômico, corresponde à social-democracia no plano político. Mas para que ambos sejam bem-sucedidos é essencial que o compromisso entre empresários produtivos e trabalhadores seja real, que haja reais concessões mútuas, que a coalizão de classes seja realmente desenvolvimentista. Temos um pseudodesenvolvimentismo quando o regime se autodenomina "desenvolvimentista social", mas garante apenas o aumento dos salários, como aconteceu no Brasil entre 2003 e 2014. Não garante uma taxa de lucro satisfatória para as empresas industriais, porque se acomoda a uma taxa de câmbio sobreapreciada no longo prazo, e, além disso, não logra reduzir os juros dos rentistas.

O neoliberalismo foi ferido e desmoralizado com a crise financeira global de 2008, mas a teoria econômica neoclássica — a ideologia "científica" do liberalismo econômico — continua a ser ensinada nas grandes universidades, como se seus castelos matemáticos construídos no ar constituíssem uma ciência. Isto não mudará tão cedo dado o poder burocrático da elite acadêmica, e dado seu platonismo, ou seja, a preferência pela coerência formal em relação à adequação à realidade. No lado dos negócios, o neoliberalismo também conta com o apoio dos capitalistas rentistas, dos financistas e dos principais executivos das grandes corporações, porque enriquecem mais com o neoliberalismo; e com o apoio dos ricos em geral, que não querem pagar impostos — os impostos que um Estado social e

390 | DESENVOLVIMENTO, TRABALHO E PODER FINANCEIRO

desenvolvimentista requer. No entanto, o neoliberalismo perdeu poder de persuasão, e está em retirada, pelo menos por algum tempo.

É importante não confundir os conservadores com os neoliberais. Na Alemanha, a Agenda 2010 foi um exemplo de conservadorismo desenvolvimentista; não de liberalismo. Um acordo social costurado em 2002 garantiu emprego para os trabalhadores em troca de salários que crescem a um ritmo menor do que a produtividade, deu origem ao grande crescimento do país e teve como consequência não prevista a crise dos países do sul da Europa e da Irlanda, que não fizeram um acordo semelhante. Os conservadores geralmente adotam um discurso liberal porque é um belo discurso, porque o liberalismo político é um valor universal, enquanto que o desenvolvimentismo, como o nacionalismo econômico, não o é, e também porque sabem que um Estado social e desenvolvimentista implica maiores impostos do que o Estado liberal. O conservadorismo implica a defesa da ordem social existente que interessa principalmente aos ricos. A democracia do pós-guerra permitiu ganhos aos pobres que os ricos consideraram excessivos, porque afinal reduziram a taxa de lucro das empresas. Assim, a partir dos anos 1970 eles se associaram aos neoliberais, que prometeram reduzir os direitos trabalhistas (os quais diminuíam a competitividade das empresas) e foram, nesse ponto, bem-sucedidos. Prometeram também reduzir ou mesmo eliminar o Estado do bem-estar social, algo que não lograram, dentre outras razões porque esse tipo de Estado proporciona um consumo coletivo eficiente, que favorece ao invés de prejudicar a competitividade do país.

O conservadorismo tem uma segunda atração para os ricos: as sociedades mais avançadas são necessariamente democráticas. Os capitalistas sabem disso, acomodaram-se à democracia depois de terem a ela resistido durante todo o século XIX, mas continuam a temê-la — o que significa que temem o Estado. Por isso seus sentimentos em relação ao Estado são contraditórios, e refletem sua divisão em capitalistas empresários e capitalistas rentistas. Os primeiros já não temem a "tirania da maioria", mas contam com a capacidade do Estado de tributar. Já os rentistas sabem que não podem contar com o apoio de governos democráticos, porque nada têm a oferecer à sociedade, e por isso adotam um discurso liberal radical em associação com os financistas, buscando financeirizar o capitalismo, ou seja, levá-lo a pagar baixos salários e produzir bolhas especulativas de ativos, que aumentam sua riqueza em meio ao baixo crescimento.

A deserção do neoliberalismo

Estamos agora vivendo a crise herdada dos anos neoliberais. Pode ser prematuro concluir que estes anos estão definitivamente encerrados, mas estou seguro que estão. A crise de 2008 foi muito grave, a demora dos países em retomar o crescimento foi muito longo; por enquanto, apenas os EUA e a Inglaterra passaram a apresentar resultados positivos a partir de 2014, mas ainda de forma muito tímida. O liberalismo econômico, a abertura comercial, a abertura financeira, a desregulamentação — todas essas palavras de ordem do neoliberalismo — perderam seu brilho; deixaram de ser a solução para todos os males. Pelo contrário, está bem-estabelecido que a liberalização financeira foi a origem da crise; que o problema de os grandes bancos serem "grandes demais para falir" é realmente sério; e, em vez de liberalização financeira, o que vemos é uma necessária e razoavelmente determinada *re-regulação* financeira. A lei americana que regulamentou o sistema financeiro em 2010 — o Dodd-Frank Act — representou o esforço mais determinado dos governos dos países ricos para restabelecer e dar mais força à regulação bancária, que é a regulação financeira mais importante para os países ricos, porque as crises financeiras a que estão sujeitas são crises bancárias; já para os países em desenvolvimento, o essencial é o controle da conta-corrente, porque eles se endividam em moeda estrangeira e estão sujeitos a crises cambiais ou de balanço de pagamentos. No início de 2015, para os reguladores americanos, o problema era obrigar os grandes bancos a se organizarem de tal forma que, se novamente ameaçados de quebra, possam ser facilmente desmembrados, resolvendo-se, assim, o problema *"too big to fail"*.

A desregulamentação financeira ocorrida nos anos 1980 com os dois *"big bangs"* — o nome como ficaram chamadas as liberalizações do mercado financeiro de Londres e de Nova York nessa década — transformou-se em um mal em si, porque produziu a financeirização e foi a causa direta da crise. O caráter essencialmente especulativo e fraudulento da financeirização tornou-se patente. Depois da crise de 2008, o setor financeiro encolheu. Os grandes bancos recuperaram suas taxas de lucro, mas não as suas dimensões ou seu prestígio. Milhares de trabalhadores foram demitidos. Muitos países estabeleceram controles de capital para recuperar algum controle sobre sua taxa de câmbio. Os EUA e mais recentemente o Japão e a Zona do Euro têm-se envolvido em desvalorizações agressivas de suas moedas — uma estratégia perversa bem-conhecida. Os principais países ricos, a começar pelos Estados Unidos, adotaram o *"quantitative easing"* — o eufemismo encontrado para a emissão de dinheiro pelos bancos centrais por meio de compras de títulos do tesouro do Estado, visando reduzir as taxas de juros e desvalorizar as moedas nacionais, que tem como efeito lateral reduzir substancialmente a dívida pública líquida (descontada a dívida do tesouro para o banco central). Todas essas políticas de regulamentação e de manejo heterodoxo da moeda são políticas desenvolvimentistas, na medida em que dão prioridade ao crescimento, aceitando alguma inflação, a qual, vale lembrar, afinal não se materializou, falseando mais uma vez a teoria monetarista e neoliberal segundo a qual a inflação é causada pelo excesso de oferta de moeda. Assim, os tempos de abertura financeira terminaram. A liberalização do comércio também está sob escrutínio. Desde a crise, praticamente todos os países aumentaram as tarifas e adotaram outras políticas protecionistas. A Rodada de Doha está paralisada, não tanto porque os países em desenvolvimento reiteraram sua tradicional resistência a ela (isto só ocorreu em relação à Índia), mas porque os países ricos — os países mais prejudicados pela crise — perderam interesse real em mais abertura comercial.

Não estão os mercados financeiros crescendo de novo? E isso não indicaria que o neoliberalismo está de volta? Todos os países necessitam de um sistema financeiro forte, capaz de financiar os investimentos com moeda nacional. O que está associado ao neoliberalismo é a financeirização; é a ação especulativa de aumento do valor dos ativos financeiros dos rentistas transformada em rotina pelos financistas. Esse sistema econômico sofreu uma derrota importante na crise de 2008, que foi apenas o coroamento de uma série de crises financeiras. O sistema financeiro que está emergindo da crise está longe de ser o ideal, mas com certeza é mais e melhor regulamentado, mas isto não significa que as crises financeiras estejam afastadas. Há muitos que consideram isto impossível no capitalismo, mas eu não partilho dessa crença. No período em que vigorou o acordo de Bretton Woods a frequência e a amplitude das crises financeiras diminuíram muitíssimo. Agora está se tentando estabelecer uma regulação dos sistemas financeiros nacionais e do sistema financeiro internacional semelhante àquela. Isto talvez venha a ser suficiente em relação aos países ricos. Quanto aos países em desenvolvimento, o que o novo desenvolvimentismo nos demonstra é que para evitar crises cambiais eles precisam rejeitar de forma decidida a política de crescimento com endividamento ou "poupança externa" — política que geralmente não aumenta o investimento, mas sim o consumo, que permite a ocupação do mercado interno pelos financiamentos em moeda estrangeira e pelos investimentos diretos, e, mais cedo ou mais tarde, leva o país à crise de balanço de pagamentos.

Se o neoliberalismo está sendo abandonado, é possível que, depois de um período de transição, o capitalismo faça uma transição para um terceiro desenvolvimentismo, o primeiro tendo sido o desenvolvimentismo mercantilista, e o segundo, o desenvolvimentismo fordista. Uma transição para um capitalismo no qual os mercados financeiros estejam melhor regulamentados, assim como os mercados de bens muito diferenciados e complexos; que os setores não competitivos sejam planejados, que o Estado proteja melhor o ambiente, e que o nacionalismo econômico combinado com cooperação defina as relações econômicas internacionais.

Conclusão

Estas ideias podem ser consideradas otimistas, porque o que vemos ao nosso redor é confusão e mal-estar, enquanto coalizões políticas conservadoras e social-democratas se alternam no poder por falta de um projeto ou uma estratégia de crescimento econômico e desenvolvimento humano. Mas é importante olhar para o que está acontecendo com o "centro" do *continuum* ideológico da esquerda para a direita. O que aconteceu no final de 1970 foi um movimento deste centro para a direita e para o liberalismo econômico; agora, seria razoável prever que a nova mudança fosse para a esquerda e para o desenvolvimentismo. Uma vez que o centro político se desloca, tanto os partidos de direita quanto de esquerda, tanto conservadores quanto progressistas, acompanham a mudança do centro. A ascensão do segundo desenvolvimentismo originou-se da Grande Depressão e da desmoralização da teoria econômica neoclássica que se seguiu; refletiu também o fortalecimento dos sindicatos de trabalhadores e a ameaça que a União Soviética representava ao capitalismo na época. Estas condições adicionais à grande crise financeira de 1929 estão presentes depois da crise financeira de 2008. Mas as esquerdas, em crise desde 1989, continuam muito confusas, sem ter um horizonte pela frente, como tinham quando o socialismo parecia viável no médio prazo. Por isso é razoável prever que o terceiro desenvolvimentismo que parece estar surgindo, ainda que timidamente, venha a ser um desenvolvimentismo conservador.

Mas para ser um desenvolvimentismo ele terá de promover o desenvolvimento econômico e, ao mesmo tempo, os demais objetivos políticos cuja soma constitui o desenvolvimento humano ou o progresso. Continuará ele a ocorrer? Um problema, hoje, nos países ricos, principalmente na Europa, e em muitos países de renda média, como o Brasil, é o fato de que as elites capitalistas, intelectuais e tecnoburocráticas perderam a confiança na possibilidade do desenvolvimento econômico, e um número crescente passou a não mais considerá-lo um objetivo. Antes, a continuidade do crescimento econômico era vista como algo dado, e o problema estava em como dividir o excedente econômico que era quase automaticamente produzido. Agora, depois de trinta anos de neoliberalismo, essa continuidade não está mais assegurada, nem progressistas nem conservadores têm uma receita tanto para o crescimento quanto para a distribuição, e uma sensação de indeterminação e pessimismo é dominante. Além disso, duas ameaças mundiais estão ainda sem solução — a ameaça do aquecimento global e a ameaça do crime organizado baseado nas drogas —, o que exige um grau substancialmente maior de cooperação no nível nacional e mundial do que o atual.

Para que o desenvolvimento possa ser retomado e os grandes problemas voltem a ser resolvidos, há algumas condições a serem observadas, no entanto, a mais importante é que Estado e mercado deixem de ser vistos como alternativas e sejam considerados complementares na coordenação dos sistemas econômicos. Em segundo lugar, é preciso que se construam instituições cada vez melhores, porém, que não pretendam promover autonomamente o desenvolvimento, como quer o liberalismo econômico, e, sim, que se somem às políticas de mudança das estruturas e com elas criem sinergias. Em terceiro lugar, é necessário distinguir com mais clareza os rentistas, que dispõem de poupanças muito maiores do que as empresas podem investir, e se dê prioridade ao lucro satisfatório das empresas e aos salários dos trabalhadores e ordenados dos tecnoburocratas, e não aos juros dos rentistas e aos bônus inaceitáveis para os altos executivos, constituindo-se, assim, coalizões de classe desenvolvimentistas. Em quarto lugar, é preciso discutir melhor o problema do imperialismo moderno, do imperialismo de hegemonia, que dificulta o desenvolvimento dos países da periferia do capitalismo. O novo desenvolvimentismo é um sistema teórico recente que busca dar contribuições nessas áreas. Mas muitos outros e maiores esforços precisam ser despendidos na busca de novas ideias e novas soluções práticas. O novo desenvolvimentismo beneficiou-se do desenvolvimentismo clássico, do pensamento keynesiano e das ideias desenvolvidas pela escola da regulação francesa. Mas falta ainda um mínimo de consenso ideológico desenvolvimentista e social-democrático para que o capitalismo se torne desenvolvimentista, social e ambiental. Não existe mais a hegemonia neoliberal, e estamos ainda longe de uma nova hegemonia desenvolvimentista e social, ancorada em novas ideias, novos diagnósticos e novas reformas institucionais, mas já temos pistas a partir das quais podemos caminhar para um terceiro desenvolvimentismo que não seja meramente conservador.

Notas:

1. A versão integral deste artigo encontra-se no site <http://www.bresser-pereira.org.br/>. Agradeço a Eleutério Prado pelos preciosos comentários a este trabalho.

2. Podemos também pensá-lo como sistema teórico, como é o caso do novo desenvolvimentismo. Ver BRESSER-PEREIRA, Luiz Carlos. "Reflecting on New Developmentalism and on the preceding Classical Developmentalism". Disponível em: <www.bresserpereira.org.br>. Acessado em: mar. 2015.

3. Economistas formalmente neoclássicos como Paul Krugman, Joseph Stiglitz, Dani Rodrik e Barry Eichengreen. Um bom exemplo do que estou afirmando é o excelente livro de KRUGMAN, P. *End This Depression Now.* Nova York: W. W. Norton & Company, 2012. Não há em nenhum momento o uso de modelos neoclássicos. O economista usa apenas seus conhecimentos, que denomino "teoria econômica geral", e inclui o essencial da teoria econômica clássica e do pensamento de Keynes.

4. BRESSER-PEREIRA, Luiz Carlos; OREIRO, José Luis; MARCONI, Nelson. *Developmental Macroeconomics.* Londres: Routledge, 2014.

5. Observe-se que defino o Estado como o sistema constitucional legal e a organização que o garante, e o Estado-nação como a unidade político-territorial formada por uma nação, um Estado e um território.

Posfácio

Roberto Saturnino Braga[*]

Alguns dos pensadores mais destacados nos temas selecionados lançaram luz sobre várias questões que são problemáticas no mundo de hoje e estão ligadas ao esforço de desenvolvimento do Brasil no século XXI, que é a preocupação primordial do nosso Centro Internacional Celso Furtado.

São opiniões, obviamente, não são verdades; mas é com opiniões densas e lúcidas que se constroem os consensos que politicamente edificam as sociedades. Agradecendo todas essas importantes contribuições, não quero deixar de registrar também, na condição de velho político, a minha opinião de que o desenvolvimento é um processo impulsionado pela vontade política dos povos, mobilizada numa direção adequada. Celso Furtado expressou esse pensamento num dos seus pronunciamentos mais recentes, na reunião da Conferência das Nações Unidas sobre Comércio e Desenvolvimento (UNCTAD), em São Paulo, em junho de 2004.[1]

As indagações que se colocam para os que veem o desenvolvimento dessa maneira são, por conseguinte: como mobilizar essa vontade nacional e qual a direção certa a ser impressa ao processo?

A mobilização requer um projeto político calcado sobre temas mobilizadores, assim como uma liderança competente e confiável, para a condução de sua implementação.

Ao longo da minha vida, desde cedo voltada para a política e a ela atenta, tive oportunidade de vivenciar dois desses raros momentos de mobilização, propiciadores de progresso e de um sentimento coletivo de satisfação muito próximo do que se pode considerar um estado de felicidade nacional.

---

[*] Diretor-presidente do Centro Internacional Celso Furtado.•

O primeiro deu-se na segunda metade da década de 1950, os anos do governo Kubitschek, quando os brasileiros viveram a motivação nacional do grande salto desenvolvimentista, que empreendeu não só a implantação da indústria automobilística, das novas siderúrgicas, Usinas Siderúrgicas de Minas Gerais (Usiminas) e Companhia Siderúrgica Paulista (Cosipa), dos grandes estaleiros navais, dos polos petroquímicos, das novas usinas hidrelétricas, Furnas e Três Marias, das modernas rodovias que ligaram o país de norte a sul, mas também a construção-síntese desse período extraordinário, que foi a edificação da nova capital, Brasília, de arquitetura bela e arrojada, no meio do planalto central, abrindo a efetiva ocupação do grande território nacional que só existia no mapa. A maré do sentimento brasileiro de autoestima cresceu substancialmente naqueles anos.

Com certeza, as qualidades pessoais de liderança do presidente foram decisivas, mas as virtudes imantadoras de todo o projeto político, a competência na sua formulação e na arregimentação do sentimento popular para a sua consecução foram fatores essenciais do grande êxito. O mesmo pode-se afirmar sobre as próprias condições históricas em que ocorreu: em seguida a uma tragédia que pôs fim a vida de outro grande e amado líder político que foi Getúlio Vargas, criador da linha ideológica desenvolvimentista, retomada e levada ao auge pelo presidente Kubitschek.

A construção de Brasília ficou como um símbolo deste sentimento de avanço civilizatório, referido por Gabriel Cohn como definidor do desenvolvimento: o concurso de trabalhadores vindos de todas as partes do país, o ritmo acelerado dos trabalhos, a valorização dos "candangos", como eram chamados, a repercussão do inédito empreendimento além das fronteiras, a inauguração nacionalmente festiva no dia previsto, 21 de abril de 1960, dia do herói libertário nacional, Tiradentes. Todo um conjunto de fatores se somou para produzir um fato histórico marcador de um notável salto desenvolvimentista pluridimensional e de um momento de felicidade nacional. Felicidade pelo feito e felicidade no fazer daqueles anos.

O segundo momento mobilizador que tive oportunidade de vivenciar foi o da implantação do novo modelo de desenvolvimento, com aquela índole democrática exigida por Cohn, feita sob a liderança de Luiz Inácio Lula da Silva a partir de 2003. A força motivadora nesse caso foi essencialmente ética, voltada para a correção de uma injustiça estrutural, muito funda e antiga no Brasil, a imoral e vergonhosa desigualdade econômica, social, racial e regional existente dentre os brasileiros.

Foi um novo modelo negociado politicamente com habilidade, sem alterar as condições do regime existente, que elegia e elege parlamentos muito conservadores. Paralelamente à política de redistribuição de renda e de valorização dos salários, que era a tônica do novo modelo, pôs-se um fim às privatizações do neoliberalismo, que endeusava o mercado. O Estado voltou a intervir na economia, e as empresas estatais retomaram suas funções públicas, mais voltadas para o desenvolvimento nacional e menos para a geração de lucros dos acionistas. Ainda mais, no plano da política externa, importantes mudanças foram introduzidas no seu direcionamento, priorizando o relacionamento com as nações vizinhas da América do Sul, abrindo mais o comércio com mercados antes pouco procurados, como o da África, e estabelecendo alianças com outros países emergentes, cujo conjunto veio a ser denominado Brics.

A mobilização política foi larga e intensa, convocando, especialmente, e integrando as camadas mais pobres da população, os subempregados e os assalariados diretamente beneficiados, assim como as regiões mais atrasadas no processo de desenvolvimento.

Esses dois exemplos demonstram a viabilidade da consecução de saltos significativos no processo de desenvolvimento, em todas as suas dimensões civilizatórias, a partir da mobilização política bem-efetuada, calcada em temas capazes de convocar o sentimento e a vontade nacional para o desenvolvimento. Que temas poderiam ser os de um novo episódio mobilizador brasileiro?

Os temas que sustentaram as mobilizações nos dois casos mencionados continuam plenamente válidos: o sentimento de afirmação nacional e a correção da imoralidade das desigualdades, que seguem aberrantes, pedindo continuidade nos programas de redistribuição e valorização do trabalho.

E não parece difícil reconvocar hoje a vontade nacional brasileira com um apelo político capaz de conjugar a força desses dois temas. O sentimento de afirmação da nação foi duramente alvejado pelos ataques demolidores e interesseiros sobre a Petrobras, que é um símbolo do nacionalismo integrador. Com a defesa proativa da empresa e a projeção de outras entidades nacionais de alto conteúdo tecnológico e civilizador, como a Fiocruz, a Embraer, a Embrapa, associadas à política externa de maior autonomia e a um grande projeto de Pátria Educadora como propõe a presidenta, buscando o sentido equalizador definido por Célia Kerstenetzky, seria possível alcançar o alto potencial mobilizador necessário ao novo salto desenvolvimentista brasileiro.

Sim, o objetivo da igualdade tem de continuar bem vivo, empolgando a convocação civilizadora como um todo. As políticas sociais perderam a força propulsora que tiveram no início do século, como refere Denise Gentil no seu artigo, e têm de ser reforçadas. Com ênfase na qualidade da vida urbana: a cidade é a grande invenção da civilização, e a degradação dos serviços urbanos no Brasil, principalmente de segurança e de transporte, está clamando por uma prioridade maior nas políticas públicas brasileiras (ver o artigo de Marta Arretche).

A sombra do complexo de inferioridade na psicologia popular brasileira é reconhecidamente forte, remetendo ao passado colonial português de trezentos anos e à submissão aos colonialismos econômico-culturais inglês e americano nos duzentos anos seguintes. A superação dessa inferioridade é um tema fortemente convocador da vontade política dos brasileiros.

Outro símbolo de grande potencial mobilizador, ainda no campo da afirmação nacional, é a Amazônia, a maior reserva biológica e hídrica do mundo, ainda não conhecida e, por isso mesmo, não possuída pelos brasileiros. Uma riqueza que tem ficado de fora dos nossos grandes projetos políticos por uma cegueira de imediatismo que avalia a região sob a estreita perspectiva eleitoral. A conquista da Amazônia, a ciência da Amazônia, o desenvolvimento da Amazônia podem constituir um projeto de força mobilizadora ainda maior do que foi a ocupação do Planalto Central e o desenvolvimento do Nordeste.

Devo silenciar sobre a questão da liderança deste novo chamamento desenvolvimentista. Meu antigo e conhecido viés político me impede de fazê-lo no âmbito deste artigo. Direi só o óbvio: que as lideranças se revelam e se afirmam no embate político, na condução do processo.

Resta dizer algo sobre a direção adequada da mobilização para a nova etapa do nosso desenvolvimento.

A humanidade não levou ainda às últimas consequências políticas todo o avanço iluminista da razão sobre as crenças dogmáticas que orientavam as sociedades até duzentos anos atrás. A racionalidade aplicada à política indica a necessidade de um planejamento das ações nacionais em busca de objetivos elencados democraticamente, por meio das mais amplas e igualitárias discussões participativas. Não é fácil nem simples o avanço em direção a esta nova e substantiva democracia. Mas também não é mais aceitável a ideia de uma economia desplanejada, desracionalizada, inteiramente livre nas suas ações, orientada tão somente pela "mão invisível" que sempre favorece os grupos dominantes. O argumento de que a economia liberal é mais eficaz, mais produtiva, é desmentido pela sucessão de crises de irracionalidade do sistema. E, ademais, a constatação clara de que o mercado livre produz uma contínua e crescente concentração de renda e riqueza torna incompatível o liberalismo econômico com a justiça social, com a ética e com a própria democracia. A própria ideia de um projeto mobilizador aponta, aliás, para a necessidade de um planejamento de execução deste projeto.

A discussão sobre a direção da mobilização política conduz então à necessidade de um planejamento e de uma execução feita por um Estado profundamente ligado à vontade social. Essa é, aliás, uma tradição exitosa no Brasil: a economia mista. E o ponto do horizonte que baliza o direcionamento desse processo é a velha bandeira do socialismo, um ideal antigo que comporta uma faixa muito larga de definições, mas que serve como referência distante capaz de orientar a direção do projeto político.

Claro que não se pensa mais no velho socialismo positivista, imposto à força por uma vanguarda iluminada que sabe, mais que o povo, o que é bom para o povo. Terá de ser um sistema resultante do aprofundamento da democracia pelo diálogo amplo e institucionalizado, habermasiano. Um diálogo que abranja toda a sociedade e se realize, também, no âmbito das empresas em geral.

Penso na contribuição que o Brasil pode dar a esse processo de escala mundial. O país é hoje uma das maiores e mais avançadas democracias do mundo, que tolera uma mídia pesadamente oposicionista e aceita frequentes manifestações críticas de rua; que criou instâncias de diálogo com a sociedade organizada. Uma democracia constituída com larga diversidade racial, cultural e religiosa; que procura livrar-se da forte influência do poder econômico dominante nos sistemas tradicionais. Uma democracia que, por isso mesmo, é olhada com atenção pelo mundo.

Enfim, acho que devo pedir desculpas pelo caráter opiniático deste posfácio, que antes deveria ser um fecho sobre todos esses textos tão ricos de razões e de luzes para este Brasil em movimento num mundo embaraçado. Desculpem: é o vezo de um velho político muito ligado ao seu país que falou mais forte.

Nota:

1. Cf. FURTADO, C. "O verdadeiro desenvolvimento", in: D'AGUIAR, Rosa Freire (org.). *Essencial Celso Furtado*: São Paulo: Penguin, 2013. [N.E.]

Este livro foi composto na tipologia
Sabon 11/15 e impresso em papel
Off-white pelo Sistema Cameron da
Divisão Gráfica da Distribuidora Record.

Paz & Terra